2017

JIAXIU THINK TANK FORUM

甲秀智库论坛

贵州省社会科学院 编

中央民族大学出版社
China Minzu University Press

图书在版编目（CIP）数据

甲秀智库论坛．2017卷/贵州省社会科学院编．—北京：中央民族大学出版社，2018.12

ISBN 978-7-5660-1588-4

Ⅰ．①甲…　Ⅱ．①贵…　Ⅲ．①社会科学—文集　Ⅳ．①C53

中国版本图书馆CIP数据核字（2018）第278941号

甲秀智库论坛．2017卷

编　　者　贵州省社会科学院
责任编辑　舒　松
责任校对　肖俊俊
封面设计　布拉格
出 版 者　中央民族大学出版社
　　　　　北京市海淀区中关村南大街27号　邮编:100081
　　　　　电话:68472815(发行部)　传真:68932751(发行部)
　　　　　　　68932218(总编室)　　　　68932447(办公室)
发 行 者　全国各地新华书店
印 刷 厂　北京建宏印刷有限公司
开　　本　787×1092（毫米）　1/16　印张：13
字　　数　210千字
版　　次　2018年12月第1版　2018年12月第1次印刷
书　　号　ISBN 978-7-5660-1588-4
定　　价　58.00元

“甲秀智库论坛”（2017卷）
编辑委员会

目　录

正确理解新时代中国特色社会主义的几个问题

邓纯东

习近平总书记在十九大报告中指出，从改革开放初期开始，我们党就提出要走自己的路建设中国特色社会主义，从那时以来，党团结带领全国人民不懈奋斗，我国的经济实力、科技实力、国防实力、综合国力实现了前所未有的提升。同时党的面貌、国家的面貌、军队的面貌、人民的面貌、中华民族的面貌有了前所未有的变化，中华民族正以崭新的姿态屹立于世界的东方。由于“四个实力”前所未有的提升以及“五个面貌”展现的变化，所以习总书记正式宣布经过长期努力，中国特色社会主义进入了新时代，这是我国发展新的历史方位。从十九大开始，中国特色社会主义进入到新的时代。

一、进入新时代中国特色社会主义的标志和根据是什么?

之所以划定一个时代，是因为这个时代和前面的时代有所不同。中国在1840年以后，逐步沦为半殖民地半封建社会，与过去传统的封建社会不一样，算是进入了一种“新时代”；这里有个很重要的特征就是从那时候开始中国已经不是过去历史上封闭起来的，政治上单一的封建皇帝专制。从鸦片战争以后，过去的封建模式被打破，中国实际上沦为半殖民地半封建社会，所以从历史上来看，1840年的鸦片战争是中国步入一个“新时代”的标志，其根据是社会性质的转变。现在说中国特色社会主义从十九大开始进入新时代，那么这个新时代它的标志和根据是什么?

第一个根据：中华民族的命运进入了新的时代。中华民族的命运是相对1840年鸦片战争以来来看的，我们都知道鸦片战争以后中国开始沦为半殖民地半封建社会，到1900年中国完全沦为半殖民地半封建社会，中华民族灾难深重；在这个时代背景下，无数的仁人志士、革命先烈都在积极寻求救国救民的道路，彼时的中国社会面临着一个怎么样救亡图存的问题，并且这个问题的解决方案从1840年一直摸索到1949年。在那个时代整个中国社会就面临这样的主题，但是这个主题许多的能人志士没有解决，最后在毛泽东同志的领导下，总结过往经验，砥砺前行，这个问题才得以解决。中国共产党领导中国人民解决了中华民族近代以来第一大难题，中国人民站起来了。站起来以后国家正值贫困时期，人民生活水平低下，所以中国共产党和中国人民又面临第二个重大任务，如何让老百姓不断地富起来，生活水平不断地提高？后来经过第一代领导集体、第二代领导集体以及后来的党和国家领导集体在新中国成立后将近70年不断地艰苦奋斗，如何富起来这个问题得以解决。当然这个问题的解决是指现在生活水平、中国的经济实力大幅度提高，虽然我们如今尚未成为一个发达国家，但是按照这个规划前进下去，中华民族从1949年以后站起来富起来的问题解决了。但是，要实现中华民族伟大复兴除了站起来富起来还有一个强起来的问题。之所以说中国进入到新的时代，就是要解决第三个命运问题——强起来。根据这一点，中华民族要强立于世界民族之林的问题是当今的新的主题，笔者认为中国进入新时代的第一个标志就是从此开始我们解决第三个阶段的民族命运问题——进入强起来的时代。

第二个根据：科学社会主义的形象命运进入了新的时代。社会主义不是中国发明的一个词，甚至实践也不是从中国开始搞起的，从概念的提出、思想的产生；从空想到科学、从理论到实践，经历了500年时间。就思想本身而言，世界上存在的社会主义的思想也是形形色色、多种多样的。形形色色的社会主义中理论和实践又有很多派别，但是社会主义体系错综复杂，社会主义的思想、社会主义的实践，包括譬如苏联以及以前东欧等社会主义国家制度的建立。社会主义思想的发展抛开派别来说以及诸如此类的国家制度的建立这一实践来说，不论成败，第一，它极大地改变了世界历史进程和世界的政治版图，改变了世界局势。社会主义思想特别是运动实践产生之前，政治格局上没有这样新的意识形态，社会主义打破了这样的格局。而且这个改变，对资本主义的制度体系价值观念构成了严重威胁，所以当时20世纪从第二次世界大战后十几年，西方资本主义国家的政治家们，包括一些学者，他们的神经是很紧张的。和苏联、东欧的很多社会主义国家一样，中国也建立了社会主义制度，这种局面对他们构成了极大的威胁。更重要的是，世界社会主义在实践上取得了很多的成就。

后来苏联解体，西方资产阶级政治家、学者欢欣鼓舞、欢呼雀跃。他们认为，社会主义制度全趴下了，从此这个世界上不会有社会主义制度，社会主义成为过去式，不用害怕社会主义制度对自己构成威胁。日裔美籍学者弗朗西斯·福山因此还专门写了一本书《历史的终结》。

全世界资产阶级学者、政治家、国家管理者都集中搞一个《华盛顿共识》，《华盛顿共识》的核心就是否认社会主义价值，宣称今后的世界就是欧美自由民主的政治制度，自由市场的经济制度，这是人类永恒的唯一的制度模式，社会主义从此以后进入历史，但是他们没有料到的是，在世界东方的中国共产党中央仍坚定不移地坚持社会主义，并且努力地探索新的时代背景下在东方大国如何建设社会主义的问题。中国的社会主义探索取得了巨大的成功。

这个成功不仅得到了社会主义国家的认可，就是资本主义国家都不得不承认。资本主义国家不会赞扬中国社会主义的成功，但是又不能否认中国社会主义取得的成果。现在放眼世界上自 2008 年经济危机以来，美国欧洲一直低迷走不出困境；拉丁美洲从 20 世纪 80 年代开始陷入中等收入陷阱走不出来，经济一直低迷；非洲也不行；西亚、北非陷入战争迷局，整个世界中经济发展、社会长期稳定、社会全面进步的唯有中国。中国社会科学院马克思主义研究院从 2014 年开始举办了一个“中国道路欧洲论坛”，这个论坛自开设以来受到了西方各类学者的欢迎并积极参加，因为这个论坛所讲的论题对他们有巨大的吸引力。中国是怎么回事？全世界的经济都陷入困境，而两次世界性的金融危机中国都成功地躲过，各类的学者、政治家，一些议会议员都来积极参加我们的论坛，他们希望通过参加此类论坛来找中国道路成功的原因。由此可见世界都开始承认这个事实。

习总书记在十九大报告中定义中国道路的伟大成就：“科学社会主义在 21 世纪在中国焕发出强大的生命力、活力，展示出极大的优越性，使我们在世界上高高举起了中国特色社会主义伟大旗帜。”世界上的社会主义在发展过程中从理论到运动，有过惨痛失败的经验教训，唯有中国特色社会主义是科学社会主义，展示了生命力，展示了优越性，使得世界上曾经出现的诸如“社会主义不行了”“社会主义形象不好了”此类的印象得到改变。所以从这个角度来讲，它是我们进入新时代一个非常重大的国际标准，给了社会主义在全世界一个崭新的形象。

第三个根据：中国道路的理论、制度、文化也不断获得国际的认同，拓展了落后国家通向现代化的新道路。过去讲现代化主要讲经济发展水平高，科学技术领先，包括人民生活水平程度都高。现代化是欧美主要资本主义发达国家的主要象征。现代化水平比较高，主要就是指美国欧洲，他们是现代化的象征，他们一直领先世界；世界其他国家、地区几乎均以欧美作为发展的参照系。欧美经济水平高，生活水平高，科技文化先进，以至于世界其他国家、地区也要萌生发展现代化的理念，包括中国都要走现代化之路。

到现在为止，整个人类通向现代化有两条路：

第一条路，资本的原始积累。欧美资本主义的现代化是怎么出现的呢？最早葡萄牙、西班牙依托于先进的航海技术，用武力把船开出去到处抢掠，进行资本的原始积累，获得大量金银财宝来投资。后来是英国，英国两个王朝——伊丽莎白一世王朝和维多利亚王朝同样是通过资本的原始积累奠定了大英帝国走向全世界最前列的基础。大英帝国最鼎盛的时候，地球的不同地方都有其国旗，换句话说，地球不同的地方都有其殖民地，它从殖民地来掠夺资源、倾销商品，赚了大把的钱又不断地投入国内的实业，促进科技技术的发展。这是他们的现代化之路。

第二条路：殖民，即通过赤裸裸的侵略抢地盘。西方国家的这种现代化之路，中国不可能学，其他落后国家一般也没有这个资格。当然全世界也有这样的例子，一些落后的非洲国家、拉丁美洲国家就企图走这样的道路。欧美的强国来了以后，现代化水平来了以后，举双手投降，土地交给你，国家的管制权交给你，甚至语言都改了。譬如南非，南非基本上达到现代化水平很大程度上就是如此形成的。南非原来是荷兰的殖民地，最开始讲荷兰语，19世纪初又被英国入侵成为英国殖民地，开始讲英语，这种现代化之路应当被称为丧失主权被殖民被奴役的现代化之路。我们中华民族绝不可能选择这样的路，所以中华民族自近代以来，一直与帝国主义进行不惜流血牺牲的抗争。这两条路很多的民族都不愿意走而且在当今世界发展与和平的主题下也无法再走。

中华民族现在正开拓出第三条通向现代化的道路，即在中国共产党领导下的独立自主，用社会主义制度发展社会主义来实现现代化。这个新的现代化之路习总书记在十九大报告里面指出："中国特色社会主义进入新时代，意味着中国特色社会主义道路、理论、制度、文化不断发展，拓展了发展中国家走向现代化的途径，给世界上那些既希望加快发展又希望保持自身独立性的国家和民族提供了全新选择。"

如今中国开辟的新现代化之路给世界上那些既希望加快发展，又希望保持自身独立性的国家、民族提供了全新的选择。原来要想走现代化之路只有资本的原始积累和殖民两个选择，现在中国为世界提供的一个全新选择，为解决人类问题贡献了中国智慧、中国方案，为其他落后国家通向现代化提供了一个新的第三条道路、新方案，这是中国特色社会主义进入新时代第三个很重要的标志。

二、新时代中国特色社会主义的道路、理论、制度、文化的形成原因

正确理解新时代中国特色社会主义道路、理论、制度、文化的形成原因，对我们准确地理解中国特色社会主义、把它推向前进非常关键。这个形成原因多种多样，从不同的角度也可以有不同的看法，但以下几个原因应该是确定无疑的。

（一）中国特色社会主义是近代中国历史发展逻辑演进的结果

1840年以来，西方列强就曾想以印度的模式逐步把中国变为殖民地，但是由于中华民族百折不挠的精神与极强的反抗力与其斗争，虽然基于社会制度与技术落后的原因没有完全斗争成功，中国沦为半殖民半封建社会。中国的仁人志士在此期间想尽各种方案救中国，诸如戊戌变法、洋务运动、辛亥革命等一系列爱国救亡运动。

辛亥革命后，孙中山主持起草的《中国民国临时约法》虽由三权分立变为五权宪法，但其制度设计核心内容是把美国、法国的制度核心内容基本全盘照搬到中国来，但结果并不理想。后来他如此评价道：我和我的同志们牺牲奋斗40年，最后的结果是什么？我们打倒了一个大皇帝，滋生出无数的小皇帝，中国这块土地上大大小小的军阀，占山为王，拥兵自重，在帝国主义的支持下相互打内战，把国家弄得乌烟瘴气，人民还是生活在水深火热之中，西方的制度救不了中国。他敢于纠正自己几十年的思想认识，改正自己的错误认识，他认识到西方的制度救不了中国，

所以他提出新三民主义，要联俄联共。他从俄国十月革命受到启发，虽然在使命没有完成的情况下去世了，但毛泽东领导中国人民完成了这个使命。毛泽东同志曾讲过：我们进行新民主主义革命结束半殖民地半封建的统治，打倒三座大山，我们共产党人是继承孙先生的事业，完成孙先生没有完成的民主革命的任务，这样才真正救了中国，所以选择社会主义道路救中国是一个演进的必然结果。

（二）中国特色社会主义是中国共产党90多年奋斗的主要成果

习近平总书记在2016年庆祝中国共产党成立95周年大会上的讲话指出，中国共产党成立95年来取得了伟大的成就，这伟大的成就概括为三个深刻改变——深刻改变了中华民族的命运，深刻改变了中国历史的方向，深刻改变了整个世界的格局。这就是中国共产党最伟大的成就，这三个深刻改变集中到一起就是为中华民族、为中国人民找到了一条走向美好未来的正确道路。所以中国特色社会主义也是90多年奋斗最重要的成果。中国共产党几代领导人、无数的先烈流血牺牲、奋斗，其目的就是要找一条确保民族振兴、民族幸福的正确的路，这是一个基本成果。

（三）中国特色社会主义是中国共产党人在中华人民共和国成立后努力探索在中国如何建设社会主义取得的伟大成果

得出这个结论的前提是要充分认识与肯定中华人民共和国成立以后30年，也就是改革开放以前30年中毛泽东同志的理论实践对今天中国特色社会主义的意义、贡献。

关于在中国如何建设社会主义？毛泽东就提出了最重要的命题：在落后的东方大国，自然经济占主导地位的情况下，如何在不完全照搬苏联社会主义的情况下建设社会主义？毛泽东认为，建设社会主义一定要探索自己的路。在改革开放以前30年里中国社会主义的建设办法、一些制度、政策，既是从苏联那受到启发，又没有完全照搬苏联的东西，这在改革开放以前30年表现得很明显。

中国特色社会主义经济制度是公有制为主体，多种经济长期并存共同发展；公有制为主体谁建立的？不是改革开放以后建立的，是毛泽东领导下建立的，经过《一化三改造》，建立起公有制主体的经济制度。政治制度方面，中国的国家、国体在十九大报告里面多次指出，我们的国体是什么？工人阶级领导的工农联盟为基础的人民民主专政的社会主义国家，十九大报告再次提出政体即政权的组织方式，政权如何产生、如何运作，人民代表大会制度，这些东西都是谁定义？什么时候定的？1954年制定宪法时毛主席在杭州用钢笔写下了中华人民共和国的国体，中华人民共和国的政体，政权组织方式。政治制度方面的核心内容均始于毛泽东。

改革开放以前30年，不仅奠定了基础制度，同时也奠定了物质基础；其实在这30年里，中国经济建设成就是不可磨灭的。实际上中华人民共和国成立以后的30年来，1949年到1978年，我们经济建设成就十分巨大。

（四）中国特色社会主义是我们党正确总结苏联、东欧国际上社会主义经验教训的结果

总结经验教训要正确总结，何谓正确总结？别人失败的经验教训要汲取，别人的成功要肯定，这叫正确总结。自苏联、东欧社会主义瓦解以后，我党就是正确地看待了这个问题，所以我们今天能够开辟出自己的有生命力的中国特色社会主义制度。

这个正确看待有三个要点：第一个要点，必须充分肯定十月革命以及它产生的苏联社会主义基本政治经济制度的进步性、科学性。苏联社会主义制度、东欧社会主义制度，它的本质是作为资本主义制度的对立物、替代物，第一次实现了工人农民当家作主的国家制度，这是历史的伟大进步。十月革命建立了社会主义制度，实现了工人农民的当家作主。金钱、财产第一次在公民的权力地位中不起决定作用，这是十月革命开辟的社会主义制度。

第二个要点，要全面地看到苏联近 70 多年的社会主义历史中，社会主义建设成就的伟大性。社会主义极大地促进了俄罗斯民族国家的进步、社会的进步。不能把 70 多年的苏联社会主义历史看成是漆黑一团，看成跟希特勒一样，违反人的本性，那是西方资产阶级学者在妖魔化社会主义制度。70 多年苏联的社会主义取得了伟大进步。从历史资料来看，十月革命之前，俄罗斯是个怎样性质的国家？落后的军事封建性帝国，小生产农业生产方式占主导地位，整个俄罗斯的综合国力、工业化水平是当时普鲁士德国的五分之一，法兰西法国的六分之一。十月革命之后，列宁做的第一件事就是大量地从法国、德国请技术人员、工程人员来帮助建设社会主义，经过 20 多年到 1936 年，苏联现代化工业体系形成，1939 年就成为欧洲第一工业强国，经济总量、经济能力欧洲第一，世界第二，所以能够地打败希特勒法西斯，一个月之内 6000 辆坦克开向战场，把德国法西斯的推进计划扼杀在苏联的土地上。不仅仅是战胜法西斯，整个苏联经济的发展，人民生活水平的提高，社会全面进步等方面苏联社会主义都功不可没。2017 年全俄罗斯调查俄罗斯历史上的十大伟人，其中：斯大林位居榜首，第二是普京和圣彼得。连作为当事人的俄罗斯人经过惨痛的教训后都重新认识了斯大林、苏联十几年社会主义建设的伟大成就，那么外人还有什么理由去片面的批评呢？

第三个要点概括为：苏联十几年社会主义实践中从制度到政策有很多弊端、缺点、错误和荒唐之处，甚至发生了严重的错误，出现过肃反扩大化。不可否认肃反扩大化错杀了很多人这样的事实，这也体现出苏联从制度到政策存在一些错误的东西。

如今的中国特色社会主义正确道路的开辟正是对以上这三点有一个准确的把握，科学的分析之后得到的成果。特别是对苏联瓦解的原因进行总结分析。近几年，中央认真地分析总结了苏联垮台的教训和原因，避免重蹈覆辙。比如习总书记

特别强调理想信念，这个结论就是从苏联解体的教训里面得出来的。苏联为什么解体？习总书记强调，20万党员的时候可以取得十月革命胜利，200万党员的时候可以打败强大的法西斯，2000万党员的时候社会主义制度却垮掉了，共产党丧失执政地位，为什么？主要是党员干部放弃了自己的理想，放弃了自己的信念，所以我们现在坚持中国特色社会主义，我们全面从严治党，要把理想信念作为核心任务。中央对中国特色社会主义许多的论断都能体现出从苏联、东欧的经验里面吸取教训。中国特色社会主义是我们正确总结他们经验教训的一个结果。

（五）中国特色社会主义是我们坚持社会主义改革开放的结果

中国特色社会主义今天形成这一套成熟的理论政策是我们坚持了正确的改革开放。曾经在中国有一个正确的改革开放观，还有一个错误的改革开放观。中国从1978年三中全会提出要改革开放，就一直存在两种改革开放观的争论。一种就是邓小平倡导的我们要改，必须要改，不改就死路一条，小平同志讲是社会主义制度的完善发展，而不是推倒另起炉灶。

小平同志的倡导，被后任总书记的江泽民同志、胡锦涛同志坚定不移地贯彻落实，习总书记更是明确。改革问题现在有人只讲一句话，不改就死路一条，不改就没有今天的发展。首先这个观点是正确的，但是光认识这一点是不够的。习总书记谈改革开放的问题时强调两个坚定不移：第一，必须坚定不移地全面深化改革；第二，必须坚定不移地坚持改革的社会主义方向。改革开放我们是要改，绝不容忍社会上的有些人极端的主张。不能纵容资产阶级自由化的宣传，纵容一些人进行反社会主义、反马克思主义的宣传，否则就会导致严重的社会后果。中华人民共和国成立以后出现一些动乱，就是资产阶级自由化泛滥的结果。对于资产阶级自由化泛滥小平同志讲得很清楚，国际的大气候，国内的小气候。国内小气候就是时任领导者对资产阶级自由化不批评不斗争，任由他们来毒化青年、腐蚀社会造成的恶果。在经历了史上一些突发情况以后，邓小平同志总结经验并亲自把关，使我们的改革开放避免走上邪路。今天中国特色社会主义能够取得成功并有今天这一套成熟的理论政策，是我们坚持正确的改革开放的结果。

三、新时代中国特色社会主义的本质和特征

中国特色社会主义进入了新时代，它的本质、它的特点有哪些？本人认为：第一个本质和特征是：它是中国特色社会主义漫长历史阶段中的一个阶段。新时代并不是指从零开始，另起炉灶的新时代，而是整个中国特色社会主义历史长河中若干个阶段中的一个阶段，这一个阶段要承前启后，要继往开来。承前就是中国特色社会主义讲的始于毛（泽东），成于邓（小平），很多的理论制度的内容我们要继续坚持、继续推向前进，它不是一个独立的时代。

第二个特征是：我们进入了全面建设社会主义现代化强国的时代。十八大之前，党的任务是进入小康社会。过去讲的小康是什么？十九大报告中习总书记就几处讲到：是全体人民的总体小康。全体人民的总体小康是什么概念？第一，主要是经济指标，人均收入指标；第二，总体是平均指标。

人均达到小康，是指包括小平同志当时定的小康“三步走”战略目标和我们在此之前为小康奋斗的计划，人均收入、人均国内生产总值要达到多少，这是我们小康的目标；但是进入新时代后我们要全面小康，那么建设社会主义现代化强国和这个区别在哪里？全面小康强调要更高水平，要全体人民，而不是平均数。因为当社会发展之后，一部分人先富起来，而另一部分人还尚未脱贫；在这个基础上，平均数就不能完全地体现小康。在目前的新形势下，平均数对于很多的低收入者已经没有意义，所以现在要全体人民都要上来，达到全面小康的水平。十九大报告不止一次提到一定要不断地扩大中等收入群体比例，目标就是将贫困群体拉到中产阶级群体当中。

再者，建设社会主义现代化强国。过去没有讲强国，因为生产力水平不够，物质基础不允许谈“强”国；但是现在的水平与基础就可以讲。什么叫强？习总书记讲：所谓强，经济、科技、国防实力、综合国力在世界达到领先水平，这叫强国，从此进入现代化强国的时代。

第三个本质特征是：要逐步实现全体人民共同富裕的新时代。从改革开放初期大家都知道小平同志著名的观点，即要实现社会主义现代化，先要让一部分人一部分地区先富起来，一部分群体一部分地区先富起来，先富带后富，这样的结果是先富的出现了，后富和先富现在的差距很大，这是前二三十年的基本状况。所谓进入新时代，就是上述观点的后一句话就要实现，先富带后富，共同富裕是今后中国特色社会主义建设的重点任务。习总书记多次强调要解决好收入差距问题，要扩大中等收入群体比例，要使全体人民共同富裕，这是和过去不同的特点。过去是强调有条件的先搞起来，有能力的先富起来；以后要强调共同富起来。

第四个本质特征是：中华儿女同心奋力实现民族复兴中国梦的时代。关于中华儿女同心努力，有的人可能会提出疑问，中华儿女不一直都是在努力奋斗实现中国梦吗？答案是肯定的，但笔者认为现在讲中华儿女努力实现中国梦，实现中华民族伟大复兴有两个新的含义。第一个含义就是强国，十八大以前的奋斗只是说要努力解决温饱问题，要努力解决脱贫的问题；但十九大之后要努力解决“强”的问题，国家和人民强起来才是真正的中华民族的复兴，这是第一个新含义。第二个新含义，要完成国家统一目标，中华民族能不能伟大复兴，中国梦能不能实现？现在最大的一个问题就是祖国还没有完全统一。近代 1840 年以来帝国主义侵略的恶果尚未完全解决，台湾问题是中华民族伟大复兴必须解决的问题。

第五个特征是：我们国家日益走向、走进世界舞台的中央，为人类作出更大贡献的新时代。这个要联系近代以来中国历史来讲。近代以来中国就被列强推到边上去，推到台下面去了，舞台中央没中国站的地方，而中国现在要逐步走到舞台中间去。鸦片战争以来，一直到20世纪90年代，中国一直都是低调着。邓小平同志对于这个问题就指出“我们要韬光养晦”。国家的经济基础，国力不够强大使我们必须先把自己的事情干好，外面的事暂时别管。

现在中国经过几代人的砥砺前行变得强大了，所以现在讲要走向世界舞台的中央，要参与国际上重大问题的解决，参与更加公正合理的新的世界秩序的构造。现在不光是要荣誉而是要参与新的世界秩序的构造，要为人类一些大事的解决贡献中国智慧，贡献中国力量，走向世界舞台中央，这些是我们新的时代的重点任务。

四、中国特色社会主义新时代的主要矛盾与基本任务

习近平同志所作的党的十九大报告对当前我国社会主要矛盾作出与时俱进的新表述，指出“中国特色社会主义进入新时代，我国社会主要矛盾已经转化为人民日益增长的美好生活需要和不平衡不充分的发展之间的矛盾”。这个主要矛盾的变化可以从两个方面来看：

一个方面是人民对美好生活的需求不断地增长。这个增长包含两个方面，一个是内容要拓展。过去就要解决吃饱的问题，现在光吃饱不行，还要有手机并且手机没有上网功能还不行。20世纪80年代结婚时要看你有没有“三转一响”，后来又说摩托车有没有，现在说汽车有没有，房子有没有，内容增加了，更重要的是档次增加了。习总书记讲，人民群众不仅仅对物质生活有了需求，同样对精神生活、公平正义、民主权利、环境有了要求。

以法国为例，法国经常出现罢工现象，各个行业的工人们经常进行罢工，甚至民航都罢工，不能坐他的飞机；他们的主要诉求是什么？要缩小收入差距。法国的收入差距有多大呢？比如航空公司的CEO，航空公司的董事长的收入是他航空公司最低等员工收入的40倍，法国人不能忍受了。视角换到中国，我们的收入差距不仅是40倍，超过400倍都不止。过去十八大之前，我们有很多的国有企业董事长年薪1000多万、2000多万，最低的员工是三五万的年薪，收入差距达500倍以上。中国现在基尼系数过大是个重要的问题。

法国前总统奥朗德在竞选总统时他的口号就是一条，要收最富的人75%个人所得税。他们的税率是分层次分等级，根据家庭财产状况、收入状况，设计不同的税率。最有钱的人要交75%个人收入所得税，最穷的人有些是免税，中等收入的税率是很低的。很多国家的税收都是根据财产状况、收入水平来决定税率，很穷的人就少缴甚至不缴税。而我国目前统一的税率标准也就是普通群众和大企业家按同一标准收税，收税的制度缺乏一定的科学性。对于缩小收入差距，解决贫富悬殊问题，很多国家都是共通的，在新时代这个问题必定会有所改善。类似如此的群体差距、城乡差距导致发展的不平衡还有很多。

发展的不平衡还表现在，我国目前有些经济发展领域现在处于世界前列，我们的制造业很多的技术，很多的能力，科技水平属于世界先进水平，例如高铁、天翼、计算机这些领域都跑在前面，但有些领域又相当落后。还有就是经济和社会文化发展的不平衡。现在很多人的经济水平、收入提高了，但话说出来很糙，没有文化含量。文化水平、思想道德水平与收入状况严重的不适应。

还有整个国家公共文化服务水平与综合国力、人民生活水平极不适应，我们现在人均收入增长很快，工人收入、城市收入、农民收入增长得很快，中国的人均国民生产总值都9000多美元，但是联合国教科文组织每年要测算全世界国家的文化消费水平，我国公民在文化消费水平方面排在后列，属于见底的状况。

十年前，美国人均每年买书300美元，欧洲350欧元，世界第一是以色列，十年前就500欧元，中国人均一年购书多少？18.6人民币。有统计表明，中国人人均看书量为一年3.6本；但其实这个数据值得商榷。

联合国统计还有人均文化消费。俄罗斯现在经济处于困难时期，但每年成年人人均听11次以上音乐会；资本主义国家，很多国家都有文化补贴。比如奥地利，奥地利全国和各市政府每年有个任务，要为中低以下收入人群提供补贴，保障此类人群能够享受音乐会这一类的文化活动，但是在中国由于低收入人群同高收入人群享受的是一个价格标准，使得大部分低收入人群是无力享受文化消费的，导致文化需求方面极度不平衡。

习近平总书记从十八大以后，对如何推进中国特色社会主义事业提出了一系列新思想、新理念、新战略。这些新思想、新理念、新战略是马克思主义中国化的最新成果，是最鲜活的中国土地上的马克思主义。这些马克思主义中国化的思想理论体系已经形成，它全面地回答了我们在新时代建设什么样的中国特色社会主义，如何建设中国特色的社会主义问题，明确了八个方面的最重要最基本的问题。用这个思想体系来教育人民，来武装全党，是确保中国特色社会主义顺利前进，确保实现民族复兴伟大任务重要的思想前提。

［作者简介］

邓纯东，中国社会科学院马克思主义研究院党委书记、院长，研究员，博士后导师、中国社会科学院“马骨干”博士生导师。邓纯东院长先后在中共中央书记处研究室、中组部党建研究所、中共中央政策研究室工作。承担了多项国家课题、发表了大量文章。其中，承担国家重大交办委托课题和特别重大交办委托课题共三项，主持课题研究工作；承担中央马克思主义理论研究和建设工程交办委托课题两项；主持国家社科基金课题两项。每年在《人民日报》《光明日报》《求是》杂志发表多篇理论文章。主持马克思主义研究院每年主办的马克思主义及其中国化系列国内论坛10余个，国际论坛3个。主编《中国特色社会主义理论“新思想新观点新论断”研究丛书》（6本），已由中央党校出版社出版；《社会主义核心价值观丛书》（12 本），已由红旗出版社出版；《中国梦与中国特色社会主义研究丛书》（10 本），已由红旗出版社出版。《“中国道路为什么能成功”丛书》（10 本），已由国家行政学院出版社出版。

学习贯彻习总书记讲话和贺信精神
积极打造创新工程升级版

王子豪

能够参加贯彻落实贵州省十二次党代会精神理论研讨会暨创新工程推进会，十分荣幸。5月17日，习近平总书记在给中国社会科学院建院40周年贺信中指出："坚持和发展中国特色社会主义，是理论和实践的双重探索。"今天，贵州省理论界的同志汇聚一堂，学习贯彻党代会精神，探讨理论工作发展问题，推进创新工程建设，具有重要的理论和现实意义。可以说，当前我国的理论工作，包括哲学社会科学事业迎来了历史上最好发展机遇期。可以从以下五个方面来体会：

第一，党的十八大以来，以习近平同志为总书记的党中央高度重视我国哲学社会科学事业的发展。去年5月17日，习近平总书记在哲学社会科学座谈会上发表重要讲话，明确指出"坚持和发展中国特色社会主义，需要不断在实践和理论上进行探索、用发展着的理论指导发展着的实践。在这个过程中，哲学社会科学具有不可替代的重要地位，哲学社会科学工作者具有不可替代的重要作用。"今年5月17日，中国社会科学院建院40周年之际，习近平总书记又发来贺信，同时中央8号文件《中共中央关于加快构建中国特色哲学社会科学的意见》公开印发。习近平总书记的讲话和贺信，站在党和国家事业长远发展的战略高度，充分肯定了哲学社会科学的地位和作用，科学阐述了繁荣发展哲学社会科学的极端重要性，明确提出了构建中国特色哲学社会科学的指导思想、根本要求和主要任务，深刻阐明了事关哲学社会科学性质、方向和前途的一系列重大原则问题，为做好新时期我国哲学社会科学工作提供了基本方法和行动指南。广大社会科学工作者深受鼓舞。

第二，党中央高度重视的哲学社会科学创新工程建设，于2011年起在中国社会科学院先行先试，取得良好效果，被写入国家十二五、十三五规划和中央相关文件，并在全国社科界逐渐铺开。实施创新工程是为构建中国特色哲学社会科学，在研究体制机制上的一项重大改革，极大地激发了广大哲学社会科学工作者的积极性和创新力。

第三，党中央部署的中国特色新型智库建设，正在成为广大科研机构全面深入地总结中国实践、提炼中国经验，提升咨政建言能力，以科学咨询支撑科学决策的重要目标。

第四，“尊重知识，尊重人才”是党的基本方针。为落实党中央的指示精神，加快我国科学技术和哲学社会科学的发展，国家有关部门去年以来连续出台了《关于深化体制机制改革，加快实施创新驱动发展战略的若干意见》《关于进一步完善中央财政科研项目资金管理等政策的若干意见》《关于深化人才发展体制机制改革的意见》《关于实行以增加知识价值为导向的分配政策的若干意见》《关于深化科研奖励制度改革的方案》等一系列重要文件，为进一步完善和创新我国哲学社会科学体制机制、解放科研生产力提供了政策依据。

第五，政府决策和社会各界对社会科学的需求日益增加，形成发挥社会科学作用的良好社会生态。以中国社会科学院为例，该院紧密围绕党和国家关注的重大理论和实际问题，积极参与和承担包括第三方评估在内的中央政府和相关部委的决策咨询工作。在坚持围绕中心、服务大局的同时，积极发挥服务社会、咨政育人的作用，应邀与多个省市自治区及计划单列市签订科研合作战略协议，派出骨干科研力量，提供智力支持服务，为政府决策和地方经济社会发展做出了积极贡献。

面对历史难得的发展机遇，广大哲学社会科学工作者一方面需要进一步认识到党和国家对哲学社会科学工作者的殷切希望和对哲学社会科学事业的迫切期待，勇于担负起历史和社会责任，奋发图强，做出更大的贡献；另一方面，需要我们在尊重哲学社会科学发展规律的基础上，进一步改革和完善哲学社会科学体制机制，为加快构建中国特色哲学社会科学提供制度支撑。

中国社会科学院实施创新工程是贯彻落实中央指示精神，对构建中国特色哲学社会科学创新体系进行的一次积极探索。下面，我就有关情况向大家做简要介绍，欢迎大家批评和指教。

一、实施创新工程的成绩

中国社会科学院从 1977 年建院初期的 14 个研究所，发展到目前拥有 39 个研究所（院），4200 余人的规模，成绩很大，但也面临发展中的困难。

陈奎元同志在中国社会科学院 2011 年度工作会议上指出：“中国社会科学院发展到现在的规模和水平，饱含前人的辛苦和智慧。中国社会科学院机构已相当庞大，组织体系、管理方式与党政机关相似之处很多。这种体制是在一定的时期、一定的条件下形成的。现在，随着改革日渐深入，中国社会科学院的体制、机构设置、人才使用和培育的方式、研究成果的评价和奖励办法需要继续创新。实施创新工程主要目的就是要建立有利于社科研究的组织方式、激励机制和良好风气。实施创新工程的根本要求是更加有利于发挥研究团队的整体功能，激发研究人员的创新精神，为人才发展提供更好的条件。目标就是努力把中国社会科学院建设成为马克思主义坚强阵地、党和国家的思想库智囊团、中国哲学社会科学殿堂的要求和目标。”

经过一系列的筹备和动员，中国社会科学院自2011年下半年起分批启动哲学社会科学创新工程（以下简称“创新工程”）。在2011年中国社会科学院创新工程专题工作会议上，王伟光同志指出：实施创新工程是贯彻中央“5·19”会议精神和“三个定位”要求，落实党的十七大及十五届五中全会、国家“十二五”规划纲要关于建设哲学社会科学创新体系战略任务的综合性实践载体和可操作性具体依托，是使哲学社会科学迈上一个更新层次、更高台阶的重大战略举措，必将实现我院体制机制制度的整体转轨与创新，以适应时代和实践发展的需要，从总体上提升我院的研究水平和理论学术影响力，使我院获得一次新的大发展。

在此解释一下2005年中央“5·19”会议。2005年5月19日，中国社会科学院党组级向中央政治局常委会议汇报工作，提出构建哲学社会科学创新体系的设想，得到中央领导充分肯定。为落实“5·19”会议精神，2006年中国社会科学院成立马克思主义研究院、全面启动国情调研、组建中国社会科学院学部三件大事。

五年多来，中国社会科学院创新工程建设取得了一定的成绩，得到中央领导同志和有关部门充分地肯定和高度评价。主要有10个方面：

（一）马克思主义阵地建设和党的意识形态工作不断加强，理论阵地建设取得新成效。在实施创新工程过程中，我院高度重视和大力加强马克思主义坚强阵地建设，采取了一系列具体措施，在坚持和发展马克思主义，推进马克思主义中国化、时代化和大众化方面作出了较大贡献。

（二）以重大理论和现实问题为主攻方向的智库建设取得显著进展，党中央国务院思想库和智囊团作用得到强化。创新工程实施以来，我院积极发挥国家级综合性高端智库优势，大力加强中国特色新型智库建设，在科研指导、投入、评价和激励政策方面对智库建设予以倾斜。在中央《关于加强中国特色新型智库建设的意见》出台前，我院在2013年发布了《中国社会科学院关于加强党和国家重要思想库建设的若干意见》。2014年以来，我院根据国家新型智库建设的最新部署，及时制定了《中国社会科学院关于加强中国特色新型智库建设的若干意见》和《中国社会科学院中国特色新型智库建设2015年先行试点方案》，出台《关于中国特色新型智库的若干管理规定（暂行）》和《中国社会科学院创新工程科研成果后期资助实施办法（试行）》等配套管理办法，对科研组织机制和创新工程管理体制作出进一步调整，国家级综合性高端智库建设取得显著进展。

（三）重大科研成果不断涌现，国家哲学社会科学研究水平的殿堂根基更加厚实。创新工程极大地调动了科研人员的积极性，创造了巨大的改革红利，基础研究和学科建设得到加强，科研产出面貌焕然一新，极大推进了哲学社会科学创新体系建设。

（四）打造一批中国特色社会主义理论学术传播名优平台，理论学术传播水平大幅提高。我院积极实施报刊出版馆网库志和学术评价名优建设工程，努力占领理论学术传播制高点，广泛传播优秀学术成果和主流意识形态，成功打造了一批以马克思主义为指导的，具有中国特色、中国风格、中国气派的理论学术传播名优平台。

（五）科研组织方式和手段创新进展顺利，科研服务保障水平进一步提高。我院积极探索科研组织方式方法创新，着力加强科研服务保障能力，为哲学社会科学发展夯实技术基础和提供条件保障。一是创新型跨学科研究院建设卓有成效。紧紧围绕党和国家工作大局需要，开展跨学科、跨领域综合研究，汇聚国内外相关力量，分步组建了财经战略研究院、亚太与全球战略研究院、社会发展战略研究院、信息情报研究院四家创新型研究院。二是重点实验室建设成绩显著。大力支持科技考古研究室、语音与语言科学重点实验室建设，积极改善工作条件、装备和技术手段。三是创新工程科研管理系统上线运行。该系统面向我院广大科研和管理人员，主要功能包括科研和管理信息的填报、审核、统计、查询以及其他数据应用，是科研人员的个人信息库和科研助手，院所领导决策的信息支持系统，职能部门进行科研管理的信息化平台。四是基础设施建设和后勤保障条件明显改善。

（六）国情调研更接地气，科研合作不断开创新局面。我院国情调研和科研合作发挥了深入基层、结合实际的实践作用，培养了一批了解国情、“接地气”的高素质人才，提高了科研成果服务中央决策、服务社会发展的水平。

（七）人才队伍建设取得新成效，培养形成了一支极具创新活力的哲学社会科学研究队伍。经过五年创新工程的探索与实践，我院初步建立了能进能出、能上能下、竞争择优、灵活高效的体制机制，凝聚造就了一批具有国际视野和战略思维的领军人才，培养了一批高素质、富有活力的青年人才，形成了一支富有竞争力的人才队伍，形成了高端人才和青年才俊想来、愿来，有利于人才聚集、发展的条件和氛围。

（八）对外交流合作取得重大突破，“走出去”战略的学术窗口作用大幅增强。依托创新工程，我院推进了外事管理体制机制改革，创设了智库交流平台、经济发展问题国际青年学者研修班等品牌项目，重新整合了原有对外交流网络，打造了国际合作的高端平台，提升了我院国际影响力，并为提升我国在国际社会各个领域的参与度和融入感发挥了积极作用。

（九）体制机制制度改革稳步推进，极大地调动了广大科研人员的积极性。实施创新工程是一场体制机制的深刻革命。我院以“制度创新”为核心，大胆改革，勇于创新，初步打破了“干和不干一个样，干多干少一个样，干好干坏一个样”的平均主义“大锅饭”的原有体制机制，基本形成符合哲学社会科学发展规律、能够激发科研人员积极性的科研管理体制机制，初步形成了以“报偿制度、准入制度、退出制度、配置制度、评价制度和资助制度”六大制度为核心的创新工程制度体系，形成了一整套行之有效的制度文件。

报偿制度是创新工程的关键性制度创新，报偿制度主要创新点是建立了与创新岗位相匹配的报偿成本支出体系，依据不同岗位的创新任务和贡献进行不同的激励，起到了激励作用，充分调动了工作积极性；准入制度主要是设置了严格的准入条件，凡是达不到准入条件的单位和个人就不能进入创新工程，解决了进入创新工程的门槛问题；退出制度主要是建立了动态调整的岗位聘任制度，强化了岗位退出的要求，是我院建立能进能出、能上能下、竞争择优、灵活高效的新型人事制度的重要探索；配置制度是创新工程效率提升的重要抓手，一方面扩大了研究所的经费自主权，同时对一些确有特殊需要的单位进行专项支持，解决了课题制的弊端，突出了重点研究和优秀单位的经费资源配置导向，构建了激励与约束双重功能并行的资源配置与经费管理机制；评价制度建立了针对最终科研成果、工作绩效的注重结果的评价指标体系，解决了树立正确创新导向的迫切问题；资助制度是创新工程绩效强化的重要推手，后期资助目标报偿主要用于对创新绩效的激励。根据创新工程年度绩效考核结果，以年度绩效得分为标准，给予个人奖励，业绩多多奖，业绩少少奖，没有业绩不奖。从几年来的实践情况看，这套制度在创新工程实施过程中发挥了重要作用。

一是竞争择优、灵活高效的创新岗位管理制度起到了重要导向作用。我院各单位根据创新任务和需要设置了创新岗位，不同层级的创新岗位享受不同层级的报偿。创新岗位人员必须以公开竞聘的方式产生，并且是按照不低于20%的淘汰率实施差额进入，在符合岗位条件的情况下允许高职低聘和低职高聘。创新单位对创新岗位人员实行严格考核，建立了准入和退出机制。创新岗位与报偿相结合的制度创新打破了原有人事制度弊端，形成了较强的竞争氛围，有效地调动了全院人员的工作积极性。

二是科研规划、资源配置和经费管理制度发挥了重要保障作用。一方面实行研究经费总额拨付制度，将相当比例的研究经费按年度总额拨付到进入创新工程的研究单位，扩大了研究所的经费自主权；另一方面，发布了创新工程研究领域指南，对不同类型研究单位分别提出加强重大理论和现实问题研究的强制性资源配置要求。在资源配置权下放的同时，探索建立了创新经费检查常态化、制度化机制，对“三项经费”检查发现问题的整改落实情况进行审计抽查。除此之外，我院对一些重大研究任务进行单独资源配置，比如，设置了跨学科研究中心和重大研究项目，另外，对研究单位的特殊需求进行补充配置，实行“一事一议”制度，对一些确有特殊需要的单位进行支持。新制度既突出了对重点研究和优秀单位的资源配置导向，又加大了研究所对经费的支配权和自主权，也加强了经费合规性检查力度，在资源配置的有效性、高效率和合规性等方面都有所提高。

三是全新的绩效评价和后期资助产生了巨大的激励作用。科研评价制度的主要创新点在于建立了针对最终科研成果、工作绩效的注重结果的评价指标体系。科研评价指标体系以学术影响力、决策影响力、社会影响力、国际影响力为架构，确定了28大类研究成果作为评价对象，尽可能地涵盖我院各种形式的研究成果，努力体现我院“阵地”“殿堂”“思想库和智囊团”的功能定位。与此同时，我院扩大了后期资助成果方式，向优秀研究成果倾斜，即对好的绩效、成果采取后期购买的方式，提高了资金使用的有效性，逐步形成了对资源使用主体的有效激励约束机制。2015 年开始，每年年底，我院开展了创新单位和创新岗位年度绩效考核，首次按照考核结果兑现了后期资助目标报偿，考核业绩突出的同志得到比较高的报偿，绩效得分较低的同志没有或者得到较少的报偿，本质上体现了“多劳多得、奖优罚劣”的激励原则，得到了广大科研人员和全院职工的赞成和拥护，产生了巨大的激励导向作用。

（十）经费管理改革取得明显成效，经费违纪违规问题从源头上得到纠正。资源配置和经费管理是风险防控的重点领域，也是创新工程改革的关键领域。我院从创新要求及制度合规两方面出发，开展制度和方案的设计，将廉洁、合规的理念贯穿到资源配置和经费管理改革的全过程之中，从源头上纠正科研事业单位大量存在的研究经费管理违规问题，提高学术殿堂的纯洁性和科研人员的道德水平，起到了积极作用。财政部、审计署等政策主管部门赞成“社科院就经费预算和管理办法先行先试”。李克强、刘延东、杨晶等国务院领导同志在国家审计署对我院的审计报告上先后作出批示。延东同志批示指出：“审计署对社科院科研项目和经费管理改革充分肯定，所提建议也很有价值。要深入总结推广实践中的好经验，完成形成更加符合科研规律的项目经费管理办法。”我院在经费管理方面的主要举措有：

一是把“一票否决”“零违规”要求纳入创新单位准入和考核的基本条件。认真梳理科研、人事、财务、外事、报刊、网络、招生、基建维修中的违规风险点，把“一票否决”“零违规”要求作为创新单位准入和考核的基本条件，比如，经审计部门查出存在“小金库”“三公”治理不合格的单位，一年内不得申报创新工程，负有领导责任和直接责任的相关人员，不得申报创新岗位。同时，加强财政资金监管，优化资源配置方式，对管理过硬、信用良好、成果突出的单位，给予相应的政策倾斜。

二是推行重大科研仪器设备集中采购和图书集采竞价。将创新工程项目涉及的重大科研仪器纳入集中采购管理，将院属单位图书馆和资料室的分散采购改为集采竞价模式。通过集中采购和集体谈判议价，一方面获得了比市场折扣更低的优惠价格，提高了财政资金使用效益，另一方面通过推进“阳光采购”，杜绝了相关人员利用职务便利搞私下交易、重复购置及采购单位私设“小金库”问题。

三是实行研究经费总额拨付制度。为提高创新工程研究经费使用效率，保证研究经费支出的真实化，经过对近年来经国家财政立项课题经费使用情况的调研评估，对课题真实支出成本进行了核定，确定了创新岗位人员科研经费资助的平均标准，对研究所实行了研究经费总额拨付。在此额度范围内，创新单位自主设计课题和项目。同时，强化对课题经费的执行监督，确保“支出有标准、预算有约束、过程守规矩、创新有保障”。

四是治理课题费虚假报销，真实使用科研经费。对创新课题直接成本和间接成本进行分离，新立项的创新课题只包含直接成本支出，严格控制“小三票”及劳务费比重、严格课题预算执行，杜绝报销不实支出，实现研究成本支出由虚假报销走向真实化、合规化，对科研组织单位和课题主持人的管理实现刚性约束，降低核定监督成本，提高科研经费绩效。

五是加大“三项纪律”建设和“四项经费”查改的力度。近三年来，我院加强了政治纪律、组织纪律和财经纪律的教育和建设，每年开展“四项经费”检查，围绕创新工程科研经费、智力报偿和创新报偿及津补贴、期刊经费和横向课题经费的使用情况，对院属43家二级预算的创新单位进行全面检查，并通过完善规章制度、细化报销程序、补齐明细资料、补计固定资产、调整会计科目等，进一步规范创新工程研究经费管理和使用。通过对创新工程经费开展持续严格的监督检查，院属各单位进一步加深了对创新工程制度的理解和执行，建立了课题负责人对报销项目的真实性负责、会计对报销票据的合理性负责、“一支笔”对经费支出的合规性负责的经费管理责任体系。在强化管理责任、健全内控机制的基础上，干部学者逐步转变了课题经费管理使用的旧观念，科学规范使用科研经费的意识普遍增强。

实施创新工程以来，我院在规划设计、体制改革、制度建设、机制建立、资源配置方面做了大量工作，在马克思主义研究、综合性战略性问题研究、人文基础学科创新以及新型传播平台建设上取得了一大批重要成果。创新工程极大地调动了全院职工的积极性，最大限度地释放了出成果出人才的科研生产潜力，有力地推动了社科事业发展。我院科研人员、工作人员、离退休同志对创新工程寄予厚望，把创新工程称为“机遇工程、希望工程、改革工程、收获工程”，是我院各项事业发展的生命线和原动力。

中央领导同志多次就我院创新工程作出批示：“社科院认真贯彻中央政治局常委会指示精神，创新体系建设取得明显成效，为中央决策发挥了重要作用，为繁荣哲学社会科学做出突出贡献”“社科院近年来在哲学社会科学创新、中外学术交流、增强学术传播能力和影响力方面做了许多工作，取得可喜成绩。”中宣部、发改委、财政部、审计署等有关部门也对我院创新工程给予肯定与支持。我院对哲学社会科学创新事业的积极探索，受到全国学术界和兄弟单位的高度关注，在哲学社会科学创新体系建设领域产生了良好示范效应。

二、实施创新工程的主要经验

创新工程过去五年取得的成绩，是与中央大力支持、院党组正确领导和全院上下共同努力分不开的。与创新实践的成绩相比，更为宝贵的是我们逐步形成了一套比较成熟的工作思路和办院方针，建立了一套比较完善的管理制度。2011年以来，中国社会科学院在创新工程实施过程中，始终注重顶层设计，坚持制度先行，改革创新，在科研管理、人事管理和资源配置等领域进行了一系列探索、改革和创新，先后制定了《中国社会科学院哲学社会科学创新工程实施意见》《创新工程重大研究项目管理办法》《创新工程人事管理办法》《创新工程薪酬管理办法》《创新工程项目评价管理办法》《创新工程绩效支出中智力报偿、创新报偿管理办法》和《创新工程科研成果后期资助实施办法》等60多份指导性文件及制度规定和实施办法，开始建立以员工业绩与岗位要求相匹配、以创新目标和绩效考核为基础的能进能出、能上能下、竞争择优、灵活高效的激励机制，建立注重实效、以学术创新和科研成果为导向、以科研项目评价结果为依据、以资源优化配置为依托的后期资助牵引机制，初步形成创新工程制度体系，特别是报偿制度、评价考核制度和后期资助制度的建立，实现了"开前门、堵后门"，彻底破除了原有科研经费管理的弊端，为创新工程有序推进、扎实开展提供了有力的制度保障，为建立科研经费的合理使用机制和建立尊重知识、尊重劳动、尊重创新的人才激励机制，为我国哲学社会科学创新体系建设闯出了一条新路。

经过五年的探索实践，中国社会科学院实施创新工程的主要经验体现为三条基本经验和"五三一"的工作总体思路。三条基本经验是：第一，坚持正确的政治方向和学术导向，解决好哲学社会科学为什么人这个根本问题；第二，坚持科学的工作思路和举措，紧紧抓牢创新工程这一实践载体；第三，坚持把科研人员和全院群众的工作和生活需要放在重要位置，办实事，办好事，办让大家满意的事。"五个三"即"明确三大定位、发挥三大功能、实施三大战略、营造三大风气、建设三项纪律"。具体而言，"三大定位"，就是把中国社科院建设成为马克思主义坚强阵地、党和国家重要的思想库智囊团、我国哲学社会科学最高殿堂；"三大功能"，就是发挥中国社科院的阵地功能、智库功能和殿堂功能；"三大战略"，就是实施"科研强院、人才强院、管理强院"战略；"三大风气"，就是马克思主义学风、文风和优良工作作风建设；"三项纪律"，就是遵守和维护党的政治纪律、组织纪律和国家财经纪律。"一个一"就是哲学社会科学创新工程。在"五三一"工作思路和方针的指导下，中国社会科学院积极推进创新工程体制机制改革，不断探索适应现代科研院所建设和新型智库要求的新途径新方法，在实践中提高认识，在形成共识的基础上推进实践。我们认为，五年来的创新实践之所以能够取得显著成绩，主要原因可以归结为"七个必须"：

一是必须坚持正确的政治方向和学术导向，以马克思主义的立场、观点和方法指导哲学社会科学发展。坚持正确的政治方向和学术导向是我院推进创新工程的根本原则。为把牢方向，我院以创新工程为抓手，大力加强党风、学风、文风和工作作风建设，积极推进马克思主义中国化、时代化和大众化研究，全面打造中国特色社会主义理论学术传播名优平台，在意识形态斗争中积极发声亮剑，将理论学术成果普及送入千家万户，较好地解决了哲学社会科学为什么人的问题，真正在哲学社会科学成果产出、科研管理改革等创新实践中体现了马克思主义的立场、观点和方法。

二是必须以事关党和国家建设发展的重大理论和实践需求为科研主要任务，全面谋划和推动科研事业发展。坚持哲学社会科学科研事业与中国现代化发展进程相契合是我院推进创新工程的重大关切。为精准服务党和国家建设发展的重大理论需求，我院以创新工程为载体，建立健全并严格执行以重大理论和现实问题为科研主攻方向的激励机制，倾力打造能够承载各类重大研究任务、作为国家发展智力需求各个层面可信任和优先依靠的哲学社会科学研究旗舰机构，圆满完成各类重大中央委托交办任务，在谋划和推动哲学社会科学研究事业中体现了高度的政治责任感和历史使命感。

三是必须重视和加强基础理论研究和学科体系建设，夯实哲学社会科学殿堂基础。学科门类齐全、基础研究扎实、学术传承丰厚是我院作为国家级哲学社会科学研究机构的独特优势和核心竞争力，是我院发挥马克思主义坚强阵地功能和党和国家思想库智囊团功能的基础和前提。创新工程实施以来，我院始终坚持基础研究与应用研究、理论研究与对策研究、传统优势学科与新兴学科交叉学科建设并重并举，不断巩固和完善学科体系，强化学科优势，同时跟踪评估学科动态，及时调整学科布局，始终站在引领我国学术发展的最前沿，在人文基础研究领域推出了一大批优秀传世之作。

四是必须以提升科研生产力为目标和抓手，扎实推进哲学社会科学管理体制机制制度改革创新。坚持解放和发展科研生产力是我院推进创新工程的本质要求。为进一步提高科研生产力，我院以创新工程为改革实验田，适应哲学社会科学发展规律，大力推进科研、人事和资源配置改革，建立创新工程报偿、准入、退出、配置、评价和资助六大制度，尤其是智力报偿的创设有效调动了全院哲学社会科学工作者的积极性和创新性，推动科研成果数量快速增长，取得了一大批具有重大影响的优秀科研成果，初步探索出一条建设中国特色哲学社会科学创新体系的新路子。

五是必须高度重视人才队伍建设，为哲学社会科学事业提供坚实的人才保障。人才是我们各项事业的基础。创新工程从制度到实践始终坚持以人为本、以人才为本的理念，在理论方向和素质建设、人才结构和梯队建设、队伍作风建设和岗位锻炼、人才激励和评价机制建设等方面入手，通盘统筹，大胆创新，采取了一系列有效措施，使我院人才队伍面貌发生了根本性改变，为创新工程和各项事业发展提供了坚实支撑。

六是必须坚持“三条基本经验和‘五三一’工作思路”，确保改革事业可持续发展。三条基本经验、“五三一”工作思路是院党组按照中央的要求，总结我院长期发展的历史经验，总结全院科研人员和工作人员的新鲜实践而形成的。实践证明，它们符合哲学社会科学发展规律，符合社科院办院规律，符合哲学社会科学人才成长规律，是管用可行的，是全院宝贵的精神财富。只要按照三条基本经验、“五三一”工作思路扎扎实实地、有板有眼地、一步一个脚印地推进创新工程，就能保证方向不走偏、道路不走歪，就能取得更大的成绩。

七是必须全面从严治党管党，管院治院，加强制度建设，加强党的建设，为创新工程发展提供坚强保证。坚持党的领导、加强党的建设，是顺利推进创新工程的根本保障。我院坚持党要管党、从严治党，从严管院、从严治院，不断强化全面从严治党主体责任，坚持党委领导下的所长负责制，坚持党的建设抓党委领导班子建设和支部建设，不断巩固和拓展党的群众路线教育实践活动成果，深化“三严三实”专题教育，推动学风文风和工作作风“三风”转变，将党的思想建设、组织建设、作风建设、制度建设和防腐倡廉建设有机贯穿于创新工程全过程，为创新工程和全院各项事业提供坚强保证。

三、打造创新工程升级版

“十二五”时期，中国社会科学院顺利实施创新工程且成绩显著，为“十三五”时期继续推进创新工程积累了丰富的经验，奠定了坚实的基础。随着我国步入全面建成小康社会的决定性阶段，当前比历史上任何时期都更接近实现中华民族伟大复兴的目标。在这一伟大实践进程中，迫切需要建立起与我国改革发展现实需要相适应、能够为党和国家提供前瞻性、战略性和长期性智力支持的哲学社会科学创新体系和话语体系；迫切要求我院在加强马克思主义坚强阵地建设和党的意识形态工作、推进中国特色新型智库建设、加强哲学社会科学基础研究和学科建设等领域发挥重要作用，推出重要成果；迫切希望我院在深化科研体制机制制度改革、探索和构建有利于出成果出人才的新型科研管理体系方面发挥示范引领作用。

为此，我们必须在认真总结五年来创新工程的实施经验基础上，营造良好氛围，发挥制度优势，依靠灵活高效的运行机制，加强执行和监督力度，继续深入推进创新工程，努力把中国社会科学院建成马克思主义和党的意识形态工作的坚强阵地、党和国家重要的思想库智囊团、我国哲学社会科学研究的最高殿堂。

（一）加强和改善党的领导，营造导向鲜明、活力勃发的学术创新环境。各级党组织要深化对推进创新工程规律的认识，提高领导创新工程实施的能力和水平，严格把牢学术研究的政治导向，改进学风、端正文风、转变作风。加强学风建设，理论联系实际，引导科研人员深入群众、深入实践，牢固树立为人民做学问的理念；倡导朴实文风，写让中央满意、让学界认可、让人民群众受益的作品；反对假、空、旧的不良文风，提倡和树立务实求理、言之有物的“短、精、新”文风。

加强党委领导下的所长负责制建设，强化基层党组织战斗功能，发挥战斗堡垒作用和党员先锋模范作用，激励广大干部开拓进取、攻坚克难。支持研究机构和研究人员开展科研方法和组织方式创新，推进社会科学和自然科学融合发展，鼓励开展跨机构协同研究，规范发展以相同学术兴趣为纽带建立的社会化学术网络新平台，控制和逐步减少科研人员的行政工作负担，加强学术成果发表、出版和研究项目的资源配置力度，营造宽松和富有活力的学术创新环境。

（二）建立有利于人才成长，特别是拔尖杰出人才成长的培养、淘汰、竞争、激励新机制。加强哲学社会科学人才发展统筹规划和分类指导，继续实施马克思主义理论人才造就计划、学部委员资助计划、高端人才延揽计划、领军人才扶持计划、长城学者资助计划、基础研究学者资助计划、青年学者资助计划、博士后培养计划和管理人才培养计划；以培养凝聚学术大师和有发展潜力的青年新秀为重点，以学术成果和学术名望为主要评价手段，建立竞争择优的学术大师孕育机制和青年拔尖人才托举机制；加强人才激励机制，加大对优秀人才的表彰、奖励和提拔使用力度，健全人才合理流动和使用的体制机制；利用双向交流、挂职锻炼、国情调研等多种途径，深入基层、深入群众，促进研究成果与社会实践密切结合，使人才在投身伟大实践中钻研真学问、提高真本领。

（三）建立有利于产出更多高质量、高水平科研成果的研究、评价、资助、发布和转化新机制。统筹设计链条完整、科学合理的科研成果产出、评价、资助、发布和转化新机制。抓好科研产出源头管理，科学规划创新工程研究领域指南，推进研究选题结构优化；改革科研项目管理体系，严格科研产出过程管理，切实加强创新项目的立项、实施和结项等流程的系统化、网络化跟踪管理；优化科研成果评价体系，改进同行评议机制，探索建立科研成果的短期和中长期评价机制；理顺科研成果资助渠道，加强科研成果资助力度；完善优秀科研成果发布和转化机制。

（四）建立有利于科研事业发展且严格高效的经费使用、资源配置新机制。以严格化、精细化和便捷化的财政预算和支出报销改革为目标，强化财政经费严格高效使用，探索新型智库经费管理新模式，改革横向课题管理办法；以科研经费配置优化为方向，加大科研成果后期资助份额，合理配置院级项目研究、学者资助、学科建设和学术出版经费；改革完善总额拨付经费的使用管理机制，探索按照研究所性质类型以不同性质的研究所为划分标准确定总额拨付科研经费各类支出的合理占比；完善创新工程重大专项和重大选题规划、预算和支出管理机制，集中力量办大事；以规范化的经费监督为导向，加强对创新工程研究经费的审计监督、综合监管，建立审计联席会议制度，深化财务管理体制机制改革，进一步发挥结算中心的作用，完善会计委派和会计代理工作。

（五）加强创新工程制度建设，抓好制度保障。完善创新工程六大制度体系，加强创新工程制度的执行力度，严格贯彻落实各项改革措施，继续发挥创新工程体制机制改革创新效应。加强“三项纪律”建设，严格“四项经费”检查，把惩治和预防腐败工作作为我院哲学社会科学创新体系建设的重要保障，建立健全创新工程制度执行监督和问责机制，把从严从实治党管院要求融入创新工程制度中，使创新工程继续沿着制度化和轨道化的方向发展。

以上就中国社会科学院深入贯彻落实习近平总书记“5·17”讲话和贺信精神，积极打造创新工程升级版，加快建设中国特色哲学社会科学的工作情况做了简要介绍。不当之处，敬请批评、指正。

[作者简介]

王子豪，中国社会科学院科研局副局长，编审。长期从事社会科学管理工作，主持和参与“社会科学成果评价指标体系”“哲学社会科学成果评价研究”等多项国家社会科学基金、中国社会科学院重点项目，原《社会科学管理与评论》副主编。中国人民政治协商会议第十二届全国委员会委员，第七届全国科技名词审定委员会委员。

贫困地区多元化精准脱贫路径设计与退出机制

——学习贯彻习近平精准扶贫思想

黄承伟

脱贫攻坚工作已经成为全党全国各族人民的重要工作，是全面建成小康社会必须完成的任务。本文以贫困地区多元化精准脱贫路径设计与退出机制为主题，从以下四个方面进行论述，旨在呈现在习近平精准扶贫思想指引下，我国全面实施精准扶贫精准脱贫方略的顶层设计和具体实践。

1. 全球减贫进展和我国扶贫开发新阶段。简要总结国际减贫形势，我国进入脱贫攻坚阶段的新特点。

2. 我国精准扶贫精准脱贫方略的顶层设计。主要回顾中央在习近平总书记精准扶贫思想引领下把精准扶贫精准脱贫作为打赢脱贫攻坚战基本方略的主要考虑，以此阐明贫困地区精准脱贫路径设计的基础。

3. 贫困地区精准脱贫路径的设计与实践。阐述中央关于贫困地区精准扶贫精准脱贫路径的顶层设计，地方结合各自实际根据顶层设计在基层实践和落实。

4. 贫困退出的机制和考核评估体系。重点回答脱贫攻坚怎么样才能实现目标？到什么样的程度才能算脱贫？需要什么样的退出的机制？如何考核评估等问题。

一、全球减贫进展与我国扶贫开发新阶段

（一）全球减贫的进展与趋势

我国是全球最大的发展中国家，减贫依然是面临的主要挑战，是和其他国家一样必须在发展进程中解决好的重要问题。从全球看，在过去70多年全球减贫呈现以下特点：

一是成就巨大。在70年多前第二次世界大战刚结束时，全球贫困的状况非常严重。30多年前，还有20多亿的贫困人口，直到2016年，仅剩下7亿左右的贫困人口。可见，过去几十年，特别是近30多年中十几亿贫困人口摆脱了贫困，这说明全球减贫成就是非常巨大的。

二是挑战依然明显。剩下的贫困人口，无论在世界其他国家，还是我国，越往

后扶贫的难度越大，是最难啃的“硬骨头”，说明挑战非常之大，这也是全球呈现出的共同特点。

三是目标更加明确。2015 年第 70 届联合国发展大会 190 多个国家的首脑通过了一个议程，就是 2030 年可持续发展议程。这个全球达成共识的可持续发展议程的首要目标就是消除绝对贫困。所以，未来 15 年，也就是说到 2030 年全球减贫目标，就是消除一切形式的绝对贫困，目标非常明确，这是目前全球减贫的趋势，也是呈现出的特点。

四是前景看好。为什么前景看好？也就是说在未来的 15 年只要全球保持每年减贫 5000 万以上，就能实现 2030 年消除绝对贫困的目标。当然这个目标的实现取决于外在的环境，以及取决于各个国家如何有效的治理贫困，以及更有效的激发贫困人口内生动力。

以上方面就是全球减贫总的趋势和特征。上述趋势及特征还可以从相关数据具体呈现：

一是全球贫困人口和贫困发生率变化趋势。从 1981 年到 2013 年，贫困人口数量和贫困发生率均呈现明显下降趋势。这和我国过去 30 多年中减贫显著成效相一致，换句话，由于中国显著的减贫成效带来了全球减贫成就的显著。

图1　全球贫困人口和贫困发生率（每天1.9美元）

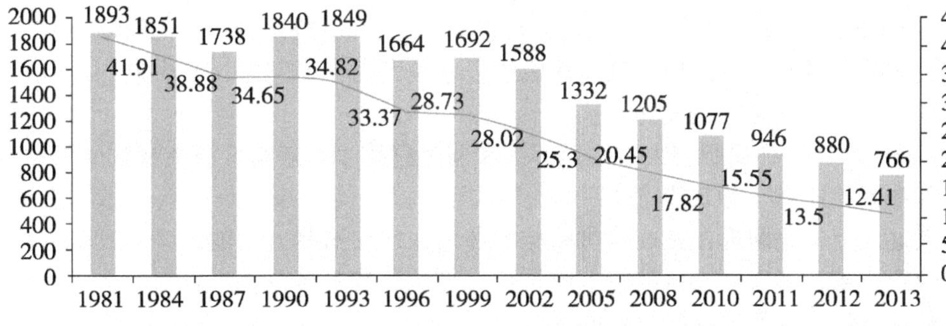

二是全球贫困人口分布。全球贫困人口数量最多的在南亚地区，以印度、孟加拉国、巴基斯坦为代表的南亚国家，占了全球贫困人口 40% 左右。非洲地区相对欠发达，贫困程度也比较深，贫困人口数量排在全球第二。排在第三的区域是东亚和太平洋地区，这个地区在过去的 30 多年减贫的速度是最明显的，不仅仅是我国，这区域的其他国家也取得比较明显的减贫效果。剩下的贫困人口按可比标准有小部分分布在拉丁美洲。从 1990 年到 2015 年不同地区贫困发生率呈现逐步下降趋势。其中，东亚太平洋地区的贫困发生率从 1990 年的 60. 8% 下降到 2015 年的 4. 1%，可见这个区域减贫的成绩非常巨大。

三是全球发展议程。第一个议程是从 1990 到 2015 年，就是联合国千年发展目标。这一目标到2015年从全球范围来看基本实现了，我国是在2003年左右首先实现了贫困人口比例减半的第一个目标，到2015年全部实现了所有的指标，是全球在联合国千年发展目标实现的速度最快、实现程度最好的国家。第二个发展议程就是2030年可持续发展议程，这是2015年第70届联合国发展大会190多个国家首脑共同确定的。这一议程包含了17项目标。第一个目标就是消除一切形式的绝对贫困，也就是说全球发展未来15年的主要任务，排在最前面的也是消除绝对贫困。

四是联合国2030年可持续发展议程中减贫目标和我国脱贫攻坚目标相一致。联合国2030年可持续发展议程共17项目标，169项具体子目标，其中第一个项目目标消除一切形式的绝对贫困，包括五个具体子目标：

1. 到2030年在全球消除平均每人每天生活费不足1.25美元的极端贫困（2015年4月世界银行把1.25美元标准调整为1.9美元，所以现在是每天生活费不足1.9美元的都叫极端贫困）。我国现在的标准是按照2010年农民人均纯收入每年2300元人民币的不变价来测算的。如果按照购买力评价换算，我国的贫困标准大概相当于每人每天消费支出2.2到2.3美元之间，也就是说我们的扶贫标准略高于全球极端贫困标准。

2. 到2030年根据各国标准将各年龄段贫困人口和贫困儿童的比例减少一半以上，这反映出全球减贫要更加精准到每个年龄段和不同类型的贫困人口，特别是强调了儿童减贫的重要性。这也是精准扶贫精准脱贫的要义和要求。

3. 到2030年实施适合各国国情的社保制度，大规模覆盖穷人和其他弱势群体，这和我国是一样的。我们现在已经建成了全球最大的社保制度，其中农村最低生活费保障制度是很重要的组成部分。

4. 到2030年确保所有人特别是穷人和弱势群体享有获得经济支援的平等权利，享有基本服务或者土地和其他形式财产的所有权、使用权，获取新技术和金融服务。在这点上，我国现在精准扶贫精准脱贫正在推动这些方面的实现。比如，农村三权分置改革，还有在农村推行电商扶贫、光伏扶贫等新业态，针对穷人的小额信贷等举措，都可以实现这些目标的手段。

5. 到2030年增强穷人抵御灾害风险的能力，这也是精准扶贫、精准脱贫的重要内容。

所以，综合看，我国脱贫攻坚目标和全球2030年可持续发展目标中的第一个目标消除绝对贫困是一致的。换句话说，我国在2020年全面建成小康社会，按照党的十八届五中全会确定的现行标准下农村所有贫困人口全部脱贫，贫困县全部摘帽，解决区域性贫困，也就意味着，到2020年我国将提前10年实现全球2030年可持续发展议程的减贫目标。显然这样的目标和成就，对于树立我国良好形象，展现我国发展道路、理论、制度、文化自信有着重要的作用。

（二）我国扶贫开发进入新阶段

1. 我国扶贫开发的成就和2014年的贫困特征。

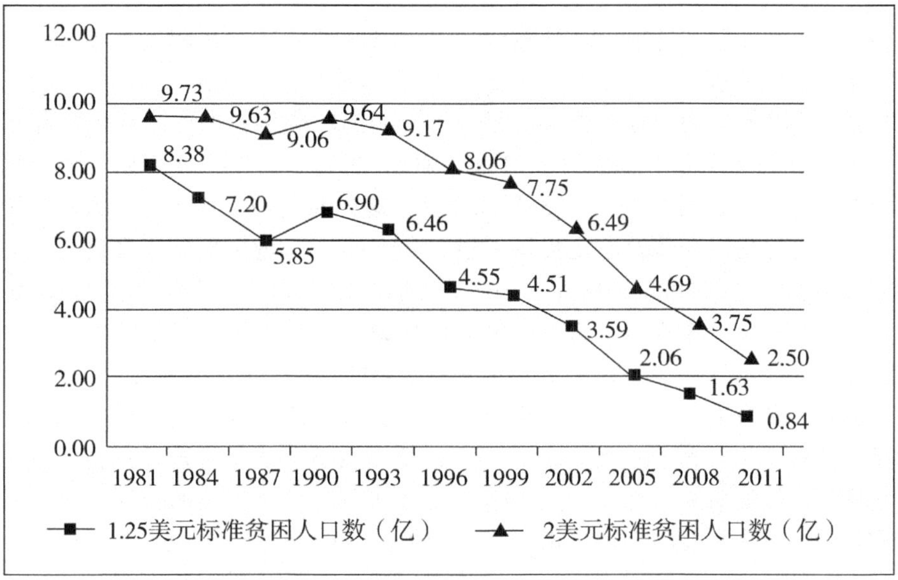

图2　改革开放以来国际标准下我国减贫情况

从上图可以看出，改革开放以来我国在国际标准下减贫的情况。有两个曲线，下线是低标准线——1.25美元消费标准下贫困人口变化，从图可以看出，贫困人口下降的趋势非常明显。上线是国际高标准贫困线——2.0美元标准，贫困人口下降的趋势也是非常明显。只是2011年，按2.0美元贫困标准我国还有2.5亿贫困人口。但是对于1.25美元标准，我国仅剩8000多万贫困人口。

基于2014年建档立卡数据，我国的贫困体现以下特征：

首先从区域的分布看，2013年农村人口在600万以上的省份有6个（贵州、云南、河南、湖南、广西、四川）。贫困人口主要分布在832个贫困县。从14个连片贫困地区的贫困人口和贫困发生率来看，不同的片区贫困人口规模不一样，贫困发生率也不一样，但是和全国其他区域相比，都存在比较高的贫困发生率和比较大的贫困人口的规模。

其次从减贫趋势看，过去10年，重点县农民人均纯收入增长的幅度快于全国农民人均纯收入增长的水平。这也反映出扶贫的成效。2001到2011年的10年，仅有两年减贫的人数超过1000万，其中2007年达到1300多万，其主要原因是当年农村全面实行了最低生活保障制度。这一普惠性政策，相当部分的贫困人口由于享受了低保所以达到了贫困线标准以上，也就等于实现脱贫。

第三从贫困人口的区域分布来看，14 个集中连片特殊困难地区集中了相当部分贫困人口。全国乡村人口呈东中西部分布，中部占 42.0%、西部占 32.0%、东部占 25.7%。贫困人口在东中西部的分布，西部贫困人口数占到总数的 49.7%、中部占 43.4%，两者加起来占了 93.1%，剩下的 6.9% 分布在东部。可见，贫困人口的分布主要在中部和西部地区。从贫困人口分布区域特征，贫困发生率最高的在甘肃、贵州、西藏等省区。

第四从贫困人口的特征来看，一是老年贫困问题突出：全国乡村人口年龄结构中，60 岁以上的老年人占总数的 17.1%，但是在贫困人口中 60 岁以上的比例占到近 20.0%，比一般的情况高出近 3 个百分点，这说明贫困人口中老年人的贫困问题更严重，这也为我们的政策制定提供了指引和方向。二是文盲和半文盲比例高：全国乡村人口文盲半文盲的比例占 7.5%，但是贫困人口中文盲半文盲的比例占到 15.0%，是一般人口的两倍。这也是脱贫攻坚为什么越来越难，扶贫对象文化少技能低是主要原因。三是贫困人口劳动力缺失：8000 多万的贫困人口约 3000 万户的贫困家庭中，没有劳动能力的占 34.00%，丧失劳动能力的占 6.6%，也就是说，有 40.6% 的贫困人口是没有劳动能力的，这样的现状对于依靠产业扶贫实现脱贫显然面临困难。有劳动能力这部分大多是普通劳动力，没有更高的技能，这是扶贫对象的现实，也为开展精准扶贫提供了决策的依据。四是建档立卡贫困户贫困原因复杂多元：最主要的致贫原因是因病致贫，占 42.2%。随后的是缺资金、缺技术、缺劳动力，因学、因残、因灾、自身发展动力不足等，显然因病致贫是致贫中的首要因素，因此怎么解决好因病致贫问题是解决贫困问题的关键，是精准扶贫精准脱贫的关键。即便是因病致贫，在不同地区、不同区域，程度也不一样。在东部因病致贫占到 58%，中部占到 51.6%，西部仅占 28.9%。这就是，不同区域，政策不能千篇一律，因为致贫原因不一样，对策就不一样。这就是习近平总书记提出精准扶贫的重要原因，因为只有做到精准，才能辨识出真正致贫的原因，实施有针对性的帮扶。

2. 我国扶贫开发进入了新阶段特征。

一是新的定位。党的十八大以来党中央国务院把扶贫开发工作纳入“五位一体”总体布局和“四个全面”战略布局，作为实现第一个百年目标的重点工作底线任务，把扶贫开发工作的定位提高到了一个新的战略高度。

二是新的目标。党的十八届五中全会明确到 2020 年我国现行标准上农村贫困人口实现脱贫，贫困县全部摘帽，解决区域性整体贫困。很显然，这三个目标是一体化，到 2020 年要实现阶段性的目标非常明显。

三是新的部署。2015 年 11 月召开中央扶贫开发工作会议，习近平总书记、李克强总理发表重要讲话，党中央国务院颁布实施关于打赢脱贫攻坚战的决定，对脱贫攻坚的目标、任务、基本方略、政策框架、责任体系做出部署。

四是新的要求。新的要求体现在我国发展的各个方面，比如“十三五”国民经济社会发展，最主要的任务是补齐全面建成小康社会存在的短板，农村贫困人口脱贫就是一个突出短板。“十三五”实施脱贫攻坚工程，实现农村贫困人口脱贫，就是要完成全面建成小康社会最艰巨的任务。在“十三五”规划中专门有一篇讲脱贫攻坚，也就意味着脱贫攻坚上升为国家的意志。2016 年 11 月，国务院印发“十三五”脱贫攻坚规划，这是国家“十三五”规划中很重要的一个专项，对于扶贫开发来说，这是第一次。

五是新阶段新特点面临新挑战。这些挑战体现在脱贫难度会越来越大，剩下贫困人口的特殊性越来越突出，精准扶贫落地生根难度很大，因为我们是在最艰苦的地方、最边远的地方做最精准的事情，难度是显而易见的。内生动力的激发还是需要付出巨大的努力。此外，经济社会发展中贫困地区同样存在着潜在的社会风险，也可能会由于脱贫攻坚的进程有一些会积累，有一些会呈现。城市贫困和新的贫困问题日益突出。这些挑战必须真研究并解决。

二、我国精准扶贫精准脱贫方略的顶层设计

精准扶贫精准脱贫方略是一个科学体系。所谓体系就是包含多种元素、多个部分的综合体，其中各个部分是相互作用、相互联系、相互制约的。只有各部分充分发挥其效果效能，才能够更好地发挥整套体系的作用。精准扶贫精准脱贫的方略包含总体目标、核心内容、实现路径、根本要求、保障体系、落实行动六个方面，这六个方面是精准扶贫精准脱贫方略最主要的框架和体系。

（一）精准扶贫精准脱贫的总体目标

脱贫攻坚是我国“十三五”时期扶贫工作的方式，脱贫攻坚基本方略是精准扶贫精准脱贫，在某种程度上可以理解脱贫攻坚就是精准扶贫精准脱贫，脱贫攻坚的总体目标就是精准扶贫精准脱贫的总体目标。这一总体目标可以概括为“两不愁三保障”“一高于”“一接近”“两个确保”。

“两不愁三保障”是什么？就是不愁吃，不愁穿，基本医疗、义务教育和住房安全有保障。“一高于”就是贫困人口的农民人均收入增长的幅度要高于全国的平均水平。“一接近”就是贫困地区的公共服务主要领域的指标要接近全国的平均水平。“两个确保”是指现行标准下农村贫困人口到 2020 年全部脱贫，贫困县全部摘帽。

实现脱贫攻坚目标至少有三个方面的重大意义：第一，标志性意义。我国全面建成小康社会底线目标的实现就取决于脱贫攻坚目标的实现，农村贫困人口与全国人民一道迈入全面小康社会的前提就是农村贫困人口全部实现“两不愁三保障”的脱贫标准。第二，里程碑意义。意味着我国绝对贫困问题得到历史性的解决，在过去几千年的发展过程中我国在 70 年内全部解决所有中国人民的吃饭问题，消除绝

对贫困现象，是第一次历史性的实现。第三，国际意义。意味着我国提前10年实现联合国2030年可持续发展日程确定的减贫目标。所以我们可以看出打赢脱贫攻坚与实现脱贫攻坚目标意义非常重大，这也是为什么习近平总书记高度重视，亲自谋划、亲自推动、亲自部署、亲自安排、亲自挂帅的原因。

（二）精准扶贫精准脱贫方略的核心内容是“六个精准”和解决“四个问题”

“六个精准”即扶贫对象精准、因村派人精准、项目审批精准、资金使用精准、措施到位精准、脱贫成效精准。“四个问题”是指扶持谁？谁来扶？怎么扶？如何退？“六个精准”精准扶贫的根本要求，解决四个问题是精准扶贫的目的。根本要求和目的怎么联到一起？就需要中间的措施与工具。比如，怎么来实现扶持谁？通过确定扶贫对象，精准地甄别出扶贫对象，来达到扶持谁的问题。如何做到？唯一的办法就是对贫困人口进行建档立卡。十八大以后全国上下发动了大量的干部投入此项工作。在2014年至2015年间，全国大概动员了80万人建档立卡。由于建档立卡出现了不精准的问题，所以在2015年底到2016年初，全国又动员了将近200多万干部开展建档立卡“回头看”，建档立卡的工作质量得到明显提高。习近平总书记予以充分肯定。可见，建档立卡的工作是要解决“扶持谁”的问题，解决“扶持谁”的问题，最根本的要求是扶持对象要精准。怎么才能做到精准呢？事实上理解为这是一套体系，只要这套体系各环节能够实现精准，就可以解决好“扶持谁”的问题。再如，“谁来扶”的问题怎么解决？通过因村派人精准来解决。怎么派？派谁？怎么管理？怎么发挥作用？需要构建规范，建立制度。首先派第一书记，现在全国总共19.5万个第一书记在贫困村里面就任第一书记。其次派驻村工作队，每一个村都有驻村工作队，第一书记和驻村工作队队员加起来近100万人。大量干部奋战在脱贫攻坚第一线。因此，要解决因村派人精准，就是要解决第一书记选派要选准，驻村工作队不能应付了事，要真正派能够打攻坚战的人到地方去，到贫困村去，和群众一起脱贫攻坚。这样才能解决好“谁来扶”的问题。同样的，项目审批精准、资金使用精准、措施到位精准，等等，都是要解决“怎么扶”的问题，解决好怎么扶的问题就需要采取一系列的措施，保证项目、资金、措施的精准，事实上也是一套体系。“怎么退”的问题，主要通过实行严格的贫困退出考核评估来实现脱贫成效的精准，这也是一个体系。可见，精准扶贫的核心内容“六个精准”“四个问题”，两者之间是相互联系的，通过一系列的政策、措施，把两者联到一起。做到“六个精准”解决好“四个问题”，构建一套体系，就是贫困治理体系。国家要推进治理体系和治理能力的现代化，贫困的治理就是其中重要的组成部分。由此，不断完善贫困治理体系和提高贫困治理的能力也是精准扶贫精准脱贫方略的一个基本的要求。

（三）精准扶贫精准脱贫的实现路径

习近平总书记提出的“五个一批”重要思想。这里需要注意的是：“五个一批”脱贫路径，是习近平总书记提出的思想，并不仅仅是一二三四五的“五”，只有五个“一批”。根据习近平总书记“五个一批”思想，中共中央、国务院印发的《中共中央国务院关于打赢脱贫攻坚战的决定》（以下简称《决定》）中设计了八个脱贫路径，包括特色产业脱贫、劳务输出脱贫、易地搬迁脱贫、加强教育脱贫、医疗保险和医疗救助脱贫、生态保护脱贫、资产收益扶贫脱贫、农村低保兜底脱贫，实际上是八个“一批”。实际上最终能够在实践中实现脱贫，也不仅仅限于这八个，各地有多种多样的探索。

（四）精准扶贫精准脱贫的根本要求

精准扶贫精准脱贫的根本要求就是要通过创新来实现转变。创新什么？转变什么？一是创新扶贫开发路径，实现扶贫方式由“大水漫灌”向“精准滴灌”转变。以前的扶贫是一个政策实施可以带动上百万户乃至上千万户脱贫。现在显然不行了，必须创新传统路径，需要更精准化、差异化，就是要从“大水漫灌”向“精准滴灌”转变。二是创新扶贫资源使用方式，让资源使用由“多头分散”向“统筹集中”转变。过去扶贫资金总量小，而且使用非常分散，在实施扶贫项目时经常需要地方有配套。由于地方财力所限，扶贫资金量不足，加上“打酱油”的钱不能用于“买醋”，致使很多扶贫项目实现没有达到应有的要求，产生应有的脱贫效果。实施精准扶贫精准脱贫，就要实现资源“多头管理”向集中管理转变。国务院的文件要求，所有扶贫资源，包括大部分农业农村相关投入，都要求在县级整合，统筹用于脱贫攻坚，以解决资源分散使用的问题。三是创新扶贫开发模式，由偏重“输血”向注重“造血”转变。目前脱贫攻坚的措施，精准扶贫要以“造血”为导向，当然必要的输血也是前提，但根本的目的是要“造血”。四是创新扶贫开发考评体系，由考核扶贫过程向考核脱贫成效转变。确保贫困精准退出，就要建立完善严格、科学的考核评估体系。

（五）精准扶贫精准脱贫的体系保障

体系保障包含多个相互关联的元素，观念转变是前提，政策措施是关键，组织保障和能力建设是根本，这几个方面构成了精准扶贫精准脱贫保障体系。精准扶贫精准脱贫是一套新的工作方式、工作方法，要求工作态度、工作方式、工作作风都要转变。

首先，观念上要转变。一是要防止穿新鞋走老路，打着精准扶贫旗号但是做不精准的事情。二是要防止“缩小版大水漫灌”。什么叫“缩小版大水漫灌”？举个例子，一个贫困村有300户，可能100户是贫困户，现在识别出来了，100个贫困户应该怎么扶持？实际上100户可能有100种致贫原因。但是如果沿用传统的观念和方式，假定主要帮扶这100户增收，实施养羊项目，购买羊羔发给了100家贫困户。结果往往是，可能只有一半的农户成功了，另一半不成功。那么，不成功原因在哪？主要是致贫原因不同，部分贫困户的能力可能并不能够通过养羊进行脱贫。这个例子说明，表面上是精准了，事实上却是一个“缩小版大水漫灌”，还是不精准。这是要避免的。实践证明，观念的改变是最难的，目前各地也在狠抓精准，但事实上从了解情况看，很多还是存在原来的观念没有变过来，存在“穿新鞋走老路”的现象。三是要防止对“区域发展是脱贫根本途径”的片面认识。就总体而言，区域发展带动贫困户脱贫是正确的。但是，在精准扶贫阶段，区域发展必须服务于精准扶贫，这是习近平总书记在深度贫困地区脱贫攻坚座谈会上提出的重要思想。他指出，区域发展必须围绕着精准扶贫发力，也就是区域发展为精准扶贫提供环境和基础。区域发展是精准扶贫的重要组成部分，也就是说区域发展不能光打着区域发展的旗号，争着项目、资金，经济是发展了，区域也发展了，但是贫富差距却拉大了，达不到预期的脱贫效果，这肯定不是精准扶贫所需要的区域发展。

其次，保障体系中的政策保障。政策保障为了实施精准扶贫精准脱贫方略，党中央国务院制定的一系列政策，包括财政投入的增加、金融支持力度的加大以及土地政策、社会参与、营造氛围，等等，都有明确的要求。从财政扶贫投入看，中央在关于打赢脱贫攻坚战决定中明确指出，发挥政府投入在扶贫开发中的主体和主导作用，开辟扶贫开发新的资金渠道，确保政府扶贫投入力度与脱贫攻坚任务相适应。根据中央要求，2016年中央财政专项扶贫资金670亿元，比2015年增长13%。2016年省级财政专项扶贫资金400多亿，比上年增长50%以上，2016年中央从地方政府债务中安排600亿元支持脱贫攻坚。这几笔财政资金投入就达到了1600多亿，而2012年中央财政扶贫资金投入才300多亿。“十三五”时期金融部门向省级扶贫开发投融资主体注入约2500亿资本金，用于易地扶贫搬迁。投入增长之快，表明了中央的决心和态度。所以如何用好资金，有效推动精准扶贫精准脱贫的实施，让贫困人口能够真正受益，是最重要的任务。

第三，保障体系中的组织保障。包括加强党的领导，五级书记一起抓，加强村两委领导班子建设。层层落实责任制，实施中央统筹省负总责，市县抓落实，行业支持的脱贫攻坚的体制。严格考核机制，落实约束机制，规范退出机制，等等，为脱贫攻坚提供了组织保障。

第四，保障体系中的能力保障。精准扶贫精准脱贫需要各级干部、各级组织、各级机构落实，落实的程度及效果取决于相关方面的能力建设。能力建设是国家治理体系中很薄弱的环节之一，因此十八届三中全会确定要坚持完善中国特色社会主义制度，推进国家治理体系和治理能力现代化。从贫困治理、精准扶贫精准脱贫的能力保障看，既包含扶贫开发领导小组承担宏观决策及督察能力，也包含行业部门扶贫开发规划和项目管理能力、扶贫开发系统的执行能力、社会参与扶贫能力、第一书记驻村工作队精准扶贫能力以及贫困村贫困户全程参与和自我发展的能力。

（六）精准扶贫精准脱贫的行动落实

精准扶贫精准脱贫方略需要一系列行动来落实。落实行动从中央层面来讲主要包含三个方面。

一是落实行动建设五个平台。国家一级建立国家扶贫开发大数据平台，省一级建立省级扶贫开发金融平台，主要围绕脱贫攻坚的需要进行融资。县级建立扶贫开发资金项目整合管理平台。乡村级建立扶贫脱贫工作落实平台。还有社会扶贫对接平台，通过互联网的技术把贫困村贫困户的需求和社会的资源能够精准地对接。

二是落实行动开展十大行动。主要是让行业扶贫按照精准扶贫的要求推进脱贫攻坚。包括教育、健康、金融、交通、水利、劳务协作对接、危房改造和人居改善、科技、中央企业百县万村帮扶、民营企业万企帮万村行动。这些行动也不仅仅就是十个，地方也可以加也可以减，行动的目的就是把各个行业部门的扶贫资源更精准实施。

三是实施十项精准扶贫工程。事实上主要是原来的专项扶贫，特别是财政专项扶贫资金如何使用更精准。这些工程也不一定仅仅是十项，有可能十几项，有可能七八项，两三项也可以。从国家层面讲，主要是推进十项工程：贫困村提升工程、职业教育培训工程、扶贫小额信贷工程、异地扶贫搬迁工程、电商扶贫工程、旅游扶贫工程、光伏扶贫工程、购树扶贫工程（购树实际上是一种饲料树，饲料树有多重的作用和效果，既可恢复生态、保持生态，最重要的生产的叶子用于养羊、牛有比较好的效果）、贫困村创业致富带头人培训工程、扶贫龙头企业带动工程等，通过这些工程确保精准扶贫精准脱贫。

综上所述，精准扶贫精准脱贫方略是一个科学体系。中央关于精准扶贫精准脱贫方略的顶层设计是一个相互制约、相互促进、相互发挥作用的一整套体系。理解精准扶贫精准脱贫方略，需要把握其整体性、系统性。只有准确把握精准扶贫精准脱贫的精髓，才能够更好地在实践中推进精准扶贫精准脱贫的方略实施，让它生根落地，让党和政府各项脱贫攻坚政策措施能够落到贫困村、贫困户的发展中，落到贫困人口的脱贫中。

三、贫困地区脱贫路径的设计与实践

（一）建立脱贫攻坚（精准扶贫精准脱贫）的保障体系

这是贫困地区任何脱贫路径的保障体系，是贫困地区贫困群众摆脱贫困的基础。这一保障体系是通过顶层设计完成的。脱贫攻坚四梁八柱式的顶层设计主要包含以下六个体系。

一是建立脱贫攻坚责任体系。包括：（1）出台脱贫攻坚责任制实施办法。（2）强化中央统筹省负总责市县抓落实扶贫管理体制，明确扶贫脱贫主体责任在县、市、省。中西部22个省份党政主要负责同志向中央签署脱贫攻坚责任书，立下军令状，就是责任体系的一个部分。（3）贫困县党政正职攻坚期内保持稳定。这是一个很有力的举措，也是一个创新性的举措。贫困县县委书记、县长太快调换，就会影响工作连续性，责任就难以落实。明确贫困县党政正职在2020年前要保持稳定，做得好的可以就地提拔，比如县委书记可以提到市一级当副市长，但是县委书记还是要兼着，而且主要任务就是这个县脱贫攻坚任务的完成。这样才能形成五级书记（省、市、县、乡、村五级）抓扶贫，全党动员助攻坚的局面。

二是脱贫攻坚政策体系。包括国务院印发的《“十三五”脱贫攻坚规划》，中办、国办出台的十多个配套文件，中央国家机关各部门出台的200多项政策文件或者实施方案，各地区出台和完善的“1+N”脱贫攻坚系列文件。所谓“1+N”，“1”就是中央关于打赢脱贫攻坚战的决定和地方的决定，“N”围绕决定实施的一系列的配套文件。文件之多，政策之多在历史上是罕见的，在其他发展领域也是非常罕见的。很多老大难的问题都有了针对性的措施，打出了政策组合拳。

三是建立脱贫攻坚投入体系。包括财政的投入大幅度的增加，金融的投入，易地扶贫搬迁专项金融债超过了3500亿，加上2500亿地方债，达到6000亿主要用于1000万贫困人口易地扶贫搬迁。扶贫小额贷款，2016年新增1706亿元，截至2017年11月累计发放近4000亿元，支持了1000余万户贫困户。投入体系还包含其他社会资本，如恒大集团在贵州的大方县第一期的投入是30个亿，帮助当地10万贫困人口的脱贫。2017年恒大集团又承诺再拿出80亿支持贵州毕节市的脱贫攻坚。这是社会资本进入脱贫攻坚领域的典型案例。

四是建立脱贫攻坚动员体系。出台加强东西部扶贫协作工作、加强中央单位定点扶贫工作指导意见和考核意见，设立国家扶贫日，设立全国脱贫攻坚奖，动员民营企业、社会组织、公民个人参与脱贫攻坚。

五是建立脱贫攻坚督察体系。包含督察、巡查、民主监督，就是各民主党派中央分别对应八个贫困人口多、贫困发生率高的中西部省份，开展脱贫攻坚民主监督五年，发挥各方监督的力量。加强与纪检、监察、巡视、审计、财政、媒体、社会等监督力量的全方位合作，将各方面监督结果运用到考核评估、督察巡查中。这样一个督察体系为精准脱贫提供了保障，确保脱贫的真实性。

六是建立脱贫攻坚考核评估体系。出台省级党委和政府扶贫开发工作成效考核办法，树立脱贫实效导向，确保脱贫攻坚质量。考核实现是从2016年到2020年每年开展一次考核，由国务院扶贫开发领导小组组织进行。考核的内容包含减贫成效、精准识别、精准帮扶、扶贫资金使用管理等方面，涉及建档立卡贫困人口数量减少和贫困县退出计划完成率，贫困地区农村居民收入增长率，贫困人口识别精准度和退出准确率，群众帮扶满意度，扶贫资金绩效等指标。

以上六大体系构成贫困地区精准扶贫精准脱贫保障体系。这一保障体系是设计和实施各种各样脱贫路径的基础。

（二）贫困地区精准脱贫路径设计

精准脱贫路径的设计，其根本遵循就是习近平总书记“五个一批”重要思想，主要解决“怎么扶”的问题。习近平总书记指出，开对了药方子才能拔掉穷根子，要按照贫困地区和贫困人口的具体情况实施“五个一批”工程。

一是发展生产脱贫一批。扶贫不是慈善救治，而是要引导和支持所有有劳动能力的人，依靠自己的双手开创美好的明天，对贫困人口中有劳动能力，有耕地或其他资源，但缺资金、产业、技能的要立足当地资源宜农则农，宜林则林，宜牧则牧，宜商则商，宜游则游，通过扶持发展特色产业实现就地脱贫，对这类贫困地区和贫困人口要把脱贫攻坚重点放在改善生产生活条件上，着重加强农田水利交通通信等基础设施和基础培训，教育医疗等公共服务建设，特别是要解决好入村入户最后一公里的问题，要支持贫困地区农民在本地或者外出务工创业，这是短期内增收最直接见效的办法。劳务输出地政府和输入地政府对贫困人口外出务工要多想办法，多做实事。所以发展生产脱贫一批，实际上包含怎么发展特色产业各种各样的产业。另外，劳务输出经济、发展劳务输出，这两个方面构成发展生产脱贫一批，这是精准脱贫的最基本的路径之一。

二是易地搬迁脱贫一批。生存条件恶劣，自然灾害频发的地方，通水、路、电的成本很高，贫困人口很难实现就地脱贫，需要实施异地搬迁，这是一个不得不为的措施，也是一项复杂的系统工程。政策性强难度大，需要把工作做深做细，要通过整合相关项目资源提高补助，用好城乡建设用地增减挂钩政策，发放贴息贷款等方式拓宽资金来源渠道，解决好扶贫搬迁所需要的资金问题。要做好规划合理确定搬迁规模，区分轻重缓急，明确搬迁目标任务和建设持续按规划、分年度、有计划、组织的实施。要根据当地资源条件和环境承载力科学的确定安置点，尽量搬迁到县城、交通便利的乡镇及中心村，逐近、就近、就地转移可以转为市民的就转为市民，想方设法为搬迁人口创造就业机会，保障他们有稳定的收入。同当地群众享受同等的基本公共服务，确保搬得出，稳得住，能致富，要坚持群众志愿，积极稳妥，尊重群众意愿，加强思想引导，不搞强迫命令。易地搬迁扶贫路径的设计包含很多内容，因为这是一项非常复杂的系统工程，要求设计这项工程的时候一定要考虑到难度和复杂程度，不能简单一搬了之。如果不能实现搬得出、稳得住，能致富就达不到脱贫的目的，就难以实现稳定脱贫。从国际移民经验看，异地搬迁过程是漫长的，从搬出去到稳下来需要经过几个阶段。首先是经济要融入。所谓经济融入是指移民后需要有稳定收入来覆盖搬出来后各种各样的成本。在老家的时候，很多不花钱，到新的地方什么都需要花钱，水、电、煤气，倒垃圾都需要花钱，因此，如果没有一定的收入就覆盖不了生活成本，就难以融入，稳下来。其次，在经济融入基础上的社会融入。各种社会的服务管理，包括教育、看病都要融入当地社区，如果融不进去也就稳不住。第三，文化融入。有些少数民族，有地方传统习惯、习俗，到了新的地方，从文化上融进去，需要一个过程。最后，心理融入。只有心理融入，移民才能够真真正正稳定下来。总之，易地扶贫搬迁脱贫路径设计是非常复杂的，但是在地方执行中往往简单化，这需要引起注意。

三是生态补偿脱贫一批。在生存条件差但是生态系统重要，需要保护修复的地区，可以结合生态环境保护和治理探索一条生态脱贫的新路子。不少地方既是贫困地区，又是重点生态功能区，或自然保护区，还是少数民族群众聚集区，如西藏，四省藏区，五岭山区，滇、黔、贵部分贫困地区等，要加大贫困地区生态保护修复力度，增加重点生态功能区转移支付，扩大政策实施范围。要加大贫困地区新一轮退耕还林、还草力度，对贫困地区 25 度以上的基本农田可以考虑纳入退耕还林范围，并合理调整基本农田保有指标。中央财政用于国家重点生态功能区的生态补偿资金使用不够精准，有些被省里截留平均分配了，有些拨付到县里面以后被挪作其他用途了。要进行改革，比如结合建立国家工人体制，可以让有劳动能力的贫困人口就地转成护林人等生态保护人员，从生态补偿和生态保护工程资金中拿出部分作为他们保护生态的劳动报酬，这是一个很具体、但很管用的脱贫路径。通过生态补偿脱贫，根据有关部门的统计，已经解决了 28 万建档立卡贫困人口的稳定脱贫任务，下一步还要根据脱贫路径的设计进一步扩大。

四是发展教育脱贫一批。教育是阻断贫困代际传递的治本之策。脱贫攻坚期内职业教育培训要重点做好，一个贫困家庭的孩子如果能够接受职业教育掌握一技之长，能就业这一户脱贫就有了希望。国家教育经费继续向贫困地区倾斜、向基础教育倾斜、向职业教育倾斜。特岗计划、国培计划要向贫困地区基层倾斜，要帮助贫困地区改善办学条件，加大支持乡村教师队伍建设力度，建立省级统筹乡村教师补充机制，要探索率先在建档立卡贫困家庭学生开始实施普通高中教育免费，包括免学费、杂费政策，特别是对建档立卡的贫困户家庭的孩子。落实中等职业教育免学杂费政策，实行大城市优质学校同贫困地区学校结队等帮扶政策。要对农村贫困家庭幼儿特别是留守儿童给予特殊关爱，探索建立贫困地区学前教育公共服务体系，针对农村留守儿童的扶贫政策从设计到落实都要更加人性化，更加精辟化，让贫困家庭孩子感受到党和政府的温暖。

五是社会保障兜底一批。这是特殊的脱贫路径。其实社保兜底不能说完全能够帮助贫困人口脱贫，只能说通过保障让他们达到脱贫标准要求，脱贫应该是通过自身努力实现收入持续增加。目前贫困人口完全或部分丧失劳动力大约 2000 万人左右，到 2020 年依然会有一部分群体需要由社会保障兜底达到“两不愁三保障”。这里涉及农村扶贫标准和农村低保标准相衔接的问题，因为现在农村扶贫标准由国家统一确定，而农村低保标准由地方确定，经过近些年努力，目前这两个标准基本上一致了，实现两线合一。但是，这两项制度如何衔接好，依然存在不少问题。而且不仅要发挥低保兜底作用，还要加大其他形式的社会救助力度，对因灾造成的临时贫困群众要及时给予救助，加强农村最低生活保障和城乡居民的养老保险五保供养等社会救助制度的统筹衔接。

综上所述，精准扶贫精准脱贫实现路径主要是习近平总书记提出的“五个一批”重要思想指导下形成的脱贫途径。在中央打赢脱贫攻坚战决定中，脱贫的路径包括特色产业、劳务输出、异地搬迁、加强教育、医疗保险和医疗救助、生态保护、资产收益、农村低保等八个方面的脱贫途径。粗略划分，通过发展生产脱贫包括产业、劳务输出可以解决4000万人口的脱贫问题，易地搬迁可以解决1000万，低保兜底脱贫2000万。这样只是一个大概估计，实际上发展产业对于易地搬迁扶贫同样需要发展产业、需要劳务输出。产业发展、劳务输出也有交叉的地方，这只能是提供一个概要性指引，不可能严格按照这个估算到底解决多少人。

（三）精准脱贫的实践（案例）

经过几年的实践，各地探索形成了一大批精准扶贫精准脱贫案例。这里列举了七个有代表性案例供大家参考和借鉴。

案例1：甘肃陇南的电商扶贫。2015年初甘肃陇南成为全国电商扶贫首个试点市，通过网店带动电商产业、创业、就业、入股，2015年全市贫困人口人均增收430元，2016年人均增收620元，贫困人口由2014年的64.4万下降到2016年的36.9万，同时基本解决农副产品销售难的问题，效果很明显，脱贫的效果也很明显，做法很生动，各地都可以参照的。主要的做法：一是要强化政策支持，设立电商财政专项资金。二是要建立网店带贫机制，一店带多户，一店带一村，收购贫困农户的农产品。三是加强电商技能培训。四是完善生产加工、包装、物流、营销等电商产业。五是培育农特产品网销品牌。六是建设电商发展基础设施。

案例2：河北涞水旅游扶贫。河北涞水县依托国家5A级旅游景区野三坡，根据贫困村区位类型和贫困村人口劳动力状况，就业意愿精准落实旅游扶贫举措，2016年33个贫困村60%以上的贫困人口实现脱贫。具体做法：涞水县旅游扶贫建立了把贫困人口带起来的外力机制和让贫困人口动起来的内力机制，形成景区带动贫困村能人带动贫困户，把老百姓组织起来，把贫困户带动起来，把利益连接机制建立起来，把文化特色弘扬起来的“两带四起来”的经验。

案例3：扶贫车间。山东菏泽郓城有贫困村129个，村里的年轻人大多外出打工，在其他地方也是常见的，剩下大量留守儿童、妇女和老人，2015年起，菏泽市因势利导对原有小窝棚等改造为扶贫车间，截至2016年底，菏泽全市建成扶贫车间1803个，直接安置带动19万群众在家门口就业，5.8 万个贫困群众脱贫。郓城县整合资金建设扶贫车间，明确贫困人口招工比例，要求靠进公路、学校、卫生食堂等，实行弹性工作制把留守老人、妇女组织起来，参与头发制品、户外家具、传统手工等地方特色产业的部分生产环节和工序，群众就近就业既能挣钱脱贫，又能照顾老小，还缓解了企业招工难用工贵的困难。这个案例很有普遍性，各地方可以借鉴，是精准脱贫的有效路径。而且通过这种方式解决了老人、儿童、妇女就业的问题和顾家的问题，实现了多赢。

案例 4：构树扶贫。2015 年贵州省务川县开展构树扶贫试点，目前已有三家企业参与构树扶贫，共种植杂交构树 2 万多亩，组建 53 个农民构树和专业合作社，带动贫困农户 1721 户 6845 人，户均增收 1800 元。截至 2016 年底，贵州、安徽等 11 个省区市 35 个县开展了构树扶贫工程，种植面积 15 万亩，带动了 4 万贫困人口增收，杂交构树具有生产快，产量高，粗蛋白高，适应强等特点，能够提供畜禽水产品粗蛋白饲料，治理石漠化是产业扶贫的好形式。

案例 5：三有村异地扶贫搬迁。2016 年 3 月西藏首个异地扶贫搬迁安置点在曲水县大卡乡三有村动工，按照有房子、有产业、有健康的要求统一规划配套建设，水、电、路、通信等基础设施和村委会、幼儿园、卫生室等公共服务设施。同步建设奶牛和藏鸡养殖，药材种植等产业项目，并为搬迁群体设立工业岗位园区就业岗位。2016 年 7 月，曲水县三个乡十个村 184 户 712 民贫困群众陆续住进了三有村新家，产业项目实行股份合作社自运营同步投产，10 月开始盈利，利润 60% 用于全村 712 人分红，10% 用于公益事业，30% 留做流动资金。

案例 6：重庆本土人才回引工程。针对农村，特别是贫困村两委班子普遍老化弱化，驻村工作队难以长留的状况，重庆市大力实施本土人才回流工程，通过给待遇、扶持、晋升渠道等政策，回引重庆市特别是在农村的大中专本土人才，在外地创业打工、事业小有成就的本乡本土人才等，有效缓解了脱贫攻坚人才匮乏的问题。这在是农村很普遍的现象，怎么样解决好这个问题重庆这个做法有普遍性意义。目前全市回引 1 万多名本土人才回乡挂职或者创业，累计领办、创办合作经济组织 1062 个，小微企业 1852 个，推进电商、金融、超市先进村 2970 个，直接带动 3 万多贫困户增收，8000 余名回引人才选进村的两委班子。

案例 7：十八洞村的变化。十八洞村是湖南湘西花垣县一个苗族村，2013 年贫困发生率高达 57.7%，人均纯收入仅为全县平均水平 4903 元的 34%，全村 35 岁以上的光棍汉就有 40 人。2013 年 11 月 3 日习近平总书记考察了十八洞村，十八洞村进入了精准扶贫精准脱贫的快车道。通过选好驻村第一书记，建强村党支部，筹措资金，改善基础设施公共服务，精准发展特色产业，十八洞村发生了可喜的变化。全村人均纯收入由2013年的1668元，增加到2016年的8313元，贫困户全部实现脱贫，贫困村摘帽，20名光棍汉成了家，新娘都是外村人。这是一个很生动的例子。一个村到底怎么才能够脱贫，习近平总书记去过了具有特殊性。但是，这种特殊性最终要村通过自身的努力在外界帮扶下，才能够实现发展脱贫的普遍性。

总之，全面实施精准扶贫精准脱贫方略，成效非常显著。一是农村贫困人口持续大规模的减少。2013年到2016年农村贫困人口年均减少1391万，累计脱贫5564万人，贫困发生率从2012年底的10.2%，下降到2015年底的4.5%，下降5.7个百分点，为全面建成小康社会打下了坚实的基础。贫困人口生存发展权益得到有效的保障。国家投入大量扶贫资金，吸引大量金融、社会资本投入，有效拓展了农村贫困人口的发展空间，加大了搬迁群众脱贫致富的步伐。井冈山、兰考县等率先脱贫摘帽，产生了良好的示范带动作用。到2020年我国现行标准下农村贫困人口全部脱贫，意味着我国绝对贫困问题得到历史性解决，我国将提前10年实现联合国2030年可持续发展议程确定的减贫目标，继续走在全球减贫事业的前列。

四、贫困退出机制和考核评估体系

精准扶贫精准脱贫方略是一套贫困治理体系。这套体系的实施最终结果是贫困人口脱贫，贫困县的摘帽。那么，如何才能够退出贫困？摘帽需要什么机制？这就需要考核评估。

（一）贫困退出机制

1. 贫困退出机制建立的重要性。建立贫困退出机制是实施精准扶贫精准脱贫方略的重要内容。党中央国务院对此高度重视，习近平总书记在中央扶贫开发工作会议上指出，要加快建立反应客观实际的贫困县贫困户退出机制，努力做到精准脱贫。李克强总理强调开展第三方评估，坚决杜绝假脱贫，被脱贫，数字脱贫。中央的决定中也明确提出要建立贫困户脱贫认定机制，抓紧制定严格规范透明的国家扶贫开发工作重点县退出标准程序审核办法等。

2. 准确理解贫困退出的标准和程序。一是贫困人口的退出的标准程序。贫困人口退出以户为单位主要衡量标准是该户年人均纯收入稳定超过国家扶贫标准，而且吃穿不愁，义务教育、基本医疗、住房安全有保障，因此，贫困人口退出不仅需要收入超过国家扶贫标准，还要达到“两不愁三保障”。一般来说，“两不愁”比较容易，但是要到达义务教育、基本医疗、住房安全有保障，一些地方还是有难度，特别是在基本医疗、因病致贫方面。贫困户的退出，由村两委组织民主评议后提出，经村两委和驻村工作队核实，退出贫困户认可，在村内公示无异议后公告退出，并在建档立卡贫困人口系统中销号。贫困退出的关键在于村两委、驻村工作队、贫困户要能够达成一致。贫困户达到标准，不愿退出也不行，村两委、驻村工作队要做好工作，其他村民也要帮助做好工作。二是贫困村退出以贫困发生率为主要衡量标准，统筹考虑村内基础设施、基本公共服务、产业发展、集体经济收入等诸多因素，原则上，贫困村的贫困发生率中部地区降至 2% 以下，西部地区降至 3% 以下。在乡镇内公示无异议后公告退出。三是贫困县退出（包括国家扶贫开发工作重点县和集中连片特困地区县）。贫困县退出以贫困发生率为主要衡量标准，原则上贫困县贫困发生率降至 2% 以下，西部地区降至 3% 以下，由县级扶贫开发领导小组提出退出，市级扶贫开发领导小组初审，县级扶贫开发小组检查核查，确定退出名单后向社会公示征求意见，公示无异议后由各省（市、区）扶贫开发领导小组审定后，向国务院扶贫开发领导小组报告。也就是说贫困县退出主要是省一级，县里提出来市里核查省里再核查，最终才确定，同时要报国务院扶贫开发领导小组，国务院扶贫开发领导小组还要组织第三方独立核查。国务院扶贫开发领导小组组织中央和国家机关有关部门及相关的力量对地方退出情况进行专项评估，对不符合条件或者未完整退出程序的责成相关地方进行审查处理，对符合退出条件的贫困县由省级政府正式批准退出。所以，国务院扶贫开发领导小组收到报告后，不等于说不管，还要组织有关的部门和有关的力量特别是第三方评估进行核查。

3. 贫困退出工作的要求。加强领导，要履行好调查、核实、公示、公告、备案、管理、信息录入等工作。做好退出的方案，退出方案要符合脱贫攻坚实际情况，防止片面追求脱贫进度。完善退出机制做好跟踪研判，及时发现和解决退出机制实施过程中的苗头性，倾向性问题。认真开展效果评估，确保贫困退出机制的正面激励作用；强化监督问责，组织开展扶贫巡查督导和专项检查，对贫困退出工作中发生重大失误造成严重后果的要问责。

4. 贫困退出需要正确认识的相关问题。

一是关于贫困人口稳定脱贫。什么才叫稳定脱贫，因为只有稳定脱贫才能退出来。中央关于打赢脱贫攻坚战的决定中明确了稳定实现贫困脱贫的任务和目标。稳定脱贫是指在较长一段时间内贫困人口不返贫，人均纯收入超过国家扶贫标准，持续实现“两不愁三保障”。所谓持续实现是指今年实现了脱贫，明年依然稳定脱贫。由于扶贫考核以年度为单位，为防止发生突击脱贫的现象，稳定脱贫的确认时间应在一年以上。

二是关于贫困人口退出标准的问题。《决定》中也有规定，明确贫困人口退出以户为单位，主要衡量标准是该户年人均纯收入稳定超过国家扶贫标准，且吃穿不愁，义务教育、基本医疗、住房安全有保障。一定要注意，不能说收入达到了就脱贫，而是实现“两不愁三保障”，加上收入达到标准才能退出。需要说明的是，我国扶贫标准是指按 2010 年不变价农民人均纯收入 2300 元，到 2015 年是现价 2855

元，这个标准是略高于世界银行推荐的 1.9 美元扶贫标准的。判断贫困户是不是返贫，国家扶贫标准是定量指标，还需要定性的综合判断，就是“两不愁三保障”程度，这是定性指标，代表贫困家庭实际生活质量。如果一个家庭当年的收入达到了国家扶贫标准，但是学龄儿童没有上学，病人看不起病，住的房子不安全，就不能认为脱贫了。要注意，脱贫是干出来的，不是算出来的。真正的脱贫最少满足三个条件：得到过扶贫政策的支持；自我发展能力得到提高；有稳定收入来源和增收渠道。脱贫结果要经本人认同、社会认可、政府认定。

三是关于贫困县摘帽是否继续执行相关政策的问题。中央的《决定》已经明确要求，贫困县退出后在攻坚期内国家原有扶贫政策保持不变。包含国家的扶持优惠政策、贫困县正职保持稳定，也包含考核、约束、督察等方面的贫困县的管理政策。所以，2020 年之前贫困县是否脱贫摘帽，现行对贫困县考核、督察、约束方面的规定原则不变，东西扶贫协作、定点帮扶、驻村帮扶等政策 2020 年前都保持稳定。

四是关于防止由争先戴帽变成争先脱帽的问题。首先要定好规矩。中办、国办制定印发了关于脱贫摘帽的意见，明确退出的标准程序和政策，各地有据可依。其次明确责任。按照中央统筹省负总责，市县抓落实的工作机制，退出实行分级负责。每年要根据省级党委政府扶贫开发工作成效考核办法，对减贫要进行考核。第三开展第三方监督。会同扶贫领导小组各成员单位开展抽样调查、统计分析和监督检查，对退出的真实性和满意度进行检查。第四实行问责。组织开展扶贫巡查工作，对工作中发生重大失误或者造成严重后果的，对存在弄虚作假违规操作等问题的，依据依法追究相关部门和相关人员的责任。所以，现在戴帽不容易，摘帽也不容易，有一系列的标准。只有踏踏实实按照中央的决策部署抓好各项政策的落实，让贫困人口真正受益，贫困村、贫困县达到脱贫、退出标准，自然而然就能退出来。

（二）脱贫攻坚考核评估体系

1. 关于制度安排。2016 年，中共中央办公厅、国务院办公厅印发省级党委和政府扶贫开发工作成效考核办法。2016 年 4 月中共中央办公厅，国务院办公厅印发关于建立贫困退出机制的意见。2016 年 10 月中共中央办公厅、国务院办公厅印发关于进一步加强东西部扶贫协作工作的指导意见。这三个文件构成了党中央国务院关于脱贫攻坚成效考核评估的基本政策框架和总体制度安排，是考核评估的最基本的依据。

2. 关于扶贫开发工作成效考核。

一是考核范围。向党中央、国务院签订脱贫攻坚责任书的中西部 22 个省区市省级党委和政府。东部的脱贫的任务主要是靠自身的力量，国家支持有限，主要是靠地方，所以考核主要由地方负责。

二是考核时间。从2016年到2020年每年开展一次。

三是考核组织。由国务院扶贫开发领导小组组织进行，具体工作由国务院扶贫办中央组织部牵头，会同国务院扶贫开发领导小组成员单位组织实施。

四是考核内容。省级党委政府扶贫开发工作成效考核的内容主要是四个方面：(1) 减贫成效，考核建档立卡贫困人口减少数量，地区农民人均收入增长情况；(2) 精准识别，考核建档立卡贫困人口的识别退出的精准度，也就是说是不是存在应该纳进来贫困人口没有识别进来，够条件退出的没退出。(3) 精准帮扶，考核驻村工作队和帮扶责任人，帮扶工作的满意度。也就是村民对派来的工作队、第一书记的驻村帮扶工作是不是满意？满意度是多少？(4) 扶贫资金，依据财政专项扶贫资金绩效考评办法，重点考核各区市扶贫资金安排使用监管和成效。

五是考核步骤。包含省级总结、第三方评估、数据汇总、综合评价、沟通反馈五个方面的步骤。每一个步骤都有要求。

六是其他规定。所谓其他规定是指，考核中有一些“硬杠杠”属于一票否决的，考核中发现下列问题的由国务院扶贫开发领导小组提出处理意见：(1) 未完成年度减贫计划任务的。比如上报了今年脱贫100万人，但最终没有完成；(2) 违反扶贫资金管理使用规定的；(3) 违反贫困县约束规定发生禁止作为事项的；(4) 违反贫困退出规定弄虚作假搞数字脱贫的；(5) 贫困人口识别准确率、贫困退出准确率、帮扶工作满意度较低的；(6) 纪检监察审计和社会监督发现违纪违规问题的。

七是结果运用。第一，考核结果由国务院扶贫开发领导小组予以退报。第二对完成年度计划减贫成效显著的省份给予一定的奖励。第三，对出现五条其他规定问题的，由国务院扶贫开发领导小组对省级党委政府主要负责同志进行约谈，提出限期整改要求，情节严重的造成不良影响的实行责任追究。2016年在考核评估中排在后面的八个省，其中有四个省问题比较严重的，中央约谈了省分管的副书记或者副省长。对于四个存在问题严重的约谈了省委书记、省长。被约谈的省正在整改，没被约谈的省也按照存在问题进行整改。第四，考核结果送中组部作为对省级党委政府主要负责人和领导班子综合考核评价的重要的依据。

3. 关于财政专项扶贫资金的绩效评价。也是考核评估体系的一个部分。主要考核五个方面的内容：一是资金安排的情况，考核资金拨付进度情况，省本级财政专项扶贫资金投入情况；二是资金使用情况，考核资金统筹整合使用；三是资金监管的情况，考核信息公开和公告公示制度建设和执行情况。省级监管责任落实情况，年度资金使用计划备案情况；四是资金使用成效考核贫困人口减少的进度；五是调整指标，包括考核机制创新违规违纪的情况等。

4. 关于东西部扶贫协作考核。东西部扶贫协作是中国特色的一项扶贫工作制度，主要考核五个方面的内容：减贫成效、劳务协作、产业合作、人才支援、资金支持。重点考核有多少建档立卡贫困人口脱贫，所以对于东西部扶贫协作怎么能够按照精准扶贫精准脱贫的要求助力精准脱贫，这是考核的导向。以前东西部扶贫协作，东部的省区拿出一定的资金支持西部的省区扶贫，从大的范围讲主要是扶贫，都是符合规定的。但是，现在主要是围绕着到底有多少贫困人口能够脱贫，这是主要考核内容。

5. 关于改进贫困县经济社会发展实绩考核。这也是考核评估体系的重要方面，主要针对贫困县。其要点包括：（1）确实重视改进贫困县经济社会发展的实际考核。主要根据贫困县经济社会发展的特殊性和目前对贫困县考核存在的突出问题，要有利于贫困县转变发展方式，减贫脱贫保护生态环境和调动干部积极性。（2）完善考核指标，强调加快发展是解决贫困问题的根本出路，在正确处理经济发展与扶贫减贫支援开发与环境保护强县与富民关系基础上，从合理调整经济指标，重点考核扶贫考核成就，强化社会事业发展的考核和加大生态环境保护考核权重等方面。（3）改进考核评价办法，强调在坚持以往好经验、做法的基础上，重点改进实际分析评价考核排名办法，既看在同类县中的排名，又看自身发展进步，既看统计数据，又看群众切身感受，既看发展成果，又看发展基础条件和干部主观努力，综合确定考核等排名，这是对贫困县来讲很重要的改进。（4）强化结果运用，规定把考核结果作为领导班子和领导干部评选先进，确定年度考核档次，表彰奖励的重要依据，作为干部选拔任用的重要依据，作为扶贫资金分配的重要依据，作为干部问责的重要依据。（5）加强组织领导，要求各省区市加强调整完善对贫困县党政领导班子对领导干部实际考核办法，在年度考核、目标责任考核、绩效考核、任职考核、换届考察以及其他考核考察落实意见精神。

6. 关于考核评估体系的特点。主要是：（1）聚焦攻坚目标：贫困人口全部脱贫，贫困县全部摘帽。（2）坚持结果导向：以最终工作成果，考核脱贫攻坚的工作实际，是结果导向型的考核评估。（3）程序科学严格：考核数据来源比较广泛，第三方评估，综合分析评价，定价定量结合等。（4）注重结果运用：通报、奖励、约谈作为综合考核评估的重要依据。

（三）脱贫攻坚考核评估实践

《决定》要求从2016年到2020年每年开展一次。2016年对2015年省级党委和政府扶贫工作成效试考核，约谈了两个省分管领导，开展督察巡查。2016年12月到2017年的3月，对2016年省级党委和政府扶贫工作成效正式考核，历时四个月。2017年3月23日中央政治局常委会听取考核情况汇报，2017年3月31日中央政治局会议审定考核结果，2017年4月1日国务院扶贫领导小组第16次全体会议听取考核情况汇报。可见，从试考核到正式的考核，中央高度重视，中央政治局常委会听汇报，中央政治局会议审定考核结果，领导小组专门研究和讨论。

1. 2016年脱贫攻坚考核评估的结果。综合收集的情况和各省总结，按照定性定量相结合，第三方评估数据和部门数据相结合，年度考核与平时掌握情况相结合的原则，并借鉴脱贫攻坚民主监督提供的情况，对22个省2016年脱贫攻坚成效进行综合分析形成考核意见。八个省份综合评价好，六个省份综合评价较好，四个省综合评价一般或发现某些方面有突出问题，四个省综合评价较差且发现突出问题。被约谈后的八个省压力非常大，马上开展了整改的工作。这就是考核指挥棒的作用。

2. 省级交叉考核发现的问题。22个省分别抽签选取一个省到另外一个省开展交叉的考核，采用随机抽样的方式进行检查精准扶贫精准脱贫的质量。省级交叉考核发现的主要问题：（1）贫困人口识别不够精准，退出急于求成，质量不高，存在数字脱贫问题。我相信很多地方都存在这个问题。（2）驻村帮扶工作不扎实，措施缺乏针对性，成效不明显，存在形式主义的问题。（3）部分有“两不愁三保障”不到位，存在明显短板，医疗、教育、安全饮水、住房等问题不到位。（4）部分省重大扶贫政策措施不够精准，落实力度不够，异地扶贫搬迁，小额信贷，产业扶贫等这方面落实不够精准的。（5）财政扶贫资金使用效率不高，资金结转结余率高，资金整合效果不明显问题仍存在。

3. 第三方评估发现的主要问题。包括：（1）精准识别方面，地方贫困人口识别标准执行不严格，回头看工作不扎实，年度动态调整不精细。（2）精准脱贫方面，一些地方精准脱贫缺少硬措施保障，精准施策的责任压实不力，脱贫退出操之过急，程序不规范和脱贫质量也不高。（3）精准帮扶方面存在工作不实，扶贫措施不够精准等突出问题，一些地方基层干部热情高，想法多，但是精准帮扶的措施少，收效差。（4）“两不愁三保障”方面义务教育得到较好保障，仅个别地区存在因贫辍学问题，重症病和慢性病治疗保障率偏低。（5）行为主义和人为干预，一些地方平时扶贫工作不精准不到位，贫困人口识别走形式，驻村帮扶工作走过场，对精准脱贫把关不严，面对第三方评估存在突击应付。

4. 扶贫资金绩效考核发现主要的问题。包括：（1）个别省份资金拨付较慢，这是比较普遍的问题。（2）部分省份资金结转结余问题未有效解决，有两个省资金结转结余率超过20%，5个省结转结余率两年的资金超过1亿。（3）违规违纪问题时有发生，2016年中央纪委最高检扶贫办加大了违法违纪案件通报和12317监督举报电话查处力度，共通报和查实涉及22省专项资金案件49起，审计署对17个省40个县开展扶贫资金审计，发现扶贫资金虚报冒领和违规使用的问题达1.51亿元。

贫困退出和考核评估体系是相辅相成的，也就是说贫困退出是以考核评估为保障的，贫困退出设计的一系列标准和程序，其基础是考核评估。考核评估必须科学、客观、准确，要尽可能反映出客观实际，这样才能为精准退出打下基础。

［作者简介］

黄承伟，国务院扶贫办全国扶贫宣传教育中心主任、研究员，博士，博士生导师。长期从事全球贫困与反贫困、国际减贫与发展合作等领域的理论、政策、实践研究。曾主持完成国家社科基金项目以及外交部、财政部等部委，世界银行、亚洲开发银行等国际组织资助的咨询、合作研究项目数十项。已发表学术论文百余篇，出版减贫与发展领域的著作50余部，成果多次获奖。

论经济发展的本真复兴

金　碚

人类社会发展到今天，正在遭遇新的挑战，走在需要理性抉择的路口上。为了应对人类发展所导致的环境和气候问题，世界各国越来越多的人认识到必须走低碳发展的道路，但也有人认为这个问题并不重要，或者不愿意为此付出代价。比如美国总统特朗普上任伊始就宣布美国要退出《巴黎气候变化协定》。尽管他有他自己的理由，认为美国签署《巴黎气候变化协定》，意味着限制传统产业，特别是石油、煤炭等化石能源产业的发展，将会减少600多万人的就业。但是，人类必须理性反思：经济社会发展到今天，要以怎样的新理念进行怎样的行为调整？这涉及人类发展的核心议题：第一，经济发展的本原性质，即为什么要发展经济？第二，怎样实现经济发展？以往的发展道路和模式可否持续？第三，人类发展到今天应该以怎样的新理念来应对当前和未来的严峻挑战？

一、经济发展的本真性质

人类经济活动数万年，文明史数千年，而真正实现高速经济增长和发展的只是工业革命之后的现象，迄今为止仅仅300年左右。也就是说，在人类漫长的演化和发展史上，快速经济增长是个相对很短暂的时期。据估算，工业革命之前，经济增长率非常低，全世界的人均GDP几乎没有增长，有学者估算，从公元元年到18世纪初，全世界人均产出增长率只有0.02%，统计上几乎可以忽略不计。而发生工业革命的国家，经济增长显著加速。从全球看，工业革命及工业化现象从西欧国家及其移民地，扩散到东亚国家，以至世界各国各地，人类中越来越多的人群进入“工业社会”，世界面貌因此而巨变。所以，从一定意义上可以说，迄今为止，经济增长或经济发展就是工业化现象。那么，为什么会这样呢？

当我们说“经济增长”或“经济发展”时，通常是要表示实现了以货币单位计算的人均产出量（人均GDP）的增长，并将人均产出量（人均GDP）所达到的水平视为经济发达程度的标志。而其所要表达的真实意思究竟是什么呢？其潜含的意思实际上是：人是可以改造自然，使自然物为己所用的，这种被人改造了的物质在经济学上就是人类劳动的产品（产出）。在人类发展的漫长年代中，人类生存于地球，但地球上的大多数物质对人类是没有用处的，准确地说是，人类没有能力使这些物质产生（对人类的）用途；同样，地球上的大多数地方也是不适合人类居住的，甚至是人类无法到达的。那时，人类的主要生存方式是，在非常有限的地理区域（一定纬度、一定海拔高度的有水源之地），采集、猎取或捕捞可以直接供人消费的有用物，通常称为采集狩猎社会。后来，人类开始将原先的采集、猎取之物进行培植、饲养，成为种植物和家禽牲畜，即以人类活动（劳动）促进植物和动物生长，使自然（生命）过程按人的需要产生更多对人有用之动植物，这称为农业社会（以及与之并行的游牧社会）。再进一步，人类力图用自己的劳动，并使用越来越复杂的工具，直接参与以至控制自然物质的形态变化过程，将越来越多原先无用的物质改造成对人直接有用的物品，这就是工业制造，当以手工工具为主的工业制造转变为以机器为主的工业制造，发生“工业革命”，人类就进入工业社会。为了获取更多的工业原材料，就需要大规模获取地球物质，即进行矿物采掘，在此过程中，还需要使用更多物质，例如木材、煤炭、石油等，作为工业生产活动（机器生产）的能源。当前，全人类发展在总体上正处于这样的工业社会时期，有的国家已进入工业社会，其他国家正在向工业社会迈进。所以，所谓经济发展，其实质就是人类通过自己的行动（生产劳动），把地球上原来对人没有用的东西转化成对人有用的东西，把原来不适合人类居住，甚至无法到达的地方变成人类可以到达和居住的。这就是经济发展的本真性。也就是说，人类就是为了将地球物质从无用变有用，才进行经济活动，被改造的物质越多，改造自然物质的过程效率越高，我们就说经济越发达。简言之，所谓发达社会（工业化社会或工业化国家）就是能够将自然物大规模地深度地转变为可为人类所用的物品的社会。所以，经济发展本质上首先而且永远是人与自然界之间的关系。其实，更彻底地说，人类本身归根到底也是自然世界的一部分。

从其同人类的关系而言，自然界的物质可以分为以下几类，并相应地形成几个基本概念：第一，自然物质。离开同人类的关系，自然物质无所谓有用或无用，因而也谈不上是资源还是废物。那不过就是地球上的自在之物。但是，如果从其同人的关系来看，自然物就可以区分为有用物和无用物了，前者称为自然资源，相对而言，后者就只是非资源之物。当自然资源相对于人类使用的需要具有稀缺性时，就会对其进行估价，就可以称之为自然财富，例如，水源、矿藏、森林、草原等。而存在量极大（几乎相当于“无限”）的物质，例如阳光、空气、海水等，由于稀缺性不显著，无法估值，一般不计为自然财富（当然，随着科学技术和工业能力的提高，过去的非稀缺物也可能会变为具有稀缺性，例如太阳能产业的发展使阳光具有稀缺性，风电的发展使风力具有稀缺性，海水利用的发展使海水具有稀缺性，那样，阳光、空气、海水等，以至“空域”“空间”等，都可以进行估价，成为自然财富。）

自然资源或自然财富是具有潜在有用性的自然物质。当人类将具有潜在有用性的物质，通过人的行为（生产劳动，加工制造）将其转变为现实有用的物品，可以视之为在自然物质中加入了人的因素，就可以称为“人化财富”，一般称为物质财富。

以上关于物质的分类有一个关键，即什么物质是自然物，什么是自然资源、自然财富，什么是物质财富？都取决于科学技术水平特别是工业技术的水平的高低，即人类转变物质形态的能力。也就是说，人类具有多大的工业能力，可以多大程度的把自然界的物质转化为对人类的有用之物，决定了物质分类概念的内涵及外延。一般来说，或者原则而言，科技水平和工业技术水平越高，物质中的“资源”和“财富”部分就越大。在这一意义上，“资源”实际上也是由人类活动（工业技术）所创造的，人类生产活动（主要是工业），首先创造“资源”，然后消耗资源。从极端意义上甚至可以说，如果科技水平和工业技术水平充分高，地球上以至人类可达至的宇宙太空中的所有物质，都可以是自然资源和成为人化财富，并没有绝对的“废物”。当然，这只是极而言之的可能性，而现实中，科技水平和工业技术能力总是有限的。所以，在一定时间内，自然物质经人类施加作用而转变为物质财富的量也是有限的。那么，人类尽最大努力以追求物质财富的行为是否应予肯定，即是否正当呢？

在很长一段历史时期，人们追求物质财富往往被认为是不正当或不道德的。许多宗教教义都反对信众收敛财富。例如基督教的传统教义说，富人进天堂就像骆驼要钻进针眼那么困难，意思大致是，富人收敛财富，为富不仁，死后必受惩罚而不得进入天堂。按照德国著名学者马克斯·韦伯的说法，直到发生宗教革命，才转而认可追求财富的正当性，即认为人们追求财富而致富也是遵循上帝的旨意（calling）。并主张富人拥有财富后不应挥霍浪费，而是要“节欲”，或者“延迟消费”，不断将当期未消费掉的财富投入能够创造更多财富的生产活动。17、18世纪，西欧的宗教革命与思想启蒙运动相互影响，解放了财富观念。所谓启蒙运动，对于经济领域而言，实际上就是主张人类应拥有追求财富的自由（权利）。此前，神权、王权、特权压抑了人权，而启蒙运动以后，大力主张人权，而且是人人应有平等人权，因为，人权是“天赋”的权利，与生俱来，人人有份。所谓天赋的平等人权，除了有政治、法律、伦理的含义之外，就经济权利而言，实质上就是追求财富的自由选择、平等权利。在人类发展历史上，最能确保追求财富的自由选择、平等权利的制度和社会机制就是市场经济。在市场经济中，神权、王权、特权都不能压抑自由追求财富的平等人权。从这一意义上可以说，所谓启蒙，就是市场经济自由竞争、等价交换和积累财富的观念觉醒，是人人有权发财致富的思想解放。

回顾中国近40年来的改革开放经历，也有十分相似的过程。20世纪70年代（实行改革开放）以前，在中国的官方主流意识形态中，追求和占有财富也是不正当的，甚至是违法的，财富“私有”是罪恶，被视为资产阶级行为，是革命所要消灭的现象。那时，工厂生产不是为了追求利润（因而作为生产单位的组织，只能称为“工厂”，不能是“企业”，因为，在语义上，“企业”被认为是追求利润的经营单位)；工人劳动也不能是为了赚取工资。如果工人为了赚取工资（奖金）而劳动，企业为追求利润而生产，就会被批判为资产阶级“经济主义”，是同社会主义计划经济格格不入的资本主义行为。甚至“按劳分配”的社会主义原则也被认为是体现了“资产阶级法权”。在社会主义计划经济条件下这些都是不正当的，至少是属于道德低下的“低级趣味”，而丧失了无产阶级的革命精神和劳动行为的崇高性。直到20世纪70年代末80年代初，中国改革开放以后，被长期压抑的财富观念才开始觉醒。经历激烈的思想斗争和观念博弈，社会才终于承认了在社会主义制度下追求财富也是正当的，承认和主张生产必须追求利润，因而生产组织才可以从“工厂”变为“企业”，以至“公司”；同时，工人干得好就是应该涨工资，可以和应该获得奖金，以体现多劳多得的个人利益原则；更重要的是，民众拥有由法律保护的权利组织营利性生产组织——企业，形成民营经济，追求和积累财富。这样的社会制度当然就叫市场经济：人人有生产和拥有财富的平等权利，并据此而进行等价交换。因此，中国经济体制改革的实质就是从计划经济转向市场经济。众所周知，这样的观念解放和制度变革，为整个社会经济发展注入了巨大的动力，极大地解放了生产力，进而产生了翻天覆地的社会后果。那么，市场经济何以会有如此巨大的魔力呢？

二、市场经济的理性机制

在人类发展中，市场经济发挥了极为重要的作用，市场经济持续推动了经济增长和进步，没有任何一种其他的经济机制能够像市场经济那样，产生了如此广泛、持续而深远的影响，极大地改变了人类社会的整个面貌。那么，市场经济是一种什么样的经济机制呢？它为什么能够强有力地推动各国的经济发展，特别是，市场经济为什么能够适应工业革命和世界工业化的要求呢？众所周知，西欧17世纪的启蒙运动有两个相互关联并具有决定性的因素，一个是科学精神，一个是崇尚理性。这种科学精神和理性主义，在经济领域里体现为张扬一种工具主义理性。所谓工具主义理性就是，以高效率为中轴原理，追求“最优化”和“最大化”等工具性目标。其具体表现就是：追求收入最大化、利润最大化、财富最大化。而且，这种“最大化”目标都是可以用货币单位来计量的。因为，如果不以货币为单位，就无法对成本、产出、收益、财富等进行经济计算和比较。所以，追求以货币计算或估值的收入和财富的最大化，就成为市场经济的最基本特征。例如，当人们问为什么要工作？在市场经济制度下，一般就说是为了“赚钱”；如果要问办企业的经营目标是什么？一般就说追求“利润最大化”或者“为出资人创造最大利润”。每一家股票上市公司的CEO都会宣称，公司经营目标是为股东创造最大利润，或使股份价值最大化。这些基本理念和通行说法在市场经济制度下都是“天经地义”的常识。

问题是，收入、利润、财富等，是人类生存发展的必需之物吗？显然不是。它们不过是一些工具性手段，而不是人类所需的目的性需要。收入、利润、财富都没有供人享用的性质，而“企业”根本没有衣食住行的需要，既不会痛苦，也不会快乐，为什么要那些“最大化”？众所周知，根据马克思的定义，作为市场经济“细胞”的商品，有两个属性，一个是使用价值，一个是交换价值。使用价值是商品的有用性，即商品能够满足人的实际需要的“效用”。交换价值则是商品中所包含的人的抽象劳动量，可以据此而同其他生产者或所有者按“等价交换”原则进行交易，以获得对自己有用的商品。尤其重要的是，在以货币为媒介的商品交换中，货币成为交换价值的代表，发挥着对各种有用商品的“索取权”的功能。

那么，对于自然人来说，在商品的使用价值和交换价值这两重属性中，哪一个是“目的”，哪一个是“工具”呢？很显然，在其朴素的原本性质上，使用价值是人类生产活动之目的，而交换价值则是能够据之而可以获得具有人们所需要的使用价值的商品的工具（凭据）。但是，如前所述，在市场经济制度中，起支配作用的是工具理性。所以可以看到，在发达的市场经济条件下，上述目的和工具之间的关系是颠倒的。如美国经济学家大卫·哈维所说，在市场经济中，“无论在哪里，交换价值都是主人，使用价值都是奴隶。”① 即使用价值实际上是为交换价值服务的。尤其是当人类所追求的财富形态不断演变，货币形态的财富欲望越来越强烈，直到发展为信用货币成为货币形态的主要成分时，货币（信用货币）本身完全没有使用价值却成为经济活动的目标，而有用商品反倒成为实现货币囤积目标的手段。人类社会似乎变得很荒唐，但正如黑格尔所说的，凡是现实的都是合理的，凡是合理的都是现实的。

市场经济的现实性和合理性就表现为：其推动经济发展的动力机制是最强劲的。不难设想，如果以追求商品的使用价值为目标，那么，其需要量总是有限的。你吃饱了就不能再吃，一个人在同一时间只能穿一套衣服，睡一张床。使用价值超过一定量，其对人的效用越来越小，直至过剩而无用。所以，如果整个经济社会仅仅是将直接追求使用价值作为动力机制，那么，生产规模就受限，经济发展就必然很缓慢。反之，如果以追求交换价值为目的，发展生产和创造积累财富就具有了无限性，即交换价值量尤其是其纯粹形态货币量的最大化可以成为无止境的追求目标。可见，市场经济的长足发展与工业革命具有密切相关性。工业革命所形成的巨大生产力，只有在市场经济中才能获得施展空间。也就是说，正因为市场经济使社会生产的目的与工具（实现目的的手段）相颠倒，工业革命所喷发出来的生产力，成为无止境地追求交换价值，追求金钱的力量，因而使物质财富大量创造和堆积，人们相信这一过程可以永无止境：资本家追求剩余价值没有止境，商人（企业）追

① ［美］大卫·哈维：《资本社会的17个矛盾》，许瑞宋译，中信出版集团，2016，第58页。

求利润没有止境，人们追求货币似乎也会没有止境。正是这种没有止境的疯狂追求才成为市场经济增长的强大动力和无限性。这就是市场经济具有强大生产力的奥秘所在。

但是，在人类发展取得辉煌成就的同时，也伴随着严重问题的出现并有可能日趋恶化。一是无节制的消费主义。只有消费更多的东西，才能生产更多东西。消费更多东西的人，据此而感觉更快乐。因为市场经济有能力创造各种各样的物质产品来供人享用，所以从更多的产品消费中获得快感就成为市场经济的基本信条或社会心理偏向。二是财富的欲望不可遏制，而且财富欲望越来越同物质（商品）的有用性（使用价值）相脱离。当无止境地积累和占有（实体的和虚拟的财富）成为满足财富欲望的方式，而实际上财富欲望又因财富（尤其是虚拟的财富）的无限性而永远不得满足，所以，财富就蜕变为无用（或不使用）的东西（冗余物），直至成为纯粹的符号性财富。所谓符号性财富及其欲望，就是从“赚钱”目的蜕变为追求财富符号即货币数量的“增殖”。以往的货币是黄金白银，今天的货币已成为银行账户上的数字。追求货币数字的无度的增长成为财富贪欲的极端形式，人类经济活动走向虚拟化，越来越远离实际使用价值。

可见，虽然在人类发展史上，市场经济是功不可没的，历史和现实都证明，市场经济是人类所创造的一种非常可行有效的经济制度。但是，非常可行有效的制度也未必是十全十美而没有缺陷的制度，更不是不需要治理就能合意运行的体制机制。无度扩张并缺乏有效治理的市场经济，不仅会产生一系列难以容忍的社会问题，例如收入分配和财富占有两极分化、弱势群体缺乏安全保障等，而且很可能破坏人类生存的根本条件——生态环境。在市场经济中，无数自利的个人为了追求财富和无度消费，以至为了满足财富欲望，欲壑难填，无节制地掠夺自然，导致对自然生态环境的严重破坏。结果走向了人类发展目标的反面。如前所述，经济发展原本的目的是把原先无用的物质转变为有用的物质（产品），但现实中反而变成了将大量原本无害的物质变成了有毒有害的污染物。同理，经济发展原本的目的是把一些过去人类不能居住甚至难以到达的地方改变（建设）成人类可以到达并适宜居住的地方，但现在反倒因破坏了自然环境而使许多地方变成不宜生活的地方，居住环境恶化。这样，人类发展中就出现了所谓的“非理性的理性”现象：每个人所做的事情似乎都是理性的，大家都是为了追求财富，似乎都是理所应当。但是，所有人共同的行为所导致的结果却可能是很不理性的。一个人为了盖房子砍一棵树没有什么大影响，一些人为了烧饭上山砍一些柴火也影响不太大，但是，成千上万的人砍树、砍柴，那就会超过环境承载容量，严重破坏生态平衡。无数个体的理性行为的总和，导致了人类行为的整体非理性（也就是所谓的“合成谬误”）。这表明，在缺乏有效治理的市场经济条件下，出现了人类发展的本真迷失，即人类活动离开了发展的本意，走向了事与愿违的方向。

三、人类经济发展的本真复兴

正是在市场经济制度下人类发展所取得的巨大成就的时代，经济发展背离其本真性质的问题也越来越凸显。所以，人类发展需要进行第二次启蒙以实现其本真复兴。如前所述，人类的第一次启蒙，以两大思想因素（科学和理性）为实质特征，使人类从宗教和王权压抑的精神蒙昧中解放出来。而在经济领域，第一次思想启蒙所树立的理性，是工具主义的理性，即以最高效率无节制（最大化）地追求财富，追求无节制的物质主义消费，而不是本真意义上的人类理性。人类发展本真意义的理性是为实现人类价值目标的理性，而人类发展的本真价值是人类的生存、繁衍和幸福，是人的能力的充分实现。而经济价值，收入、利润和财富等，归根结底只是实现人类本真价值目标的工具和手段。所以，人类发展的本真复兴，实质上就是要在生产力高度发达的基础上实现工具理性与人类价值目标的契合。也就是要不失经济发展的本质目的，并以工具理性的可行性和有效性，来达成人类发展的本真价值目标，这才能使人类发展回归其本真理性的轨道。从这一意义上说，今天人类发展仍然处于“蒙昧”时代，尚未实现本真理性的主导，因而必须进行第二次启蒙，以实现其本真复兴。

人类发展的本真复兴，并不仅仅是对过去错误的幡然醒悟，因为，市场经济制度下的人类发展本真迷失，即目的与手段（工具）的颠倒，并非是一个纯然的主观误断，甚至算不上是“错误”，而是具有现实合理性的历史必然。也就是说，并不是人类过去愚蠢地“弄错了”，而是理智聪明地“不得不那样做”。即使到了今天，人类发展已经处于本真复兴的历史关节点上，要完成本真复兴过程，仍然不仅是一个认识维新，而且是一个历史性的实践变革过程。其根本原因是，当今的人类发展在整体上仍然处在工业化阶段，而且，从能源结构来看，基本上还处于化石能源时代。其必然表现是，从工具理性（经济效率）的角度来看，煤炭、石油等化石能源迄今为止仍然还是较经济、较安全、较容易开采使用的能源原料。所以，美国总统特朗普宣布美国退出关于气候变化的《巴黎协定》，其主要理由就是认为，如果实行《巴黎协定》的规定，美国就吃亏了，可以使用的资源不使用，还要导致美国减少数百万人的就业，而中国等发展中国家却占便宜了（为碳减排付出的代价太少）。这是一种完全基于利己的工具理性主义算计而做出的判断和决定。可见，自认为是世界“领导”国家的总统，尚且如此认识（其实并非总统的个人认识，而是代表着相当多人的认识和利益诉求），那么，确实表明了，处于当今时代，全人类确实需要一次再启蒙，需要拷问自己：什么是人类发展的真正理性？在面临本质复兴的人类发展大势中，市场经济的工具理性并未失去其现实性，那么，人类到底应该走怎样的发展道路？

关于启蒙运动中的第二个核心观念——科学，人类在今天的经济发展本真复兴中，也必须进行新的深刻思考。从一定意义上说，科学是人类认识和改造自然（以及人类社会本身）的工具。在可能性上，科学认识和改造世界的力量是具有无限性的。例如，我们可以说，只要科学技术充分发达，地球上所有的物体都可以是资源，而没有绝对无用的废物。甚至垃圾也可以是资源，城市生活垃圾因而可以成为"第二矿山"。这样，地球上的物质就无所谓无用之物，无论什么国土：江、河、湖、海，平原、高山、丘陵、丛林、沙漠、戈壁、冰川、极地，以及附着于广阔国土上的所有物质，无论处于怎样的形态，在科学进步的可能意义上，统统都是"资源"。既然这样，那么，似乎也就无所谓"消耗资源""破坏环境"了。而且，既然科学进步在可能性上是无限的，那么，其改造世界的能力在可能性上也是无限的。如此说来，人类就真的可以"战胜自然"了！但是，可能性只是假定时间无限条件下的一种推断，而在现实性上，即处于一定时间（时点和时期）中已获得或者能够获得的科学认识和科学成就，总是非常有限的，技术能力也是有限的。与宗教宣称自己（或上帝、真主）全知全能不同，科学永远承认自己的无知和无能，即永远承认存在着人类认识水平和能力没有达到的广大以至无限的未知世界和宇宙。所以，科学精神的一个基本特征就是，承认无知、无能，即承认有科学现在做不到的事儿，有科学目前尚没有认识的世界。因而，科学不是战胜自然，而是要敬畏自然。承认自然界的一些东西，人类认识不了（尚未认识），这才是科学精神的本性和"风度"。总之，任何时候都不能把科学设想为全知全能的上帝。科学公开声称自己有许多的"不知道""不了解"，未知的领域远远大于已知的领域，而且，今天所知道的，未来也可能甚至必然会被"证伪"。按照科学精神和思维逻辑，实际上，只有能被"证伪"的，才是科学的，科学中没有不可"证伪"的绝对真理天条。因此，从科学意义上说，人类发展中的第一次启蒙，并不具有绝对性和终极意义，发生第二次启蒙也是必然的。科学是不断进步的，技术是不断创新的。

人类发展的本真复兴，就是在市场经济高度发达的基础上，人类再次审视科学理性的根本价值目标。即人类从财富观的觉醒，升华为本真价值观的觉醒。市场经济的理性主义是经济价值（交换价值）主导的工具理性，而人类发展本真的理性主义则是人本价值主导的目的理性。人类进行物质生产活动，将自然物质转变为具有经济价值的物质财富，并进行财富囤积（积累），不应同人类发展的本真价值目标相悖。即使是以市场经济的方式进行生产活动，也不应改变这一人类活动的根本性质，这就叫"以人为本"，即经济发展必须以对人有实质裨益，对人的健康有利，使人居住环境适宜和生活愉快为中轴原理和本真价值。

进一步的经济发展观念启蒙是：对于"以人为本"也不应作狭隘理解，即只要对人有利就可以不顾及其他一切，以为为了使地球成为人类的乐园，就可以不惜牺牲其他一切生命体的生存环境和条件。实际上，人类是自然的一部分，自然界是一个丰富多彩的物质世界和多样化的生态系统，人类只有在这样丰富多彩的物质世界和多样化的生态系统中，才能生生不息，健康生存和繁衍。所以，本真意义的以人为本，需要人与自然的和谐，使人类成为自然生态系统中负责任的良好成员，而不是除了自己目空一切的自私霸主。人类如果破坏了自然，使生态系统失去平衡与和谐，也就破坏了人类赖以生存繁衍的最基本条件，这就从根本上背离了以人为本的原则。

四、经济学面临的挑战和使命

应该承认，面临人类发展本真复兴的大势，现有的经济学是很不适应的。因为，现代经济学本质上是与资本主义市场经济制度下所发生的工业革命同时产生的。主流经济学的构架基本上是依功利主义的工具理性逻辑而建立和发展的。在现代经济学的视野下，人类经济活动被设想为如同机械运行那样的系统，追求最大化，最高效率，最优结构，最有效控制，以一般均衡作为理想参照系。在这个假设的经济系统中，经济学只可能计量现实中非常有限的因素，而将更多的因素“抽象掉”。并且总是在“假定其他因素不变”的前提下，进行少数可计量因素（变量、参数）之间关系的逻辑推演，由此推导出“结论”或“推断”，或者进行“预测”。而经济学所抽象出的变量和参数都是工具性的。因此，经济学是高度形式化的，直至抽象掉几乎所有的具体内容，而成为单纯的数量关系逻辑构架，因而有人称之为“第二数学”。

经济学是致力于“计算”的，但现实经济活动中的大多数现象却是难以精确计量的，即使可以计量，但由于必须采用各种计量单位和维度，也使之无法进行加总计算。例如，如果采用物理单位，所计量的粮食和钢铁的产量（比如以“吨”或“立方米”计量）如何加总计算和进行有意义的经济学比较？所以，经济计算中几乎所有的被计量对象都得用货币作为计算和加总单位。可以说，经济计量总是具有替代性的（计算对象的替代物，而不是对象本身），用一把尺子——货币代替其他一切计量单位。而且，即使这样，当进行实际计量时也会发生许多困难。所以，经济学家不得不对计量对象进行严格“定义”，并设定（认定）进行计量的现象环节或行为环节。比较可行而方便的方式是，只计量在交易过程中间发生的现象或行为。比如，当计量“消费”时，如果问：人吃饭是消费吗？从本真的意义上，吃饭当然是消费。但人们实际吃了多少食物如何准确计量呢？所以，在经济学的含义里，或者在经济理论的分析框架中，吃饭并不是经济学所关注的消费，甚至吃饭本身和经济学所关注的消费是没有关系的。那么，什么是经济学所关注（或定义）的“消费”呢？比如，你用500元钱买了100斤大米，而用其中的1斤大米做成米饭吃掉了。那么，在经济学意义上，你是消费了1斤大米，还是100斤大米？是的，经济学认定的是消费了100斤大米，准确说是消费了500元钱的大米。为什么这样呢？就是因为经济学关注和统计的主要是在交易过程（环节）中发生的行为和现象，而且，都将其统计为“流量”（当然有时候也需要关注和统计“存量”，但那会遇到许多很复杂的问题，例如如何对存量进行估值?)。可见，经济学所关注的消费，并不是实际吃了多少，而是在市场上买了多少斤米，支出了多少钱。在我们的例子中，消费的经济计量意义不是 1 斤或 100 斤，而是“500 元”。所以，在这里，吃饭行为与消费没有关系，同消费有关的是“购买”行为，即只要你买了多少(花费了多少钱)，就认定你消费了多少。这就是经济学的工具主义特点。同样，如果你买了 10 件衣服，或者 5 件工具，无论你穿了几件，是否使用了工具，都无所谓，重要的是，你购买了，花了多少钱，就计算为消费了多少物品。不仅消费是这样计算，投资也是这样定义和计算。例如，盖房子是投资，盖一座房子，创造了 GDP；如果把这个房子拆了，拆的过程也产生 GDP；然后在原地再盖一座房子，又创造了 GDP。原因是盖房子、拆房子、再盖房子都产生了现金流，即都支出货币进行了“购买”。因此，在经济学意义上，消费和投资活动被关注的都是其“购买”环节。购买也就是经济学所定义的（有效）“需求”。其实，经济学所定义的需求也总是对应于供给的，因为，道理很简单，“购买”一定对应于“出售”（一方购买必有另一方出售），而出售在经济学中就被定义为供给（出售者就是供应方）。①这样，我们就可以理解，为什么尽管 GDP 是重要的，但如果将追求 GDP 作为唯一目标，经济活动就会失去本真理性？人类发展如果被经济学的工具理性完全牵着鼻子走，失去本真价值的目标方向，就会背离它的本真意义，走进一个极端放任的功利主义的世界，跟人类要追求的本真目标相悖。这就是经济学的工具理性主义所面临的一个真实世界的挑战。

经济学所面临的另一个真实世界挑战是：如何更真实地刻画真实世界，计算那些对人类发展非常重要，但又难以用货币进行计量和计算的因素？例如，如何计量和计算自然资源？如何计量和计算环境质量，空气、土壤、水的清洁程度的经济价值？习近平总书记说：“绿水青山就是金山银山”，道理似乎并不深奥，但经济学如何处置？理论依据和逻辑基础是什么？能否建立可行的经济计算方法？可见，当人类发展进入本质复兴时代，经济学的主体分析框架表现出很大的不适应性。很多非常重要，不可忽视的东西，在经济学目前的主体分析框架里放不进去，无法计量，也就难以比较鉴别，因而就很容易被忽视。人类发展到当前阶段，市场经济仍然兴盛，经济成就堪称辉煌，但迷失本真的代价也越来越难以容忍。所以，面临真实世界和真实问题的挑战，经济学本身也要复兴，也必须创新变革。

经济学面临挑战的基本问题仍然是目的与工具（手段）的关系。经济学通常假定或认定其为“公理”而无须证明的是：人总是确定自己的目的并选择一定的手段来努力达到目标（奥地利学派的经济学家深刻讨论了这一经济学的行为假定）。从而认为，如果人分不清目的和手段，那是不可思议的。奥地利著名经济学家路德维希·米塞斯说：“我们无法想象，一个行动着的人不能具体区分什么是目的和什么

① 金碚：《基于价值论与供求论范式的供给侧结构性改革研析》，载《中国工业经济》，2017 年第 4 期。

是手段，什么是成功和什么是失败，什么是他喜欢的和什么是他付出的所谓成本。当然，在领会这些事物时，他可能会对各种外部和物质在他的行动过程中起的作用做出错误的判断。”① 尽管他反对经济学以“经济人”假定为逻辑基础，认为“经济人被认为是完全自私自利、无所不知的，一心想要积累更多的财富”这样的理论是“荒诞”的，他还是认定，“人们在行动中力求达到的具体目标是很不一样的，而且是不断变化的。但是，所有行动都无一例外地受一个动机的驱动，那就是，用更加适合于行动者的状态取代没有采取行动时的状态。”②

但是，如前所述，尽管人可以是理性的，但并不因此而能够确凿地断定人类总是能分清自己的目的和手段的。尽管如果仅仅说“动机”的话，也许如米塞斯所说的“用更加适合于行动者的状态取代没有采取行动时的状态”，可以被认为基本可信，但这种动机未必是能够实现的，而且，他也承认人可能“做出错误的判断”。如前所述，市场经济的基本特征之一恰恰就是人的行为目的和手段（工具）的颠倒。即使处于“用更加适合于行动者的状态取代没有采取行动时的状态”的愿望，也往往是事与愿违的，甚至这样的动机和愿望也是常常被违背的。人“做出错误的判断”可能是经常性的，而不仅仅是一时失误。例如，人类活动破坏生态环境，就是证据。现实中的关系颠倒和事与愿违，体现在了经济学中。因此，以市场经济为观察对象的当代经济学也在很大程度上就是以这样的颠倒为基础的，经济学所描绘的“最优状态”和“福利最大化”状态，体现在现实中也很可能是关系颠倒或事与愿违的。例如，人们将赚最多的“钱”为目标，以“赚钱”的最大化作为福利最大化的标志，以为钱越多越幸福，而忽视了空气、水源、阳光、景色等，无法将此计入量化的“福利”之中，更难以估价并成为可交易之物。可以说，在市场经济的现实背景下，经济学内在地含有马克思所指出的“商品拜物教”“货币拜物教”和人类的“异化”“基因”。如果人类不能驾驭市场经济（资本、金融、竞争秩序），那么，这样的“基因”就可能恶性化；而人类如果能够完善市场制度和其治理体系，市场经济的活力基因就可以保持良性化。何去何从，就取决于人类能否实现经济发展的本真复兴。

就经济发展与环境保护的关系而言，人类经济发展本真复兴的一个重要表现就是要走绿色发展的道路。那么，经济学怎样看待绿色发展？对绿色发展如何计量？关键的问题是，如果能够计量绿色发展，那么，这种计量和计算方式同现实的经济运行及利益机制在机理上是一致的吗？也就是说，走绿色发展道路，在现实的经济利益上也是合算的吗？如果所有人可以认同绿色发展符合人类发展的本真价值，那么，其与现实经济的利益关系会如何呢？我们可以再次提及这个典型事例：基于现实利益机制上的计量和计算，美国总统特朗普决定美国退出关于气候变化的《巴黎

① ［奥］路德维希·米塞斯：《经济科学的最终基础》，商务印书馆，2015，第13页。

② ［奥］路德维希·米塞斯：《经济科学的最终基础》，商务印书馆，2015，第89页。

协定》，也许是有其基于自私利益的一定道理，因为，美国人加入《巴黎协定》可能减少就业，特别是损失了从事化石能源产业（搞煤的、搞油的、搞气的）的利益，他们的收入因减少碳排放的强制性要求而有所减少。也就是说，为绿色发展而付出代价或减少收入的人并没有获得相应的利益补偿，而一些人为此而付出的代价所获得的这种本真性利益却是全人类共享的。其实，每一个国家都存在这样的问题。只不过是，美国（特朗普总统）这次表现得很加“小气”“私利”和“短视”。而其所反映的现实问题和利益关系却也是实实在在的。在这里，工具理性同本真理性间的差别尖锐地体现为现实经济中的利益矛盾。如果不能形成工具理性与本真理性间的激励相容机制，体现人类经济发展本真复兴的绿色发展（低碳发展）就会困难重重。通俗地说，人们纠结于：环境质量更高能实现为经济收入的增长吗？绿水青山如何现实地变为（具体个人或利益单元的）金山银山呢？绿水青山如何才能现实地换取或以其他什么方式获取（以货币计算的）经济利益？即首先是经济学如何进行计算？然后是这种经济学计算如何在经济利益机制上得以实现？这是人类发展和各国发展都遇到的一个重大而尖锐的问题，也是经济学所面临的一个亟待研究解决的难题。

五、结　语

在市场经济制度下，形象地说，基于商品经济的两重性，当前的人类发展，尤其是各国的经济发展如同一个两轮结构，体现为工具理性与价值目标的纠缠关系。如何构建一套体制机制和有效治理体系，使这两个轮子密切契合，协同运转，相互促进，形成强劲合力，是实现人类经济发展本真复兴的根本性问题。市场经济中的几乎每一个变量，都深切地体现着这一问题。例如，最常用的概念指标国内生产总值（GDP），就是一个以货币单位计算的使用价值总量。① 在现实中，基于工具理性原则，“赚钱”“创收”成为各经济主体甚至包括政府部门的行为目标，“以 GDP 论英雄”。当然，没有 GDP 是不行的，因为没有 GDP 就没有就业、没有盈利、没有税收，所以，GDP 增长是很重要的。但 GDP 毕竟只是一个工具理性指标。尽管企业必须追求利润，人要追求收入财产，社会要积累财富，政府必须关注 GDP，但有了收入，有了财产，有了利润，有了 GDP，人类生活就真的更好了吗？一定就能生活在一个宜居的环境中了吗？如果 GDP 增长并没有达到这两个目的，使大多数人生活得更健康、舒适、安全，那么，人类一味追求 GDP 的行为就陷入迷途。现在，我们讨论绿色发展、包容性发展，归根到底就是要解决工具理性和本真价值“两个轮子”契合协同的问题。现实的困难在于：人类发展当前仍然处于工业化时期，仍然是市场经济主导的时代，而且，在技术特征上，仍然还是一个化石能源为主的世

① 金碚：《马克思劳动价值论的现实意义及理论启示》，载《中国工业经济》，2016 年第 6 期。

界。在这样的时候，怎么能够前瞻性地考虑人类发展的现在和未来？让经济发展的道路、模式、理念，更自觉地体现其本真性，这就是现代市场经济必须经历的第二次启蒙运动的伟大使命，它将昭示人类发展的可持续增长前景和本真价值的真正复兴。人类如何才能现实地应对当前挑战和前瞻性地考虑世界的未来？经济科学对此应该做出积极贡献，肩负起推动经济发展本真复兴的历史使命。

参考文献：

1. 金碚：《基于价值论与供求论范式的供给侧结构性改革研析》，载《中国工业经济》，2017年第4期。

2. 金碚：《马克思劳动价值论的现实意义及理论启示》，载《中国工业经济》，2016年第6期。

3. ［美］大卫·哈维：《资本社会的17个矛盾》，许瑞宋译，中信出版集团，2016。

4. ［奥］路德维希·米塞斯：《经济科学的最终基础》，商务印书馆，2015。

［作者简介］

金碚，中国社会科学院学部委员，中国社会科学院研究生院教授委员会执行委员、工业经济系主任、教授、博士生导师。中国社会科学院工业经济研究所研究员，《中国经营报》社社长，中国区域经济学会理事长，国家社会科学基金评审委员。在产业经济学和企业理论等研究领域建树颇多。

经济新常态与供给侧结构性改革引领下的中国经济

韩文高

中央在2016年5月9日的《人民日报》上通过采访“权威人士”的报道确定，我国经济运行不可能是“U”型，更不可能是“V”型，而是“L”型的走势①。早在2014年习近平总书记在河南考察时就曾指出，“我国发展仍处于重要战略机遇期，我们要增强信心，从当前我国经济发展的阶段性特征出发，适应新常态，保持战略上的平常心态。”从2014年到2016年的发展过程来看，“L”型经济正是我国经济发展“新常态”的最具象化解读。确定我国经济为“L”型，那么中国经济如今处于“L”的什么位置呢？经济根据字符形态，“L”是有拐点的，通过数据，2016年3月份工业生产者出厂价格（PPI）同比上涨7.6%，连续第7个月正增长。去年9月份首次转正（0.1%）；同期制造业采购经理人指数（PMI）连续第8个月站在荣衰线50%以上（51.8%），2015年8月份站上50%。由此可见，我国经济发展正处于“L”型走势的直角拐点处。

《人民日报》的几篇社论就曾指出，经济再回到那个高增长模式，根本做不到，因为这是世界经济发展的普遍规律。回望中国自改革开放以来，经济发展经历了30年的高速增长，但是高速增长不代表是绝对的好事。根据规律，任何一个国家在经济腾飞的时候，都有30年左右的高速增长经历。日本：1950—1972年，23年间，GDP年均增速为9.7%，1968年经济实力超过德国，成为仅次于美国的第二经济大国，创造了世界公认的“经济奇迹”。1973—1990年期间回落至4.26%，1991年，房地产泡沫破灭重创日本经济，1991—2012年期间更是降至0.86%；韩国：1961—1996年，35年间，同样在出口导向型的外向型经济发展战略引导下，韩国经济高速增长，GDP年均增速为8.02%，受亚洲金融危机重创后，1997—2012年期间仅为4.07%；我国台湾地区：1952—1994年，42年间，GDP年均增长8.62%，1995—2013年期间下调至4.15%。其他譬如早期的英国、法国、德国、美国和拉丁美洲的巴西、阿根廷、墨西哥等都曾有过几十年的高速发展经历。既然我国经济不是降下来缓冲一段时间再回升的“U”型，也不是降下来又强势反弹的“V”型；可见，

① 《开局首季问大势》，载《人民日报》第一版，2016年5月9日。

在日常的经济工作中要遵循新的“L”型规律。

一、中国经济发展背景

中国经济的高速增长模式自1979年改革开放至今已走过38个年头①，总结这38年来的中国经济高速增长的模式，大致可以分为第一个十年、第二个十年、第三个十年与最后这八年四个阶段。只有客观的认清这四个阶段，才能看清中国下一步的经济发展该如何进行。

第一个十年（1979—1989）。此时的中国经济高速增长主要是依赖于手表、缝纫机、自行车为代表的初级低端产品拉动经济增长。在1979年改革开放以前，商品经济处于几乎空白的状态，市面上所售商品及数量都属于计划范围，所有商品凭票购买。此时的中国经济处于完全计划经济状态，生产力的无法释放导致各类商品严重短缺，以至于无法满足人民群众的日益所趋的生活需要。彼时的家庭倘若需购买手表、缝纫机、自行车这“三大件”，毫不夸张地说，至少需要制定一个家庭版的“五年计划”。1979年进入改革开放以后，我国开始淡化“阶级斗争”，把目光投向解放生产力。生产力的解放使得人民的生产能量如泄洪一般激涌而出。之所以在20世纪80年代下海创业的人几乎都获得了或多或少的成功，正是由于之前商品经济的短缺导致市场长期处于求大于供的状态，以至于当时生产什么就能卖什么，因为市场上什么都没有。在这个时间段中，初级产品的大量生产使得久旱的中国市场逢来及时的甘露，以至于经济高速增长。

第二个十年（1989—1999）。在经历第一个十年的发展阶段后，随着经济的发展，人民生活日趋平稳，市场上对于初级产品的需要从严重短缺发展到基本饱和；市场的需求从“三大件”开始转为对冰箱、洗衣机、彩色电视机为代表的“新三大件”。对新“三大件”为代表的升级产品的需求，拉动中国经济走过第二个高速增长的十年。

第三个十年（1999—2009）。中国的经济在被新老“三大件”需求的拉动走过了20年，人民的基本生活得到满足，但我们又出现了发展瓶颈，那就是这新老三大件为代表的产品饱和了，下一步又由哪“三大件”来拉动经济？1999年以后的第三个十年当中，一系列的机遇以及更新更高级的“三大件”的需求使得中国又进入了更高速的经济增长状态。此时更新的“三大件”就是房地产、出口和以汽车为代表的消费，2001年中国加入WTO以后，由于廉价劳动力资源丰富，使得“中国制造”的产品迅速遍布全球。1998年实行住房制度改革后，由以前的缴纳一定租金，国家分配住房模式开始初级转变为商品房买卖。但是限于当时的认知与惯性思维，全国对于房地产基本处于没有认知的状态；2003年以后，对于房地产的认知才

① 本文写作于2017年。

开始逐渐明晰，2004 年，房地产才开始走向轨道。第三大件则是汽车，2003 年后，随着社会发展水平的提高，市场需求已从自行车转变为汽车，汽车从以往可望不可求开始逐渐走入家庭。汽车是大宗消费品，价值比自行车、彩电的价值更高，创造企业销售的收入和利润更大，创造的 GDP 更多。在第三个十年里，以房地产为代表的“固定资产投资”、以汽车为代表的“消费”以及销售出口为代表的“出口”大力的拉动了中国经济的发展。

如今的八年（2010—2017）。中国经济进入 2010 以后，在第三个十年唱主角的“固定资产投资”“消费”“出口”三驾马车的速度开始减缓。出口方面，从 2010 年下半年开始减速，2011 年开始严重下滑，从 37% 下滑至负增长。消费方面，虽然每年中央都在倡导拉动消费，但是消费方面的增长幅度却是逐年降低，从最高点 22% 下降至 10.9%。固定资产投资方面，房地产业实际上于 2010 年左右就开始出现颓势，但是由于当时货币增发，货币供应量最高时达到 26%，导致资产价格膨胀，以至于房价不断疯狂的上涨。在第三个十年当中，由于房价的不断上涨，填补了出口严重下滑以及消费方面的增长减缓造成的经济下降缺口，使得原本下降的经济趋势又回到了高速增长的模式当中。

纵观前 30 年的发展，每当各时代的“三大件”发展停滞或减缓的时候，都有新的“三大件”填补空缺；但是到了第四阶段或“如今的八年”时代，没有相应的东西填补前一时代的空缺，这也是如今中国经济之痛与经济之难。如何应对当前的经济之痛与难，是我们需要思考的问题。

二、中国经济进入后房地产时代

（一）房地产对中国经济的贡献

2004 年至今 12 年间，我们的经济总量翻了 5 倍，可商品房销售总额却翻了 11 倍（2004 年 1.04 万亿元），2016 年商品房销售额高达 11.76 万亿元，同比增长 34.8%，成为保 GDP 的主力军（GDP 74.41 万亿元）。除去房地产本身的发展，同时还拉动建材、建筑、钢铁、铜铝、煤炭等很多相关行业迅猛发展。所以，房地产行业的萧条成为引发中国经济萧条这一“蝴蝶效应”的那只蝴蝶。所以，当我们研究后房地产时代的中国经济，找寻新的思路时，就必须考虑：一旦房地产行业停下来，减去商品房销售额 11.76 万亿元的一半，那么去年 6.7% 的 GDP 是否还能保住？如果不能，那么什么东西能够填补房地产的空缺？

（二）中国房地产市场投机时代的终结

之所以说中国的房地产市场投机时代终结主要由以下几个原因造成：

1. 投资与投机导致房价暴涨

纵观2004—2016年这12年里，买房的人可以分为三部分：第一部分人属于住房的需要，第二部分人为投机+住房需要，最后一部分人，也就是2016年的这一部分人几乎全为投机的需要，几乎没有刚性需求。刚性需求不是说“你想买”，而是指“你买得起”；以北京为例，按照房地产商的逻辑，每年有大量的人进入北京，有大量的大学毕业生选择留在北京，所以北京的商品房属于刚性需求。但是事实上，北京的商品房到底有多少是落入北京的新进人群或北京的大学毕业生手中？或者换个说法，北京的新进人群或大学生有多少人能买得起北京的商品房？北京的房地产恰恰是有钱人的游戏，这个游戏的参与者几乎在北京都有两套甚至两套以上的房屋，新进人群与大学毕业生根本无法参与，也无力参与。

2016年第二、三季度时，笔者简单考察了北京的各大建材市场。发现北京的楼市热火朝天，建材市场却门可罗雀；倘若房地产的发展是因“需要住”的刚需所导致的，那么正常思路就应该是买房后赶紧装修入住。可是从建材市场的冷清情况来看，很多人买房之后都是搁置起来等涨价，并不是真正的住房需要。同时，根据相关数据显示，平均每年的贷款数额当中，45%的贷款流向房地产市场。但事实上远非如此，很多央企拿到钱后不需要将资金交给信托公司，再由信托公司将资金转入房地产市场，所以，真实流入房地产市场的贷款数远不止45%。所以，无论从银行的贷款数据还是实地考察的结果都可以确定，2016年的房价上涨并不是因为刚性需求导致的。

当某商品的属性发生改变的时候，基本就是此类商品价格到头的时候，同理可参照荷兰“郁金香风暴”事件与长春“疯狂君子兰”事件。当房地产行业一旦脱离金融属性，房价势必会大跌；因为一旦当房子的使用价值发生改变，其价值必然会受到影响。当今的房地产的使用价值就逐渐从用来“住”改变为用来“卖”，当房子的使用价值为原始的“住”时，其价值不变，则房价只受到供求关系的影响，那么此时的房价受到刚性需求的影响，求大于供，价格上涨。但当房子的使用价值变为“卖”时，其价值同时随之改变，那么房价就不单受到供求关系的影响，同时也受到被改变的价值的影响，此时人们手中的房子就可能不仅一套两套，此时就意味着房地产必然供大于求，未来房价必然会出问题。

2. 美元升值时代的房地产行业可能导致金融危机

前文提到中国的经济“L”型走到直角拐点上，倘若没有各类的风险我们稳稳当当的走“L”型发展道路，靠宏观调控和当前日趋成熟的企业能力应该没有问题。但是如果像习总书记所说的那样，一旦风险发生将威胁我们的企业安全，将使我们全面小康的步伐终止，所以习总书记一再强调把风险防控放在我们企业工作的十分重要的位置。为什么美元升值时代房价会容易暴跌，因为美元升值时代就是非美货币的贬值时代，非美货币的贬值时代就是非美货币的流失时代，那么它的流失时代也就是房地产的暴跌时代。

1989 年到 1990 年日本房价的暴跌，日元贬值，资本抽逃，房价暴跌，日本首都东京的房价下跌 75%，东京并不比北京差，但是在货币贬值的时候，它照样会下跌 75%，所以美元升值时代，房价奇高是潜在的风险，所以中央要加大力度抑制资产泡沫，实际上内在的本质不是简单的让穷人买得起房子，更重要的是要防范金融风险的发生。

同时，近年来进行的金融创新，市场上出现大量 P2P（Person-To-Person）公司。P2P 的出现本来是大金融时代的一项重要的补充，它很大程度上解决了小型企业融资难的问题。比方说正好这边个人有 20 万，我是中介，我把这两个人都登记，将有 20 万钱的人和有 20 万项目的人拉到一起，让他们两个谈一下，和租房子一样给我佣金，他们俩自担风险。P2P 金融模式诞生在英国，流行在美国，其实并不是中国发明的，但进入到中国后遇上互联网时代，P2P—网络成了一项互联网创新，但是加上互联网以后我们学的 P2P 就开始变味了。P2P 本来是一个发展平台，但到了中国以后，开始演变成一种引资银行，打着投资的旗号，鼓吹着高利息高回报，吸引不知情的群众把钱都给它。实际上，国内大部分的所谓 P2P 公司根本没有真实的投资项目，而是属于拆东墙补西墙。当第一批人被吸引着把钱投入进去以后，再吸引第二批人进入，用第二批人所投的钱连本带息的补给第一批人，以此循环；这种模式只要保证进来的人越来越多，前面的人就都是安全的，但是经济是一条抛物线，到达峰值后慢慢进来的人会变少，当进来的人变少的时候，资金就无法偿还了，这就叫庞氏骗局。庞氏骗局是对金融领域投资诈骗的称呼，金字塔骗局（Pyramid scheme）的始祖，很多非法的传销集团就是用这一招聚敛钱财的，这种骗术是一个名叫查尔斯·庞兹的投机商人在 1918 年“发明”的。庞氏骗局在中国又称“拆东墙补西墙”“空手套白狼”。简言之就是利用新投资人的钱来向老投资者支付利息和短期回报，以制造赚钱的假象进而骗取更多的投资。查尔斯·庞兹 1918 年在美国搞庞氏骗局，在 1918 年一年的时间当中，吸纳资金 1500 万美元，1500 万美元在 100 年前是个相当庞大的数目，他只玩了一年就让美国人将他送入了大牢，在美国 100 年前就不容忍这种行为。多年后，前纳斯达克主席伯纳德·麦道夫利用互联网，精心设计了一个新的庞氏骗局，以稳固的高投资回报率使自己在功成名就之后再次成为华尔街的传奇人物，他搞了 20 年时间，从 50 岁干到 70 岁，在干到 2007 年以后次贷危机爆发了，因为倒钱倒不动了，这个倒钱是不断的进来人交更多的钱给前一波的人，他在 20 年的时间里没做过一个项目，就是将后来人的钱往前倒，只要进来的人不断变多，这个骗局就能一直维持下去。那么这个伯纳德·麦道夫在 2007 年次贷危机爆发的时候为什么倒不动了？因为进来的人变少了，进来的人变少的这一刻，他觉得他没法玩下去了，他就只好把他儿子叫来，让他儿子子承父业，但在他儿子翻了一个月的账本后发现他父亲搞的是庞氏骗局，经过思考后还是决定让他父亲受到应有的惩罚。第二天就把他爸举报了，他爸在审判庭上被称作“世纪审判”，那个时候美国的经济犯罪已经没有死刑了，最终法院判伯纳德·麦道夫监禁157年，虽然不是死刑，但也和死刑差不多了，毕竟关进去的时候都已经70岁了。这说明美国人从100年前到2007年对旁氏骗局都是不能容忍的，所以在美国100年的历史上这样的事情发生过不到十例。可是中国在2015年，这一年就诞生了3000多家，以至于它成为刚需阶段之后的房价暴涨的元凶。P2P的发展创造了首付贷，比方说本来北京的房子500万一套，四成首付你要交200万首付，300万贷款，但你连200万也没有，P2P公司说了200万我来贷，叫首付贷，一下子把金融杠杆加大了，这就出现了金融加杠杆。这个首付贷的出现很大程度地扰乱了房地产市场的正常秩序。举个例子，北京的房子如果在去年涨之前是500万一套，200万的首付撬到了500万，金融杠杆叫2.5倍，金融杠杆2.5倍是比较合适的，但是首付贷的承诺是首付款我们P2P公司给你贷，你只需要交总房价的5%的款就行了。比方说房子500万一套，200万首付，300万银行贷款，300万银行贷款不算，还有200万你要自己出，200万的5%是25万，这25万就是购房人出。本来房子的首付款是200万，购房人只需要出25万，剩下的175万就是P2P公司的首付贷，它来贷等于买房的人在2015年的时候25万就可以撬动500万，这就是20倍。就是从2.5倍的杠杆突然加大到20倍，炒房的人就开始活跃了，因为如果我原来有1000万，我只能炒五套房子，因为200万首付一套，这样根本就炒不动，坐庄没有筹码，现在有P2P公司了，25万一套，可以拿大量的筹码就启动了。这也是中央为什么要去杠杆的原因，所以央行的行长开新闻发布会宣布首付贷违法，让P2P公司完全按照法律条文来办。当出现这些条文的时候，这类P2P公司实际上唯一的实际投资项目也走到了尽头，但它确实在房地产兴风作浪里起了非常大的作用。因此我们要看清在中国房地产市场里有几股力量在焦灼着，投机、投资。

3. 从严治党是抑制资产泡沫的政治保障

房价的上涨所造成的影响不言而喻，当市场失控的时候，政府的宏观调控是最有效的治理手段。例如德国，德国在20年时间里工资翻了三倍，通过立法让房价40年不涨，房地产商盖了房子价格是由中介机构定的，中介机构定价后若卖价超过定价20%，购房者可以起诉，通过审判把房价降回来，若不降回来将会面临高额罚款，若卖家高于定价50%根据法律要坐三年牢，所以德国的房子没法涨价，并且德国法律还规定了中介定的价要经得住30年的考验，如果经不住要处罚这个中介机构，因此房地产商与中介商量将房价抬高在德国也是不可行的。所以在中央经济会议上提出来的长效机制就是类似德国的这种机制，发改委现在也在尝试出台一些类似的规章、措施，建立类似机制，只有一种长效机制才可以保证房地产价格不涨。

十八届六中全会并不是一个简单的加强党建的政治会议，更重要的是它要解决为什么要加强核心意识、看齐意识。在会议之前，党的决策没有真正地得到贯彻落实，中央要求控制房价，地方政府对房价暴涨无作为。中国经济之所以焦灼，正是因为核心意识、看齐意识不够，上层的指示无法落实。十八届六中全会的召开，明确要求全面落实“去产能、去库存、去杠杆、降成本、补短板”五大重点任务，通过有效的市场竞争，提高资源配置效率，实现优胜劣汰和产业重组，提升产能过剩行业集中度，积极推进科技创新，增强核心竞争力，加快推进新旧动能转换。会议召开之后，包括中央经济工作会议等高层建筑把房价纳入了地方政府的主体责任；从中央到地方，一道一道的行政命令压制着，地方政府开始严格控制房价，所以房价的疯狂现象基本得到遏制。

（三）后房地产时代亟待解决的问题

后房地产时代面临这样一些问题是我们必须要解决的：

1. 房地产已经吸走了巨量的资金，导致资本脱实向虚，这是我们实体企业所面临的问题，大量的钱都跑到哪里去了？

2. 挤压其他行业，破坏经济生态，引发经济结构问题。中央现在提出供给侧结构性改革，创新发展和结构调整。我们为什么要结构调整？我们所谓的结构失衡跟房地产不无关系，房地产的恶性发展破坏了我们的经济生态。正如前文所提，房地产的发展带动钢铁、建材等一系列行业的高速发展，为我国经济做出了不可磨灭的贡献。但成也房地产，败也房地产，虽然跟房地产关联的产业近年来都高速发展，但如今产能过剩的时候也是这些产业。所以，中央多次强调进行供给侧结构性改革，创新发展，进行结构性调整。

3. 房价因素直接或间接抬高了企业的运营成本和用工成本。房价的飙升直接或间接地提高了企业的运营成本。由于房价地价的原因，使得越来越多的大型企业选择离开北上广深。我们所谓的结构失衡跟房地产企业员工的工资与房价也存在联系，房价的飙升导致房租价格的提高，企业就要支付更高的工资让员工租房，所以房价的因素直接或间接地提高了企业的运营成本。

4. 飙升的房价将消灭中产阶级，挤压其他消费，总消费能力被削弱。高昂的房价让中国未来的消费能力发生断层，出现“早买房子的人一辈子不用干，晚买房子的人一辈子白干”的现象。趁房价正常时买房子的人，他有剩余消费能力可以拉动中国的经济；从今往后再买房子的人，基本上就没有这样的消费能力，巨额的房贷压榨了这类人的资本，剥削了最后的声誉消费能力，如果我们的房价高到这个程度，后面买房子的人从某种程度来说将被房贷绑架终身，成为“房奴”。中国的经济该由谁来拉动？通过对房地产问题的研究，引发对中国经济新常态的思考：将来谁来消费中国生产的东西呢？中产阶级社会是最稳定的社会，同时也是消费能力最强的社会，通俗来讲就是穷人少富人少，中产阶级占比大；这样的社会既稳定，消费能力又强。因为穷人消费不起，富人不消费，因为富人已经消费过了，富人再有钱没有用，这种现象在经济学上称为“消费的边际效应递减”。我们这个国家本来就是穷人多、富人也挺多的，中产阶级本来就小，大体上我国只有25%的中产阶级，那就是哑铃型，穷人多、富人也挺多的，中产阶级少；在这个比例的基础上，结果我们的房地产商一套套房子消灭一个个中产阶级，使得原本的中产阶级通过买房迅速地又回到穷人堆，发展到最后我们就变成了两个阶级。这个时候在消费上我们就出现了一个断层，叫富人不消费，穷人消费不起，中国经济未来由谁来拉动，这是我们应该忧虑的一件事情，我们在后房地产时代应该怎么办，是我们面临的一个很大的挑战。

三、中国经济再回实体经济时代

（一）2017 年是中国实体经济振兴元年

近年来，中国经济经历了种种历程，互联网＋、大数据等数字经济是这个时代的必然产品，但是，一个国家的经济没有实体经济作支撑，其他经济必定随之坍塌，我们不能把全部精力都放在互联网上，放在数字经济上；如今中国经济正回到实体经济的轨道上来。2015 年 10 月 10 日中央财经领导小组第十一次会议，习近平总书记提出了供给侧结构性改革，供给侧结构性改革实际上就是针对实体经济而言的，供给侧结构性改革最初提出要创造有效的供给，到两个月以后的 2015 年的 12 月 18 日中央经济工作会议上提到了实体经济是我们的根基，2016 年底 12 月 14 日到 16 日，中央经济工作会议正式提出要大力振兴实体经济。中国正是靠实体经济这一根基进入世界第二大经济体。

其他创新型经济发展为中国的经济带来了创新与活力。譬如数字经济的发展。数字经济是当今时代的一个趋势，发展数字经济顺应历史的潮流。但发展数字经济的前提是不能理解错了数字经济的概念。有一种说法：数字经济就是新技术、新知识，新技术就是硬件，新知识就是软件，把它们装到互联网这条流水线上就叫数字经济，这是不对的。数字经济是一条船，传统经济是船上运输的货物，如果不把货装上船是没有意义的；所以我们必须让传统经济坐到数字经济这条船上，它才能真正地运营，才是真正的发展数字经济。数字经济是一双翅膀，它可以让传统经济飞得更高。当然还有人说数字经济可能是第一产业第二产业之后的某某事物。笔者认为，数字经济并不是第一产业第二产业之后的“第三第四……产业”，它是同步的互相渗透的，未来的发展中第一产业、第二产业同样也需要数字经济。

振兴实体经济这是中央这两年正式提出的，而且它成为 2017 年经济工作的主线。笔者认为不管是数字经济还是其他经济，一切都要以实体经济为本，没有实体经济的根，其他经济就没有发展的动力。阿里巴巴是伟大的企业，马云是伟大的企业家，他通过自己的努力，改变了自己的公司并改变了自己，但没有改变国家的命运。我们来看国家统计局公布的数据，国家统计局每年都会公布前一年的社会零售品销售总额，从淘宝网销售最火爆的年份算起，我们的零售品销售总额增长 14%，它一年比一年火爆，社会零售品总额一年比一年下滑，一直到今天的 10%。零售品总额一直下滑正是因为线上购物的比例提升从而导致线下门店等实体销售比例下降；而从另一个角度看，中国经济下行的这些年，正好是互联网经济上行的这些年，说明它并没有救中国经济。所以实质上，根本的东西还是实体经济。所以，数字经济虽然非常重要，但它不能脱离实体经济而单独存在，大力发展实体经济，统筹兼顾其他创新型经济才是适合中国经济发展的可持续道路。

（二）实体经济回归不是简单的回归

供给侧结构性改革到底是什么？我们通过30多年的发展，好赚钱的事都干完了，伸手能够摘到的果子已经没有了，现在果子都在树顶上。后来的人就要面临两种风险，第一种就是你要辛苦，要爬树，不像前面的人走过去就能摘到；现阶段的实体经济回归，不是你走过来就能伸手摘的果子，这种果子已经没有了。第二越往上爬树越细，树有折断的风险，你摘这颗果子还有被摔死的可能，这就是实体经济到现在它不是一个简单的回归就可以解决问题的原因。为什么要供给侧结构性改革？前些年干过的事情如果现在你再干，那就是产能过剩。对比西方，为什么西方不容易出现产能过剩而中国就会出现产能过剩呢？网上曾有个很有代表意义的小故事：一名犹太人到一个地方开了一个加油站并且赚了钱，其他的犹太人就会来这里开一个超市、汽车旅馆，等等；一名中国人在一个地方开加油站并赚了钱，其他的中国人就会来这里开第二个第三个加油站。所以解决产能过剩的根本措施是要转变思维。

四、供给侧结构性改革是振兴实体经济的主线

（一）供给侧结构性改革核心是创新和调整

供给侧结构性改革有两个核心，一是创新，二是调整产品结构。习近平总书记提出的供给侧简而言之就是这两个内涵。一个企业要么就创新发展，不能创新就调整产品结构。中国经济发展存在东西部不平衡现象；西部与东部地区的经济差距并没有得到实质性的缩小，正是由于长年来，西部照搬东部的模式进行发展。每个区域都应当研究透彻当地的区位优势，因地制宜才能可持续发展。如今的发展不能只笼统的发展4.0行业，我们应该1.0机械化，2.0电气化，3.0自动化，4.0智能工业全面协调发展。笔者认为一线城市可以进行4.0智能化、数字化、科技化经济的发展，二线城市可以发展3.0自动化，像贵阳这样的可以发展电气化产业，再贫穷再偏远的地方可以发展1.0机械化产业；全面协调发展，最后各取所需，才能共同的可持续发展下去。中央提出的供给侧结构性改革，供给侧结构性改革和五大任务被称作主线和抓手，也就是供给侧结构性改革是振兴实体经济的主线，供给侧结构性改革的核心是创新和调整。每年汤森路透都会发布全世界的百强创新企业榜，根据2017年1月12日发布的2016年创新百强企业榜，中国企业只有华为1家，排行

20位。前十强中：美国6家，日本2家；前一百强中：美国39家，日本34家。所以创新成了我们的一个重要课题，如果中国经济的发展再不创新就会掉队。有些人会问，我是搞传统经济的该怎么创新？笔者认为大家常年守着的东西不是没有创新的可能，就像发明电脑的人通过中国的《易经》发明出了计算机，而在我们中国《易经》几千年来都是用来算命的，人家却从《易经》里的“两仪生四象，四象生八卦”的概念创新了计算机整个运行的二进位制的原理。谁说我们的《易经》就只能算命？所以我们要改变一下创新的思维，就像中国人通过炼丹发明了火药，而中国人用火药来造烟花爆竹，而西方人用火药造出了火枪洋炮；所以我们的创新思维要转换，要更理性一些。创新离我们并不远，而且中国人也有创新的能力与潜质，所以习近平总书记提出的供给侧结构性改革的核心是创新是我们一定要牢记的。

（二）将人才和资本吸引到实体经济中

现在创新我们面临的问题是人才和资本不被吸入到实体经济当中，大学生毕业后要么去国家机关，要么去央企，要么就去金融行业，反正不去实体企业，因为实体企业不赚钱，所以我们实体经济缺人才是我们实体经济所面临的严重问题。在这种情况下，我们必须想办法把资本和人才引入实体经济，如果这一点做不到，振兴实体经济是很困难的。中央现在让房子回归居住功能，让股市回归融资功能，现在股市抓得很紧，实行“有炒必抓，有炒必纠”的原则，所以现在的股市想涨很难，房市想涨也很难；但是只有这样当股票和房地产市场都没有赚钱效应的时候，回归股市的融资功能，回归房子的居住功能，结束资本不是流入股市就是流入房地产的怪圈，钱才能流向实体企业；所以中央控房价其实是一个系统工程，不仅仅是让房市不投机，股市不投机，重要的还是要疏通资本向实体经济的流通渠道。同时，引导大众在实体经济领域创业，鼓励万众在实体企业创新，才能使实体经济恢复活力。

（三）银行要先于实体企业进行供给侧结构性改革

实体经济的振兴需要资本的支撑，但如前文所述，目前中国的实体经济缺乏资金的流入。之所以实体经济没有资金，是因为我们的银行体制存在缺陷，我们的银行体制必须要改革，李克强总理多次强调要倒逼银行进行改革，因为高利差让银行失去了创新的动力，银行只贷不投，企业的成本难降。企业只要到银行贷了款就没办法创新，因为稍有点利润全给银行了，实体企业就成了银行的打工仔，那么这一刻中国的实体企业是很难发展的。那怎样让资本进入实体企业，实体企业又不成为银行的打工仔呢？答案是直接融资，股市是几乎没有融资成本的，只需到盈利的时候跟投资者分红就可以了；但是股市只能解决0.8%的企业的融资问题，非金融企业股市融资只占社会总融资的0.8%；企业背后无资本，难调结构难创新。譬如美国如此发达的股市也只解决了5%的企业融资问题。股市只是优秀企业融资的场所，它不是普通企业的融资场所。中国的银行之所以要率先进行供给侧结构性改革，是因为它供给的东西不对，它供给的大量的都是贷款，这样下去就会限制实体企业的发展，银行应该转变思路，供应投资产品，成为投资者而不是放贷者。国外的银行都是实体企业的投资者而我们的银行都是贷款者，贷款者提供的就是一个不利于实际经济发展的产品；像德国的德意志银行，德意志银行的行长可以兼任十几家跨国公司的监事会主席，因为它投资的那些企业，你们做事，我要去监督，不能让企业把投资者的钱挥霍了。而中国的实体企业面临的状况为0.8%的实体企业到股市上融资，99.2%的实体企业依靠银行贷款，银行贷款从某种程度上来说绑架了实体经济的发展，这就是我们实体企业发展中所面临的问题，只有银行先进行结构性改革，才能保证大力振兴实体经济得到顺利地完成。

五、结　语

振兴实体经济，首先要完成“三去一降一补”，即去产能、去库存、去杠杆、降成本、补短板五大任务，并将“创新、协调、绿色、开放、共享”五大发展理念贯彻到中国经济的均衡发展中。去产能不要陷误区，要明确减产不是去产能；去库存不要纠结牛奶降价还是倒掉的问题；经济的发展要做到去杠杆不影响好企业，降成本有空间。同时要重塑征税理念，改变税负结构。政府报告已决定为企业降税减费，宗庆后说有533种税费，财政部发改委认为只有317种；但无论有多少种，改变税负结构是一个必须完成的任务。在“L”型经济时代，正确的做法是解放生产力和提高劳动生产率。政府必须着力改变那些阻碍生产力发展的生产关系，让企业的生存环境变得更好；从“L”型经济的直角拐点出发，朝质量经济行走。

[作者简介]

韩文高，经济日报出版社社长、亚洲财富论坛常务理事、高级编辑。长期关注并研究世界范围内的宏观经济，因对每个时期中国乃至世界的宏观经济研究观点独到、研究方法注重实例和数据，被称为实证经济学研究专家，曾主编出版图书《世纪末金融风暴》等，并辟有“文高经济时评”公众号。

新型城镇化背景下农村生态治理的对策研究①

于法稳

一、引　言

城镇化是人口向城镇集中并由此推动城镇发展的过程，也是推动经济结构、社会结构和生产方式、生活方式转变的过程。从理论上来讲，城镇化发展水平应当与产业转型发展、居民就业、吸纳农村人口的能力以及水土资源和环境承载力等保持一致。但在城镇化进程中，如果过分注重城镇化的规模及速度，不仅会给生态资源带来很大的压力，而且也将付出巨大的环境污染代价（姚士谋等，2014；陆大道等，2015）。从这个意义上来说，当前城镇化面临着资源与环境的双重约束。2016年，国务院颁布了《关于深入推进新型城镇化建设的若干意见》（国发〔2016〕8号），明确指出：要充分认识新型城镇化的重大意义，牢固树立和坚决贯彻五大发展理念，扎实做好推进新型城镇化建设。

新型城镇化对农村资源及生态环境、对农村意味着什么？这不仅是学术界应当研究的重要理论问题，更是国家各级决策部门应关注的现实问题。在学术界，不同学者围绕着新型城镇化、新型城镇化背景下农村的资源、环境、产业问题进行了研究。可以说，新型城镇化的主要内容是提升城镇土地利用效率（彭冲等，2014）；从地理空间与自然资源保护的角度来看，需要考虑3个理论与实践问题：即如何认知中国新型城镇化的基本特征与新的路径、如何构建新型城镇化的创新模式、如何走具有中国特色的新型城镇化道路（姚士谋等，2014）；同时，要加快推进新型城镇化，需要开展若干重大体制改革问题的研究（中国金融40人论坛课题组，2013）；新型城镇化可以为解决“三农”问题提供重要途径，也可以推动区域协调发展，以及扩大内需及促进产业等，是推动城乡统筹的主要优化方向（陈肖飞等，2016）；在城镇化进程中，城镇及其周边区域的生态环境问题日益严重，是由于在推动城镇化进程中，长期忽视了城镇与周边区域的生态关联性（周伟奇等，2017）；要“让居民望得见山、看得见水、记得住乡愁”是推动新型城镇化的一个重要原

---

① 《开局首季问大势》，载《人民日报》第一版，2016年5月9日。

则，需要通过保护传统村镇文化遗产和风貌，保留文化基因、传承文化记忆、打造文化品牌与特色景观等方式实现（刘沛林，2015）。

前面已经提到，新型城镇化可以为推动产业发展，扩大农民就业提供有效途径。目前，国家倡导大力发展乡村生态旅游，为此应关注新型城镇化背景下的乡村生态旅游特性、新型城镇化对乡村生态旅游的影响与互动机制等关键问题，引导具备条件的乡村走以生态旅游为导向的中国特色新型城镇化道路（黄震方等，2015）；发展乡村生态旅游的一个重要的前提条件，就是农村优美的生态环境。早在2013年，国家就提出了美丽乡村建设。从本质上来讲，美丽乡村建设是生产、生活、生态“三位一体”的系统工程，也是硬件与软件相统一的系统工程，在新型城镇化背景下，需要加强农村生态治理，真正实现美丽乡村，留下“乡愁”（于法稳等，2014）。在新型城镇化背景下，实施农村生态治理，必须确立生态环境保护底线，必须按照生态文明的理念把乡村建设得更像乡村（温晓明，2015）。

在新型城镇化背景下，农村生态环境问题正在由潜在风险演变为危机，其根本原因是政府公共物品供给的职能“缺位”，因此，应发挥基层行动主体的积极性，形成多元化治理格局（刘召等，2011）。当前，政府管制型、市场调控型是农村生态治理的两种主要模式，但二者也都存在着无法克服的弊端。从长远来讲，农村生态治理的主体应该是广大农村居民，从这个意义上来讲，需要对治理模式进行创新，逐步建立社区参与机制（彭小霞，2016）。但我国农村生态环境治理中公众参与总体上呈现出高度关注、低度参与的状态，其原因就在于内部动力疲软、外部动力不足，以及农村环保法规制度不健全（李咏梅，2015）；除此之外，农村生态治理还需要加强生态环境保护设施建设（晓荣，2016）。从两型社会试点区农村生态治理的实践来看，仍需要加强对生活垃圾污染治理力度，同时应有效保持对农资污染和工业污染的控制（吕军等，2012）。土地作为新型城镇化的重要内容，应采取以“景观生态”为导向，以“三生空间”为承载，以“区域统筹”为保障进行土地整治，为农村生态治理提供有力抓手和重要平台（夏方舟等，2016）。

以上文献为研究新型城镇化背景下农村生态治理提供了理论及实践参考。在以上文献基础上，本文拟从如下方面进行研究：一是基于新型城镇化，对农村生态治理的重点领域及面临的形势进行全面的分析；二是剖析新型城镇化背景下，农村生态治理中存在的问题；三是提出新型城镇化背景下农村生态治理的政策建议。

二、新型城镇化进程中农村生态治理的重点领域及面临的形势

随着工业化、新型城镇化进程的快速推进，城镇化水平得到显著提高，城镇生态环境建设明显加快。与此同时，一些污染企业进入到广大的农村地区，工业污染、生活垃圾等问题向农村地区蔓延，并且呈现出立体化态势。同时，农村改革开放以来，依靠化学投入品的农业生产方式所导致的面源污染、规模化养殖污染等也

日益严重。相对于城镇生态环境建设而言，农村生态环境没有得到应有的重视，从而导致了农村生态环境的日益恶化，严重污染了农业生产的生态资源，以及农村居民的生活环境。这不仅是实现农业可持续发展，确保农产品质量安全面临的严峻挑战，而且也是美丽乡村建设、健康乡村建设面临的严峻挑战。

基于以上分析，本文农村生态治理的重点领域包括三个方面：一是自然资源要素环境的生态治理，主要是农业生产所需要的水资源、耕地资源环境的生态治理；二是农业生产投入要素导致的面源污染及畜禽养殖污染的生态治理，主要是化肥、农药、杀虫剂、除草剂、地膜等化学投入品的农业面源污染的生态治理；三是农村生活环境的生态治理，主要是农村生活污水、生活垃圾以及农作物秸秆的生态治理。

（一）自然资源要素及其环境状况分析

对农业生产而言，水资源、耕地资源是最基本的资源要素。水资源、耕地资源的数量决定了农产品的产量，进而影响着农产品的品质。在推进新城镇化进程中，农业生产的自然资源要素，特别是耕地资源、水资源越来越来越多地被配置到城镇，以满足城镇的发展。同时，来自工业企业、农业自身的污染又存在导致水土资源质量下降的风险。

1. 水资源及其环境状况分析

众所周知，中国水资源短缺，人均水资源量仅为世界人均水资源量的1/4，而且时空分布不均匀，水土资源不匹配。根据《2015年中国水资源公报》中的数据，2015年全国水资源总量为27962.6亿立方米，北方6区水资源总量4733.5亿立方米，占全国的16.9%；南方4区水资源总量为23229.1亿立方米，占全国的83.1%①，而耕地资源的空间分布与此正好相反，北方多，南方少。

在水资源数量短缺情境下，依然还存在着水资源浪费与污染并存现象，而且水资源污染呈现出地表、地下立体化加剧态势，有的地方到了触目惊心的地步，严重地威胁了居民的生产生活。特别是在新型城镇化进程中，一方面把企业污水排放蔓延到农村，另一方面城镇生活污水因处理设施的缺失而导致了排放量的增加。根据《2015中国环境状况公报》中的数据，2015年，972个地表水国控断面（点位）覆盖了七大流域、浙闽片河流、西北诸河、西南诸河及太湖、滇池和巢湖的环湖河流423条，以及太湖、滇池和巢湖等62个重点湖泊（水库）。监测表明：Ⅰ类水质断面（点位）占2.8%，Ⅱ类占31.4%，Ⅲ类占30.3%，Ⅳ类占21.1%，Ⅴ类占5.6%，劣Ⅴ类占8.8%。

2015年，长江、黄河、珠江、松花江、淮河、海河、辽河七大流域和浙闽片河流、西北诸河、西南诸河的700个国控断面中，Ⅰ类水质断面占2.7%，Ⅱ类占

① 中华人民共和国水利部：《2015年中国水资源公报》，2017年1月。

38.1%，Ⅲ类占31.3%，Ⅳ类占14.3%，Ⅴ类占4.7%，劣Ⅴ类占8.9%。七大流域及浙闽片河流、西北诸河、西南诸河的国控断面数量及水质监测结果见表1。

表1　不同流域各类水质断面（点位）比例　　单位：个;%

流域	国控断面数量	Ⅰ类	Ⅱ类	Ⅲ类	Ⅳ类	Ⅴ类	劣Ⅴ类
长江流域	160	3.8	55.0	30.6	6.3	1.3	3.1
黄河流域	62	1.6	30.6	29.0	21.0	4.8	12.9
珠江流域	54	3.7	74.1	16.7	1.9	—	3.7
松花江流域	86	—	8.1	57.0	26.7	2.3	5.8
淮河流域	94	—	6.4	47.9	22.3	13.8	9.6
海河流域	64	4.7	15.6	21.9	6.3	12.5	39.1
辽河流域	55	1.8	30.9	7.3	40.0	5.5	14.5
浙闽片河流	45	4.4	31.1	53.3	8.9	2.2	—
西北诸河	51	7.8	88.2	—	2.0	2.0	—
西南诸河	29	—	72.4	24.1	3.4	—	—

资料来源：根据《2015中国环境状况公报》整理。

2015年，5118个地下水水质监测井（点）监测结果显示：水质呈优良、良好、较好、较差和极差级的监测井（点）所占比例分别为9.1%、25.0%、4.6%、42.5%和18.8%①。其中，3322个浅层地下水水质监测井（点）中，水质呈优良、良好、较好、较差和极差级的监测井（点）比例分别为5.6%、23.1%、5.1%、43.2%和23.0%；1796个中深层地下水水质监测井（点）中，水质呈优良、良好、较好、较差和极差级的监测井（点）比例分别为15.6%、28.4%、3.7%、41.1%和11.2%（见表2）。

表2　地下水水质监测结果　　单位：%

监测对象	优良	良好	较好	较差	极差
总体水质	9.1	25.0	4.6	42.5	18.8
浅层地下水水质	5.6	23.1	5.1	43.2	23.0
中深层地下水水质	15.6	28.4	3.7	41.1	11.2

资料来源：根据《2015中国环境状况公报》整理。

① 中华人民共和国环境保护部：《2015中国环境状况公报》，2016年6月。

2. 耕地资源及其环境状况分析

在快速工业化、城镇化进程中，工业园区、城镇建设、道路建设等对耕地资源的占用呈现刚性增加的态势，从而导致耕地面积的持续下降（见图1）。有关数据表明，从2010年到2015年，我国耕地面积从13526.83万公顷，下降到13500万公顷，减少了26.83万公顷，减少0.20%。

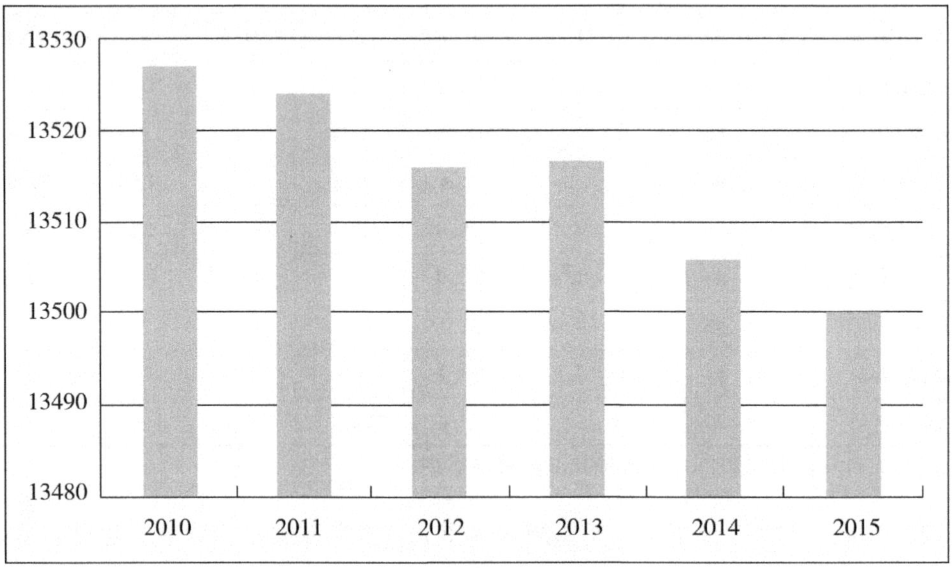

图1　2010—2015年我国耕地面积变化情况（单位：万公顷）

耕地资源数量在短期内持续下降的趋势难以扭转。从耕地资源基底来看，优质耕地所占的比例较低，生态基底较为薄弱。根据《2015中国环境状况公报》中的数据，2014年全国耕地面积构成中，优等地、高等地所占比例分别为2.9%、26.5%[①]，更多的耕地是土地生产率较低的中等地、低等地。但工业化、城镇化进程中所占用的耕地，都是土地生产率较高的优质耕地，如此下去，在耕地面积构成中，优等地、高等地所占比例将会进一步下降。从长远观点来看，一方面会对我国的粮食数量安全构成威胁，另一方面也会对以粮食为主的农产品质量安全构成威胁。因此，实现耕地的“占补平衡”，需要以土地生产力为准则，不能单纯玩数字游戏。

在耕地资源数量下降的同时，我国耕地资源的污染状况也不容乐观。特别是来自工业企业、农业生产污染呈现出日益严重的态势，受到污染的耕地面积急剧增加，土壤质量持续下降。特别是近几年来，耕地土壤的重金属污染形势严峻，受到政界、学界的广泛关注，可以说，重金属污染已进入一个“集中多发期”。根据《全国土壤污染状况调查公报》中的数据，中国耕地土壤点位超标率为19.1%，其

① 中华人民共和国环境保护部：《2015中国环境状况公报》，2016年6月。

中轻微、轻度、中度和重度污染点位比例分别为13.2%、2.8%、1.8%和1.1%①，这将严重影响到以粮食为主体的农产品质量安全，而农产品质量是农业供给侧结构性改革的核心。

（二）农业面源污染状况分析

目前，在农业生产过程中，化肥、农药、除草剂、杀虫剂等化学投入品的过量使用，畜禽粪便、农作物秸秆和农田残膜等农业废弃物不合理处置，导致农业面源污染日益严重，加剧了土壤和水体污染风险。

1. 化肥施用量及施肥强度情况分析

近些年来，农业生产对化肥的依赖性越来越强，施肥总量及施肥强度日益增加。而我国化肥综合利用效率不高，从而导致了土壤的及地下水体的污染。统计数据表明，2015年中国化肥施用量（折纯量）为6.02×10^{10}千克，农作物播种总面积为1.66×10^{8}公顷，施肥强度为362.00千克/公顷。国际公认的化肥施用安全上限是225千克/公顷，而中国平均化肥施用强度是此标准的1.61倍。

从农业化肥的施用量及施肥强度的动态变化来看，从2006年到2015年的10年间，农业化肥施用量从4.93×10^{10}千克增加到6.02×10^{10}千克，增加了1.09×10^{10}千克，增长22.11%；同期，化肥施用强度从323.9千克/公顷增加到362千克/公顷，增加了38.1千克/公顷，增长11.6%（见图2），而同期农作物总播种面积仅增长9.35%。

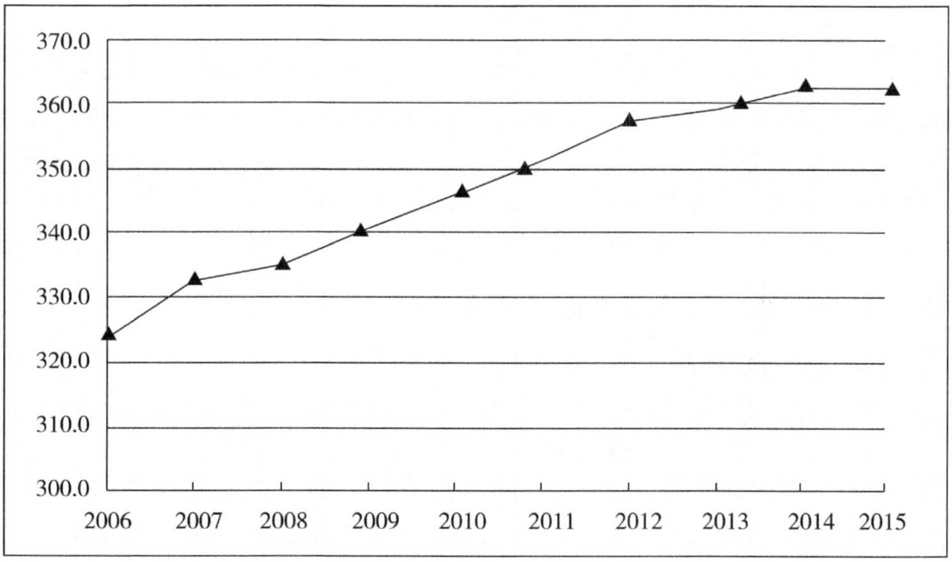

图2　2006—2015年农业施肥强度变化情况（单位：千克/公顷）

① 中华人民共和国环境保护部、中华人民共和国国土资源部：《全国土壤污染状况调查公报》，2014年4月。

2. 农药使用及包装物情况分析

在农业生产中，农药对防治农作物病虫害发生发挥了积极的作用，但是也带来了一些负面的影响。由于病虫害的抗药性越来越强，农业生产中农药的使用量也越来越大，农产品中农药残留增加的风险加大，这成为我国农产品国际市场竞争力下降的一个重要原因。统计数据表明，从 2006 年到 2014 年，我国农药使用量从 1.53×10^9 千克增加到 1.81×10^9 千克，增加了 2.80×10^8 千克，增长 18.30%。除此之外，农药包装物成为最近几年农村生态治理中需要特别关注的问题之一。一般而言，在农资市场上农药包装容量标准一般有 100 毫升、250 毫升、500 毫升几种，如果按照 500 毫升容量标准计算的话，2014 年将产生 36 亿个农药包装物，这些包装物都被随手丢弃在田间、地头或者水体当中，对水土环境造成二次污染。如果更小容量包装的话，产生的农药包装物将会翻倍、甚至四倍，给水土资源环境带来污染的风险剧增。

3. 规模化养殖污染情况分析

根据《第一次全国污染源普查公报》中的数据，我国畜禽养殖业主要水污染物排放量中，化学需氧量 1268.26 万吨，总氮 102.48 万吨，总磷 16.04 万吨，铜 2397.23 吨，锌 4756.94 吨。同时，畜禽养殖业粪便产生量 2.43 亿吨，尿液产生量 1.63 亿吨。[①] 研究结果表明，农业源 COD 排放量中，来自畜禽养殖业的 COD 排放量占 95.23%；农业源氨氮排放量中，来自畜禽养殖业的氨氮排放量占 77.90%（孙若梅，2016）。

4. 农用薄膜使用情况分析

塑料薄膜是农业生产中常用的一项覆盖种植技术，在全国范围内得到广泛应用，在农业生产中发挥了重要作用。但与此同时，由于缺乏有效的治理措施及回收机制，废旧地膜在农田土壤中逐年增多，逐渐演变成为“白色污染”。农田残膜严重影响了土壤的再生能力，成为制约农业可持续发展的一大隐患。从 2006 年到 2014 年，农用薄膜使用量从 1.85×10^9 千克增加到 2.58×10^9 千克，增加了 0.73×10^9 千克，增长 39.46%。

（三）农村生活领域的生态状况分析

1. 生活污水处理情况

有关统计数据表明，2015 年，我国共有 1.15 万个乡，乡建成区用水普及率达到 70.37%，人均日生活用水量为 84.32 升。其中，对生活污水进行处理的乡有 815 个，占全部乡个数的比例为 7.1%。在污水处理设施方面，有污水处理厂 361 个，处理能力为 19.30 万立方米/日；污水处理装置 1701 个，处理能力为 33.46 万立方米/日。乡污水处理率仅为 11.46%，其中污水处理厂集中处理率为 5.42%，远远低于建制

① 环境保护部、国家统计局、农业部：《第一次全国污染源普查公报》，2010 年 2 月。

镇、县城、城市的污水处理率（见表3）。

表3　不同层面污水处理率　　单位：%

区域层面	污水处理率	其中：污水处理厂集中处理率	建制镇、县城、城市与乡污水处理率水平相比	
			污水处理率	污水处理厂集中处理率
乡	11.46	5.42	—	—
建制镇	50.95	41.57	39.49	36.15
县城	85.22	83.46	73.76	78.04
城市	91.90	87.97	80.44	82.55

资料来源：根据《中国城乡建设统计年鉴2015》整理。

2015年，全国共有行政村54.21万个，其中只有6.20万个行政村对生活污水进行了处理，占全部行政村数量的11.4%。排水管道沟渠长度为58.21千米，如果按照对生活污水处理的行政村计算的话，每个行政村近9.39千米。由于缺乏污水处理设施，生活污水处理率远远低于县城及城市水平，成为农村生态治理的一大难题。

2. 生活垃圾处理情况

与过去相比，我国农村生活垃圾成分越来越复杂，包括厨房垃圾、妇女儿童用品、塑料制品等，生活垃圾产生量也越来越大。在一些经济欠发达地区，很多农村已经陷于生活垃圾的包围之中。2015年，1.15万个乡的生活垃圾处理率为63.95%，其中无害化处理率仅为15.82%。同年，建制镇、县城、城市生活垃圾的处理率分别为83.85%、89.66%、97.95%，远远高于乡级生活垃圾处理率，详见表4。

表4　不同层面生活垃圾处理率　　单位：%

区域层面	生活垃圾处理率	其中：生活垃圾无害化处理率	建制镇、县城、城市与乡生活垃圾处理率水平相比	
			生活垃圾处理率	生活垃圾无害化处理率
乡	63.95	15.82	—	—
建制镇	83.85	44.99	19.90	29.17
县城	89.66	79.04	25.71	63.22
城市	97.95	94.10	34.00	78.28

资料来源：根据《中国城乡建设统计年鉴2015》整理。

有关统计资料表明，2015年，对生活垃圾进行处理的行政村比例为62.2%，比2014年的48.2%提高了14个百分点。已经开展村庄整治的行政村达到27.23万个，占全部行政村的比例为50.23%。

3. 农作物秸秆产生及处理状况

根据有关匡算系数及2015年主要农作物产量计算得到，2015年中国农作物产生的秸秆量达到10.50×10^{11}千克，其中，水稻、小麦、玉米、豆类、薯类秸秆所占比例分别为25.79%、16.12%、53.51%、3.79%、0.79%。有关研究表明，目前中国农作物秸秆利用率为69%，由此可以测算出农作物秸秆利用量为7.25×10^{11}千克，但仍有3.25×10^{11}千克农作物秸秆没有得到有效利用。由此可以看出，相对于利用量而言，农作物秸秆过剩现象依然呈现出日益加重的态势。每年夏收、秋收季节农作物秸秆就地焚烧时有发生，由此产生的浓烟会造成严重的大气污染，从而加剧了业已严重的雾霾程度。农作物秸秆焚烧问题引起了全社会的广泛关注。

三、新型城镇化背景下农村生态治理中存在的问题剖析

在新型城镇化背景下，农村生态治理所面临的环境形势更加严峻。这些环境问题不再是单一不当行为所导致，而是生活、生产、生态三种不当行为叠加所导致，而且表现在政策、技术、资金、机制等多个层面。

（一）农村生态治理的理念缺失

1. 政府层面不重视农村生态治理问题

过去，尽管一再强调城乡统筹发展，但在环境保护基础设施方面，一直没有得到应有的重视。在新型城镇化背景下，城镇生态环境治理越老越受到重视，不但投资力度不断加大，而且组织、人员配置、机制等也不断完善，相反农村生态环境被边缘化。特别是在快速工业化、城镇化进程中，广大农村生态环境所面临的污染风险日益加大。2006年国家推行新农村建设，2013年又提出了“美丽乡村”建设，并在全国范围内实施了1100个美丽乡村试点工作。环保部、财政部联合实施了“农村环境连片整治”项目，旨在解决农村“垃圾靠风刮，污水靠蒸发”现象，对农村生态环境状况的改善发挥了一定作用，但相对于农村生态环境的严峻形势，及与城镇环境之间的质量差距，还远远不够。

出现上述问题的根本原因，就在于城镇公园、生态环境建设是基层领导打造任期内政绩工程的重要内容，也是向上级领导展示其政绩的关键内容，毫不例外地将绝大部分资金在城镇，加强城镇生态环境基础设施能力建设，提升城镇生态环境质量。而对农村生态环境综合治理等工作则采取应付措施。与此同时，把城镇的一些污染企业外迁到广大农村，把新引进的污染企业或者具有潜在污染的企业也转移到距城镇较远的广大农村。生态环境的旧账没有解决，又增加了新账，从而导致了农村城镇之间生态环境质量差距的日益增加。

2. 居民对农村生态治理缺乏意识

长期以来，农村居民受传统生活习惯的影响，没有意识到生活污水、生活垃圾

等对人居环境的污染。因此，农村居民对生态治理认识不足。从全国范围来看，我国农村生态治理刚进入探索阶段，农村居民对生态治理还持有怀疑态度，对生态治理设施的建设行为不能充分理解，认为农村生态治理行动没有必要，也不配合农村生态治理行动，导致了农村生态治理效率低、推动难、效果差。

对广大的农村居民而言，祖祖辈辈生活在农村，尽管传统观念根深蒂固，但他们也向往周边好的生态环境。他们所采取的应对措施则是“眼不见，心不烦”，每个农家小院内环境都非常不错，但是房前屋后的沟渠或者存在的坑道，则成了农村居民倾倒生态垃圾及污水的首选地点。

（二）农村生态治理资金投入不足

随着环保意识的不断增强，城市环保设施建设投入增长较快，但对广大农村环保基础设施建设投入严重不足，极大地影响了农村人居环境的治理。习近平总书记强调指出：“中国要强，农业必须强；中国要美，农村必须美；中国要富，农民必须富。”农村作为生态文明建设的主战场，需要通过城乡一体化，加大农村生态治理的力度，建设美丽乡村，为乡亲们造福。相对于城市、县城、建制镇来说，广大乡村环境保护设施奇缺，一些地方仍然处于空白状态。尽管国家财政在“三农”领域的投入逐年加大，但农村财政资金投入中用于乡村污水处理、垃圾处理领域的资金投入还远远不能满足农村生态治理的需要。有关数据表明，2015 年，乡级层面完成投资为 558.82 亿元，用于污水处理的资金为 5.39 亿元，仅占 0.96%；村级层面完成投资为 8203.36 亿元，用于污水处理的资金为 93.60 亿元，占 1.14%，而城市、县城、建制镇用于污水处理的资金占当年完成的投资比例分别为 2.34%、3.50%、1.86%，远远高于乡村两级。

在当年完成的总投资中，乡村两级所占比例分别为 1.60%、23.54%；而在污水处理投资额中，乡村两级分别占 0.76%、13.14%。由此可以看出，对乡村环保领域的投资远远低于城市、县城及建制镇，从而导致了乡村环境治理设施远不能满足需要。除此之外，还缺乏必要的设施管护资金的投入，一方面造成固定资产投资的浪费，另一方面还造成设施功能在短期内丧失。

在国家层面，对农村生态治理的投资水平都远远低于市、县城及建制镇，由此，基层政府可能会认为这是一个导向，再考虑到打造自身政绩工程的需要，以及经济实力的不足，自然也不会将投资的重点放在农村生态治理方面。

（三）农村生态治理的技术支撑能力弱

1. 自然资源集约化利用的技术生态集成不足

不同类型区域农业自然资源条件存在明显差异，需要的技术既具有共性，也具有差异性。实际运用之中，需要多种技术的生态集成，但目前很多地方仍然采取的是单一的技术模式，难以实现自然资源的高效利用。如，水资源短缺地区，需要节水技术与农艺技术的集成，以提高水资源利用效率，缓解水资源短缺矛盾。出现这种情况的原因是多方面的：从国家层面来讲，技术研发的投入水平没有充分考虑到不同区域实用技术的差异，可能只关注某类自然资源严重短缺地区的技术研发；从区域层面来讲，一方面可能是没有考虑自然资源利用技术的重要作用，另一方面可能没有一定的经济实力，来支撑相关技术的研发。从基层来讲，更没有这种意识。

2. 农作物废弃物资源化利用技术缺乏区域适宜性

中国地域广阔，气候条件差异性较大，需要区域性很强的适宜技术。一是农作物废弃物资源化利用技术的研究缺乏区域适宜性。以农作物秸秆还田为例，从生态学角度而言，农作物秸秆还田可以改良土壤、提高耕地生产率，改善农产品质量，实现农业可持续发展。但在技术研究中，对区域适宜性技术关注不足，从而导致了技术适宜性差。二是农作物废弃物资源化利用技术产品的开发缺乏区域适宜性。当前，农作物秸秆还田的主要方式是机械粉碎，而缺乏有效的促进农作物秸秆腐化的生物菌，由此导致了寒冷地区农作物秸秆在短时期难以腐化，影响了农作物的播种，由此诱导了农民对秸秆还田的认可度下降。

导致上述问题的原因是多方面的，从国家层面来讲，缺乏一个有效的生态补偿机制，没有为农作物废弃物资源化利用找到有效途径，只能依靠颁发相关的政策，多是采取“堵”而不是“疏”的措施；从区域层面、基层层面上来讲，也只能执行国家的相关政策，为此采取打压措施，到处都打出极端的政治口号。而对农民而言，由于缺乏有效地利用技术，以及资源化利用成本较高，自然选择最简单的方式处理。

3. 农村人居环境生态治理技术有待规范

农村生活污水、生活垃圾等影响人居环境的生态治理技术适应性较差。对生活污水治理而言，尽管目前已经有了一些农村污水治理的技术，但这些技术缺乏规范化和标准化；同时，技术的区域适应性较差，特别是缺乏高寒地区农村生活污水治理的有效技术。对生活垃圾多采用如下模式，即“户分类、村收集、镇转运、县处理”。由于处理方式依然是填埋，因此分类没有任何意义。就像城市社区生活垃圾一样，号召居民进行垃圾分类，但垃圾车都是将各种垃圾混在一起拉走填埋。

（四）农村生态治理的机制保障能力差

1. 农村生态治理设施的运营机制缺失

近些年，国家投入了部分资金，特别是推行农村环境连片整治之后，逐渐配备了一些农村生态治理设施，但由于缺乏一个有效的运营与管护机制，既没有运营组织，也缺乏管护经费，从而导致了这些设施的闲置与浪费。出现这种情况的原因，一方面是由于国家相关政策中，要求地方政府进行资金配套，而经济相对欠发达地区又没有配套能力，从而导致政策无法执行；另一方面一些基层政府根本没有把农村生态治理作为重点工作之一，即使有运营机制，也只是应付之策。

2. 农村生态治理的评估与监督机制还没形成

可以说，农村生态治理涉及范围大，需要做的事情多，在治理过程中需要有效的评估和监督机制。但是，由于农村生态治理才刚刚得到重视，还没有建立起有效的评估和监督机制，这在一定程度上影响了生态治理的成效。因为，评价与监督机制的建立需要资金做保障，而在农村生态治理方面恰恰又没有这部分资金的投入。

3. 农村生态治理的参与机制还不完善

农村生态治理的主体是广大的农村居民，但在实际运作中，各级政府及其职能部门却成了农村生态治理的主体，成为替农民做事的“民工”，而真正应该成为主体的农民则游离于农村生态治理行动之外。从法律层面上讲，农民参与农村生态治理面临着缺乏专门针对农村生态保护的法律规范、立法上未确立公民的环境权、环境治理的公共参与机制尚不健全等困境。

4. 农村生态治理的生态补偿机制还不健全

2016 年 12 月，财政部、农业部联合印发了《建立以绿色生态为导向的农业补贴制度改革方案》，强调指出要突出绿色生态导向。2017 年中央一号文件《中共中央、国务院关于深入推进农业供给侧结构性改革加快培育农业农村发展新动能的若干意见》也明确指出要实现向绿色生态可持续、更加注重满足质的需求转变。因此，无论是自然资源要素的保护与质量提升，还是农业投入要素投入转向绿色环境友好型产品，或者农作物废弃物的资源利用等，以及农村生活污水、生活垃圾的治理等，都需要有效的生态补偿机制做保障。但目前，农村生态治理的生态补偿机制还很不健全。

四、新型城镇化背景下，加快农村生态治理的对策建议

在新型城镇化背景下，要统筹城乡发展，必须加快农村生态治理进程。针对农村生态治理重点领域面临的环境形势，以及农村生态治理中存在的问题，提出如下对策建议。

（一）加强顶层设计，强化绿色理念对农村生态治理的引领

1. 树立绿色发展理念，清楚认识农村生态治理的重要性

十八届五中全会提出了“创新、协调、绿色、开放、共享”的五大发展理念，各级政府应树立绿色发展理念，清楚地认识农村生态治理的重要性。特别是在新新型城镇化背景下，农村生态治理应提到战略高度，深刻认识到农村生态治理不仅仅是改善农村生产环境、生态环境、人居环境，而是为农村产业发展提供良好的前提，为农产品质量安全提供基础，为国人身体健康提供保障的重大问题。《“十三五”旅游业发展规划》明确提出，要大力发展乡村旅游，实施乡村旅游扶贫工程。农村良好生态环境是发展乡村旅游的前提条件。这也是适应城镇发展、城镇居民生

态需求的有效选择。

2. 科学规划，引领农村生态治理

新型城镇化进程中，对城镇基础设施建设、生态环境建设等都制定了相应的规划，以及有效的机制与体制。但农村生态治理中却没有认识到制定规划的重要性。因此，无论是自然资源的生态治理，还是农业面源污染治理，以及农村人居环境的治理，应制定科学规划，明确治理范围、治理重点、实施路径、治理措施及政策保障，以引领农村生态治理。国家在制定农村生态治理规划时，应根据不同区域社会经济水平、自然条件的差异，划分不同的区域，采取不同的措施。地方各级政府应在国家规划框架范围内，结合区域的实际情况，制定详细的治理规划，以及实施方案。

3. 加强宣传，引导群众参与农村生态治理

改变以往说教式的宣传方式，采取广大农村居民喜闻乐见的形式，对农村生态治理的重要性进行宣传，增强广大农村居民的生态环境意识，一方面引导农村居民逐渐改变其生产、生活方式，另一方面引导农村居民参与到农村生态治理行动中来。如在农作物废弃物资源化利用方面，各级部门应采取有效途径，对农作物废弃物的资源性进行宣传，特别是应强调农作物废弃物资源化利用对促进资源节约、环境保护、农民增收等方面的重要意义，以及农作物废弃物资源化利用所产生的生态效益通过宣传，使农村居民认识到农作物废弃物是资源，而不是负担。此外，应深入到广大农村，对相关知识和技术进行普及，讲解国家有关政策，以及一些地方的典型经验和做法，用技术指导农民，用示范带动农民，用效益吸引农民。

（二）加大资金投入，完善农村生态治理设施

1. 加大财政投入，提升农村环保设施能力

在新型城镇化背景下，应进一步推动环境保护的城乡均衡，真正将环保设施延伸到广大的农村，同时建立有效的运行机制。目前所进行的农村环境连片整治仅仅延伸到乡镇所在地，覆盖的村庄还很有限，可以说这仅是环境保护设施延伸到广大农村的一个开端、一种探索。到 2020 年全面建成小康社会还剩下不到 4 年的时间，农村生态治理的紧迫性、艰巨性显而易见，为此，应加大财政投入。需要注意的是，在制定财政投入政策时，应充分考虑到经济发展水平的差异性，对经济欠发达地区、贫困地区，不应过分强调配套资金，因为这些地方难以实现配套，只能让地方为此造假。

2. 设立管护资金，维护农村环保设施能力

农村环境连片整治的实践表明，只注重农村环保设施硬件的建设，而对环保设施建成之后的运营机制、管护措施缺乏应有的关注，一方面导致环保设施难以发挥其功能，另一方面导致环保设施使用寿命短。因此，建议建立有效的运行机制及管护机制，并配备专门的管护人员及管护资金，一方面，避免了国家资金投入的浪

费，另一方面也可以减少贫困地区、经济欠发达地区地方政府的负担，真正实现国家推动农村生态治理的目的。

3. 建立专项资金，保障农村生态治理有序推进

农村生态治理是一项长期的任务，针对广大农村生态治理的实际状况，建议在国家层面设立农村生态治理专项资金，明确政府的投资主体。同时，鼓励社会资金参与农村生态治理。在国家设立专项资金的同时，政府应积极鼓励社会团体、企业和个人捐款或以其他方式积极参与到农村生态治理之中。此外，根据不同区域经济发展水平，建立和完善适应各地经济水平的地方政府补助机制，作为国家专项资金、社会资金投入的有效补充，将农村生活污水治理的资金投入纳入国家财政体系中，逐年增加对农村生态治理设施的建设和维护费用。

（三）创新与整合技术，支撑农村生态治理

1. 加快技术研发，保障农村生态治理

我国地域广阔，山区、丘陵、平原具有不同的地貌特征，寒带、温带、热带具有不同的气候特征，城镇郊区、边远地区具有不同的条件，因此，农村生态治理需要不同的模式与技术。因此，需要根据规划所划分的区域，研发农村生态治理所需要的技术，提高技术的区域适应性，更好地服务于农村生态治理。

2. 推动技术转化，保障农村生态治理

加快推动不同区域农村生态治理技术的成果转化，尽快服务于农村生态治理。如加快农作物废弃物利用技术成果的转化，促使适用于低温地区农作物秸秆腐烂的生物技术及产品的开发，以及深耕技术及机械、秸秆粉碎技术及机械的开发。

3. 加强技术整合，保障农村生态治理

农村生态治理所需的技术具有综合性，因此，需要加强各种技术的整合，更好地服务于农村生态治理。如自然要素中土壤重金属污染的生态治理，既需要生态技术，也需要农艺技术；土地整理也需要工程技术、生物技术、农艺技术的整合。

（四）完善治理机制，推动农村生态治理

1. 建立部门工作协调机制

农村生态治理是一项集生产、生活、生态于一体的复杂系统工程，也是硬件与软件相协调的系统工程，涉及的部门较多。因此，有必要在国家层面整合农村生态治理涉及的机构，确立农村生态治理的主管机构，以督导这些部门落实责任，并建立部门之间有效的工作协调机制，更好地推动农村生态治理。可以参考新型城镇环保、环卫工作机制，建立农村生态治理的新机制。

2. 建立环保设施运营机制

在农村生态治理之初，政府负责相应设施的运营与维护较为合适，运营一段时间之后，应逐步过渡到政府和用户以外的第三方。通过专业机构的运营与管护，更

有利于保障环保设施的正常运行，便于实施监管。当前，有效的措施可能是将农村环保设施的运营管理纳入新型城镇环保设施运营管理之中。

3. 建立评估与监督机制

采取第三方参与模式，建立农村生态治理的评估与监督机制，对参与农村生态治理的利益相关者的行为、治理效果、满意度、存在的问题进行全面科学的评估，以寻求完善农村生态治理的途径与措施，以及相关的政策保障等。

4. 建立有效的参与机制

农民应该成为农村生态治理的主体，要提高公众参与度，必须通过提升政府环境治理的能力、培育农村社会资本、加强农村环保法制建设，进而强化外动力、增加内动力、提供有针对性的法律保障，迈向农村生态环境治理中自下而上的公众参与进程（李咏梅，2015）。为此，应从完善我国农村生态环境治理的法律规范体系、在立法上确立公民的环境权、健全我国生态环境治理的公共参与机制等方面完善我国农村生态环境治理之社区参与机制（彭小霞，2016）。

5. 建立生态补偿机制

要推动自然资源要素生态治理、农业面源污染治理以及农村人居环境治理等领域的工作，需要建立一套完整的生态补偿机制。根据区域性特点、治理领域的不同，制定农村生态治理的生态补偿标准、补偿方式、补偿对象等具体内容。

参考文献：

1. 陆大道、陈明星：《关于“国家新型城镇化规划（2014—2020）”编制大背景的几点认识》，载《地理学报》，2015 年第 2 期，第 179 – 185 页。

2. 中国金融 40 人论坛课题组：《加快推进新型城镇化：对若干重大体制改革问题的认识与政策建议》，载《中国社会科学》，2013 年第 7 期，第 59 – 76 页。

3. 彭冲、陈乐一、韩峰：《新型城镇化与土地集约利用的时空演变及关系》，载《地理研究》，2014 年第 11 期，第 2005 – 2020 页。

4. 刘沛林：《新型城镇化建设中“留住乡愁”的理论与实践探索》，载《地理研究》，2015 年第 7 期，第 1205 – 1212 页。

5. 陈肖飞、姚士谋、张落成：《新型城镇化背景下中国城乡统筹的理论与实践问题》，载《地理科学》，2016 年第 2 期，第 188 – 195 页。

6. 黄震方、陆林、苏勤等：《新型城镇化背景下的乡村旅游发展——理论反思与困境突破》，载《地理研究》，2015 年第 8 期，第 1409 – 1421 页。

7. 温晓明：《新型城镇化进程中农村生态环境保护的有效路径——以龙岩市为例》，载《经济研究导刊》，2015 年第 20 期，第 135 – 139 页。

8. 姚士谋、张平宇、余成等：《中国新型城镇化理论与实践问题》，载《地理科学》，2014 年第 6 期，第 641 – 647 页。

9. 刘召、羊许益：《农村生态环境危机及其治理》，载《农村经济》，2011 年第 3 期，第104 – 108 页。

10. 李咏梅：《农村生态环境治理中的公众参与度探析》，载《农村经济》，2015 年第 12 期，第 94－99 页。

11. 周伟奇、王坤、虞文娟等：《城市与区域生态关联研究进展》，载《生态学报》，2017 年第 15 期，第 1－8 页。

12. 彭小霞：《我国农村生态环境治理的社区参与机制探析》，载《理论月刊》，2016 年第 11 期，第 170－176 页。

13. 夏方舟、严金明：《新常态时期中国土地整治转型发展方向探索》，载《宁夏社会科学》，2016 年第 3 期，第 109－113 页。

14. 吕军、尹伟锋、侯俊东：《两型社会建设试点区农村生态环境变迁规律研究》，载《中国人口·资源与环境》，2012 年，第 10 期，第 55－62 页。

15. 于法稳、李萍：《美丽乡村建设中存在的问题及建议》，载《江西社会科学》，2014 年第 9 期，第 222－227 页。

16. 晓荣：《生态文明视阈下的农村生态环境治理路径探析》，载《农业经济》，2016 年第 10 期，第 54－55 页。

17. 孙若梅：《农业面源污染的现状及对策》，见魏后凯、潘晨光：《中国农村发展报告 2016》，中国社会科学出版社，2016 年 7 月，第 349－379。

［作者简介］

于法稳，中国社科院农村发展研究所研究员、博士生导师；中国社会科学院生态环境经济研究中心主任。主要社会兼职：中国生态经济学学会副理事长兼秘书长、中国生态经济学学会理论与发展专业委员会秘书长等。主要研究领域：生态经济学理论与方法、资源管理、农村生态治理、农业可持续发展。2000 年以来，主持国家社科基金项目 3 项，中国社会科学院重大调研项目、A 类重大课题、重点课题、村庄调研项目 15 项，国际机构、国家部委及地方政府委托课题 4 项。参与国家“973”项目、国家自然科学基金、国家社科基金项目、中国社会科学院国情调研特大项目、中国社会科学院重大课题等共计 30 项。公开出版独著、合著学术专著 30 部，其中作为副主编，出版《生态经济建设大辞典》《英汉生态经济词典》等大型工具书；发表学术论文 150 余篇。近年来，有多篇政策咨询报告被中央主要领导批示。科研成果获省部级奖 6 项；2007 年，被评为“中国发展百人奖——青年学者奖”。

“蜂窝式社会”——观察中国经济社会转型的另一个新概念

张继焦

一、研究缘起和问题的提出

中国自改革开放以来，经过30多年的发展，至2010年已经成为世界第二大经济体，此经济增长速度令世人瞩目，无论是国内还是国外都有许多学者试图破解中国经济奇迹之谜团，其中，备受关注的一个问题是中国如何从计划经济转变为市场经济，即如何实施市场转型。

经过多年思考，我于2014年提出了一个解析中国经济社会结构转型（特别是市场转型）的新概念——“伞式社会”①。此观点提出之后不久，就得到一些年轻同行的欢迎，笔者深受鼓舞，愿意继续探讨中国的经济社会结构转型（特别是市场转型），这次献上“伞式社会”的姊妹篇——关于“蜂窝式社会”的探讨。

二、研究假设、理论基础与实证材料来源

1. 研究假设与分析框架

观察中国这么复杂的经济社会结构转型（特别是市场转型），光有“伞式社会”这么一个概念显然是不够的，基于对立统一学理和学术概念配套的考虑，笔者打算对中国的经济社会结构转型（特别是市场转型），提出至少一对（两个）新概念——“伞式社会”用于观察“政府”主导的资源配置和经济社会发展，“蜂窝式社会”用于观察“普通老百姓”自我开展的资源配置和对经济社会发展的影响。

由政府主导的经济社会是一种“伞式社会”。在中国各地“政府主导”的资源配置和经济社会发展中，呈现出大大小小的各种庇护伞状结构下，表现出明显的“伞式社会”特点。“伞式社会”的结构包括国家级、省级、地州级、县级、乡镇

① 张继焦:《“伞式社会”——观察中国经济社会结构转型的一个新概念》，载《思想战线》，2014年第4期。

级等五个层级，其三种主要“伞式”功能包括对下属企业是一种“父爱式庇护”、对合资企业是一种“亲戚式庇护”、对私营企业是一种“朋友式庇护”等。简称“五×三·伞式”结构与功能。

平民老百姓的经济社会生活是一种“蜂窝式社会”。它是指在从计划经济向市场经济过渡的进程中，权力和特权都将会出现转移，即从拥有权力和特权的管理者手中转移到普通的直接生产者手中，平民老百姓的获利机会和对剩余产品的支配权会增加，他们的劳动积极性会提高，于是，个体工商户、小商小贩、私营老板、蓝领工人、办公室白领人士、职业经理人、自由职业者等不断增多。对这种老百姓参与度较高的市场发展情况，我们将之比喻为“蜂窝式社会”，即每个平民百姓都像辛勤的蜜蜂那样，通过个人或家庭的努力，编织自己的社会网络，构筑属于自己的蜂窝。

简言之，笔者试图用“伞式社会”和“蜂窝式社会”这两个（一对）新概念，来观察和分析中国经济社会结构转型中“官方”和“民间”两个不同的重要侧面。本文中，主要探讨普通老百姓是如何自我开展资源配置和参与经济社会发展活动的。

2. 理论基础和基本思路

（1）理论基础

提出“伞式社会”和“蜂窝式社会”这样一对新概念，其理论源泉和学理基础包括卡尔·波兰尼（Karl Polanyi）的“三种经济类型”理论①、费孝通的“差序格局”理论②、中根千枝的“纵式社会”理论③、格兰诺维特（Mark Granovetter）的“网络分析”理论④、倪志伟（Victor Nee）的“市场转型”理论⑤、李培林的

① 在卡尔·波兰尼的名著《伟大的转折》中，他对人类的经济生产方式做出了三种类型的概括，即市场经济、再分配经济和互惠经济。参阅 Polanyi，Karl，1944，*The Great Transformation*. New York：Farrar & Rinehart.

② “差序格局”理论的要义是：人们以己为中心，像石子一般投入水中，和别人所联系成的社会关系像水的波纹一样，一圈圈推出去，愈推愈远，也愈推愈薄，波纹的远近可以标示社会关系的亲疏。参阅费孝通：《乡土中国》，上海观察社初版本，1948 年。

③ 中根千枝认为，日本社会的特征是纵向式的人际社会关系，就是一种居于一定的场所、以个人与个人之间的上下关系为主的社会关系。参阅〔日〕中根千枝：《纵向社会的人际关系》，陈成译，商务印书馆，1994 年。

④ 在波拉尼倡导的“嵌入性”（embeddedness，经济关系嵌于社会关系之中）的基础之上，格兰诺维特于20 世纪 70 年代发展起来的“社会网络分析”方法是一种有用的分析工具。参阅 Mark Granovetter，1973，“The Strength of Weak Ties，” in *American Journal of Sociology*，Vol. 78：1360 – 1380. 1974，*Getting a Jab*：*A Study of Contacts and Careers*，University of Chicago Press.

⑤ 1989 年，倪志伟（Victor Nee）在《美国社会学评论》（10 月号）上发表的《市场转型理论：国家社会主义从再分配向市场的过渡》一文，提出了著名的“市场转型理论”，标志着新制度主义社会学理论学兴起。参阅 Victor Nee，1989，A theory of Market Transition：From Redistribution to Market，*American Sociological Review*. Vol. 54.

“社会结构转型”理论[①]、科尔曼（James S. Coleman）的“社会资本”理论[②]等七种社会学和人类学理论。限于篇幅，在此就不对这些理论进行详细地阐述了。

（2）基本思路

一般认为，影响资源配置和经济社会发展主要有两只手：一只是看得见的手——“政府”，可以从政治学的视角，分析政府官方权力的资源配置功能及其对经济社会发展的影响。另一支是看不见的手——“市场”。可以从经济学的视角，分析市场对资源、要素的配置及其对经济社会发展的影响。李培林提出还有“另一只看不见的手”。李培林的“另一只看不见的手”理论认为，从社会学的视角，分析社会结构转型的作用，特别是分析在社会结构转型中社会关系及其对资源配置和经济社会发展的影响。

从上述几种理论中，我们可以认识到，经济社会结构转型（特别是市场转型）通过资源配置与经济社会发展来实现，其主要的影响因素有四种：权力、资源、市场空间、发展机会等。

3. 本文的实证调查及其材料

本文使用的实证材料及其田野调查来源，包括笔者最近十几年来的实地调查，如1995年在天津的调研，1996年在海南琼海市和贵州凯里市的调查，2001年在北京市和深圳市对少数民族流动人口的调查，2007—2008年在青岛市、呼和浩特市、昆明市、深圳市等四个城市的调查，2011—2012年在海南的调查，2013年在贵州凯里市和广州市的调查等。

三、“蜂窝式社会”的结构与功能

根据上述几种有关理论，权力、资源、市场空间、发展机会等这四种影响资源配置与经济社会发展的重要因素，在官方社会（“伞式社会”）和民间社会（“蜂窝式社会”）将分别有什么样的地位和作用呢？笔者认为，代表官方的“伞式社会”拥有较多的权力和资源；代表平民百姓的“蜂窝式社会”虽然没有很多权力和资源，但依据自身努力可以争取更多的市场空间和发展机会。

中国改革开放以来，在市场转型过程中，城市里出现了两件大事：一是城里涌进了大量来自农村的流动人口，二是城里冒出了大量的个体工商经营户和私营企业。

---

① 李培林关于“社会结构转型理论”的基本命题主要体现在被称为“社会结构转型三论”的三篇论文里：李培林：《“另一只看不见的手 ”——社会结构转型》，载《中国社会科学》，1992年第5期；《再论“另一只看不见的手”》，载《社会学研究》，1994年第1期；《中国社会结构转型对资源配置方式的影响》，载《中国社会科学》，1995第1期。

② ［美］科尔曼：《社会理论的基础（Foundations of Social Theory）》第12章，邓方译，社会科学文献出版社，1992年2月，第330－354页。

本文中，笔者主要从就业性视角分析流动人口的"蜂窝式"结构与功能，从经营性角度探讨个体工商经营户和私营企业的"蜂窝式"结构与功能。从这两个维度剖析中国社会的这两个典型现象，在很大程度上可以说清楚中国"蜂窝式社会"的结构与功能。

（一）就业性"蜂窝"结构及其功能

基于笔者对城市流动人口十多年的调查研究，外出务工者自行构建"蜂窝"的主要原则是互帮互助，其主要表现为"链式"和"网式"两种"蜂窝"形态。①

1. 外出就业者为何需要有自己的"蜂窝"（社会资本）？

一个人离开农村地区，闯进不熟悉的城市里，靠什么才能够混到一口饭吃、有一个安居的小窝呢？从经济学角度看，一个人应该拥有良好的体力、一定的劳动技能或知识、一定的资金等经济资本，才能在城里安身立命。从人类学和社会学的角度看，一个人外出务工经商除了经济资本之外，还需要有一定的社会资本（如社会关系）。②

我们2001年对207位北京市外来打工者的问卷调查显示：他们能够获得目前工作的途径，比例最高的是依靠亲戚介绍（占35%），其次是依靠朋友介绍（占25%），两者合计60%。可见，外出打工最主要的途径是利用自己的"强关系"③（如亲戚、好友）。④

也是2001年，在深圳⑤某台资木具厂调查时，有一位男性侗族同胞告诉我们：

---

① 参阅 Zhang Jijiao. 2007，"Migrants' Social Network Used in Seeking Employment in Urban Areas"，in *Urbanization and Multi-Ethnic Society*. Edited by Buddhadeb Chaudhuri and Sumita Chaudhuri，India：INTER-INDIA PUBLICATIONS，pp. 427 –466. Zhang Jijiao，2009，"The Orientation of Urban Migrants' Social Network：A Comparative Survey on Six Minorities in the Cities of China"，in *Chinese History and Society*. Germany：Berliner China-Hefte，Vol. 35. pp. 127 –139. Zhang Jijiao，2012，"Migrant Social Networks：ethnic Minorities in the cities of china"，in *Wind over Water：Migration in an East Asian Context*. Edited by David Haines，Keiko Yamanaka，and Shinji Yamashita. USA，New York：Berghahn Books，Chapter 3，pp. 47 –59.

② 最早提出社会资本（social capital）概念的是法国人类学家布尔迪厄（Pierre Bourdieu）。他在1979年发表的《区别：趣味判断的社会批判》中，提出了三种资本形式：经济资本、社会资本和文化资本。但他没有对社会资本展开分析。参阅 Pierre Bourdieu，1994，*Distinction：A Social Critique of The Judgement of Taste*，Translated by Richard Nice，Roultedge Press.

③ 格兰诺维特把人们之间的关系划分为强关系和弱关系。这种划分是基于人们之间互动的频率、感情强度、亲密程度和互惠交换等四个方面的尺度。他把朋友关系看作强关系，把一般的相识看作弱关系。强关系存在于本群体内部，而弱关系则存在于不同群体之间。参阅 Mark Granovetter，1973，"The Strength of Weak Ties，" in *American Journal of Sociology*，Vol. 78：1360 –1380. Mark Granovetter，1974，*Getting a Jab：A Study of Contacts and Careers*，University of Chicago Press.

④ 张继焦：《关系网络：少数民族迁移者城市就职中的社会资本》，载《云南社会科学》，2006年第1期。

⑤ 深圳与国际大都会香港一水之隔，是中国大陆最早改革开放的特区之一（1980）。20世纪90年代，其制造业非常发达，遍地都是工厂，吸引了很多外地的打工仔和打工妹。比如，《外来妹》是由广州电视台推出的10集电视连续剧，1991年在中央电视台播出，轰动全国。这部电视剧主要描述6个从穷山沟赵家坳到广东打工的女性的命运。

“（19）94年8月来过深圳一次。带了1500元，在这里找了1个多月的工作，没找到，钱花完了就跑回老家去了。（第二年）1995年又再来深圳。经过老乡介绍，在这家台资木具厂找到了工作。先在车间做了一年多，后来，老板根据我当过兵的经历，叫我做保安。”①

可见，一个人从西部偏僻的农村地区跑到东部地区繁华的城市找工作，光凭一身力气和不怕困难外出闯荡的念头，是完全不够用的，还需要有一定的人脉关系。上述这位来自贵州的侗族小伙子因为以前多年在外当兵，与老乡联系较少，所以，第一次到深圳打工没有靠得上的亲友和老乡。因此，才体会到“找工作要有人带，好落脚，好进”。一个人离开家乡刚出来到不熟悉的城市谋生时，特别需要亲朋好友的支持和帮忙。当他第二次闯深圳时，由于有了老乡和朋友介绍工作和热心帮忙，不像第一次那样，在当地找不到一份工作。我们可以预料，在以后的日子里，这位老兄当过兵、干过保安的工作资历，可以成为他未来就业的重要资本。

一个人所具有的复杂社会关系是一种社会资本，这种关系资本在城市就职中会发挥不同程度的作用。这种关系不但是两个人之间的相互联系，而且是两个人之间的相互责任，这种双方之间相互紧密的关系和明显的责任，可以让任何一方发出求助的时候能够得到另一方的帮助或资源。人们之间的人情关系就像银行里的存款一样，随时都可以取出来使用（类似“人情信用卡”）。②

2. 外出就业者建构“蜂窝”的三个发展阶段

根据我们1996—2013年十多年在海南、贵州、北京、深圳、广州等多地的观察和调查，外出就业者“蜂窝”结构及其功能大致呈现出三个发展阶段：

（1）第一阶段：“先遣式”个体外出就业

这是人们外出闯荡的第一步或试探性时期。比如，笔者1996年在贵州省东南部一带的调查发现，20世纪80年代初期，当地个别不满于现状的年轻人在听说深圳办特区搞改革开放的宣传鼓动下，就不管天高地厚，开始独自来到深圳特区闯荡。这些无所畏惧的先遣者在新的城市里没有可以利用的人际关系，主要靠着自己“敢于第一个吃螃蟹”的勇气和年轻气盛的精力，有不少人从做小工开始，单打独斗谋求生存和发展的机会。在几乎没有什么可以利用的社会资本条件下，闯到陌生的城市找饭吃，靠一个人的胆量和力量打天下，其难度可想而知，其风险也极大。可以想见，个人先遣式外出就业的结果必然是，成功的个案寥寥无几，值得称道的经验屈指可数，更多的是失败和教训。

① 资料来源：访谈时间：2001年；地点：广东省深圳市。

② 科尔曼（James S. Coleman）是对社会资本进行理论分析的第一位重要学者。他在其20世纪90年代由哈佛大学出版社出版的《社会理论的基础》中，把社会资本定义为一种达成某个目的的生产性因素，它是藏于社会结构中的、基于信任的关系资源。参阅［美］科尔曼：《社会理论的基础（Foundations of Social Theory)》第12章，邓方译，社会科学文献出版社，1992年2月，第330－354页。

（2）第二阶段："链式"群体外出就业

这时个体先遣式的闯荡阶段已经结束，在前者的不断摸索和积累下，已经建立起了一定范围的社会关系。经过第一批个人先遣式外出就业者的多年开拓和逐渐积累，开拓者的家属、亲戚（有时还包括其朋友、同村人、甚至同乡），不但可以在第一时间得到外出务工或经商成功的信息，而且可以顺着第一批外出者这个可以依赖的强关系，尾随着开路先锋迁移到同一个城市，形成了"链式"群体外出就业。比如，1996年笔者在海口市调查期间，在汽车站遇到12位来自贵州省台江县的男性苗族农民。他们的领头人叫L. X. L，年龄28岁，三四年前漂洋过海来到海南西部偏僻的昌江县某农场打工。上一年（1995年），L. X. L曾带着自己的两个兄弟和两个亲戚，共5人一块到昌江打工。这次，他带着更多的同村亲朋好友外出打工，跟随者从4人增加到了11人。他们都是初中毕业生，年龄从18岁至30岁。他们从贵州台江县方召乡的山区出发，经过广东省的雷州半岛，跨越琼州海峡，行程上千公里，才到达目的地——海南昌江县。① 在先遣者个人强关系的牵引或带队下，这些后来者自然地形成了一条外出就业的链条，我们也可称之为"带队式"群体外出就业。相对第一阶段个人先遣式外出就业而言，第二阶段的"链式"或"带队式"群体外出就业，由于有了先遣者积累的社会资本和就业经验，跟随开拓者的关系链条外出的后来者，既有现成的社会关系和就业信息可以利用，也有前人的经验和教训可以借鉴，其风险降低了不少，其成本也大大减少了。

（3）第三阶段："网络式"群体外出就业

这是在第二阶段"链式"或"带队式"群体外出就业基础上，发展出来的外出就业第三阶段，此时社会关系得以进一步扩展并形成网络，具有群体"网络"的支撑。比如，据2001年我们的调查，在深圳某台资木具厂里共有侗族122人（其中，男61人，女53人），苗族3人（其中，男2人，女1人）。他们绝大多数来自贵州省天柱县，少数几个来自湖南省新晃县。② 这100多人之所以在同一个工厂里工作，不是由一个人"带队式"或"链式"传帮带带出来的，而是由多个人你带我，我又带他，"网络式"互帮互助、陆陆续续走出来。每一个迁到外地的就业者的身后，不但有一连串由家人、亲戚等血脉或姻亲相连的链条，而且还有在这些血缘或姻缘关系基础上扩展出来的人脉关系，如邻居、同学、朋友、同村人、老乡、同事、同行、老板等非血缘、非姻缘关系。这个横向人际网络源于也基于纵向的人脉链条，不仅使先遣者而且使后来者获得更多的人际网络作为在城市中谋求生存和

① 笔者1996年在海南省海口市的调查资料。Zhang Jijiao，2003，"Ethnic Minority Labor Out-migrants from Guizhou Provinces their Impacts on Snding Areas"，in *China's minorities on the move*：*selected cases*，edited by Robyn Iredale，Naran Bilik and Fei Guo，New york，M. E. Sharpe，Inc. PP. 148.

② 张继焦：《关系网络：少数民族迁移者城市就职中的社会资本》，载《云南社会科学》，2006年第1期。

发展的依托。①

3. 外出就业者的“蜂窝”结构及其功能

在市场化的经济社会结构转型中，权力、资源、市场空间、发展机会等是影响资源配置与经济社会发展的四种重要因素，政府及其行政官员拥有较多的权力和经济资源，平民百姓没有掌握什么政治权力和经济资源，如何获得一点市场空间、发展机会呢？对于一穷二白的外出打工者来说，比较可行的办法是利用自己与生俱来或先赋性的资源（如血亲关系和姻亲关系）以及传统行为规则（如互帮互助的家庭道德伦理）。这些先赋性的资本和传统性的规则，正是城市外来者首先构建起群体性链式“蜂窝”、接着建立起群体性网络式“蜂窝”的社会基础和规则基础。

从整个社会来看，民间的“蜂窝式社会”是如何在“伞式社会”中找到自己的位置和发挥自己的作用呢？在政府主导和搭台、资本唱戏的市场转型中，无权无势的外出就业者要想自己搭个“蜂窝”，不是一日之间就能够做到的，需要经过一个摸索的过程，在最初的个体“先遣式”外出就业时期，连自己最亲密的亲人好友都指望不上，因为缺乏可利用的社会资本，其成本和风险都很高，简言之，在第一阶段，外出就业者根本没有构筑“蜂窝”的条件和可能。到了第二阶段，先遣者像一只蜂王，带着工蜂般的亲朋好友一起外出就业，这时就有条件自己构筑“蜂窝”。这种带队式的群体性外出就业，是一个以领队者为主、采用“链式”关系将同群人连接起来、共同构筑“蜂窝”的过程，其构建“蜂窝”依托了一定范围的人际关系基础，即带队人的家人、亲戚等有血缘、姻缘关系的人员。进入第三阶段，由于外出就业的群体性关系网络越织越大，其网络范围已超越血亲和姻亲的关系，有足够的条件构建起网络式“蜂窝”。具有群体性“网络式”的第三阶段，不但结束了第一阶段“个人先遣式”形单影只的局面，而且逐步超过了第二阶段“链式”群体性网络局限于血亲和姻亲关系的局面，群体性“网络式”社会资本不但拥有先赋性的血亲关系和姻亲关系，而且还经过不断开发扩大到了许多非血缘关系、非亲缘关系，如邻居、同学、朋友、同村人、老乡、同事、同行、老板等后天性的社会关系，网络式“蜂窝”比链式“蜂窝”能够结集越来越广泛的社会关系，其社会资本也变得越来越强大。外出就业者所建构的由小到大的“蜂窝”结构，就是这样一步一步地按照“差序格局”原理逐渐形成的，并且在“蜂窝”机构内能够聚集和分享越来越多的资源。总之，外出务工者自行构建“蜂窝”的主要原则是互帮互助，其主要表现为“链式”和“网式”两种“蜂窝”形态。民间的“蜂窝”式社会可以成为政府“伞式”社会的补充部分而存在，两者各司其职、相辅相成。

为什么外出就业者需要构建这样一种共享式、互助性的“蜂窝”结构呢？卡尔·波兰尼在《伟大的转折》一书中，将人类的主要经济生产方式划分为三种类

① 张继焦：《差序格局：从“乡村版”到“城市版”——以迁移者的城市就业为例》，载《民族研究》，2004 第 6 期。

型：市场经济、再分配经济和互惠经济。[①] 那么，这三种类型的经济生产方式与外出就业者建构"蜂窝"的三个发展阶段（"先遣式"个体外出就业、"链式"群体外出就业、"网络式"群体外出就业）有什么关系呢？从经济方式或经济制度来看，对离开农村进入城市的打工者，意味着脱离农村互惠式的自然经济制度，进入到城市里陌生的等价交易的市场经济或政治性的再分配经济，为了在城市里找到安身立命的空间，外出打工者首先利用的是从家乡带来的、已有的互惠经济方式，接着通过群体性链式和网络式"蜂窝"等群内制度性的共享方式，逐渐在从再分配经济转型为市场经济的空白地带找到了立足之所，或者嵌入到制度化的再分配经济和市场经济的边缘地带。

可以说，在市场转型中，对旧体制的突破，始于个体性的突围，接着是群体性"蜂窝"式不懈的共同努力，这两者都是非制度性的行为，借此最终才能形成制度化的市场经济体系。换言之，一方面，新体制的建立，来自个人或群体的非正式的努力或试错，即新体制有一个从非正式到正式的制度化变迁过程；另一方面，制度变迁的过程，大致经历了从个体，到群体，到整个社会的过程，即从原生性到制度性的调适过程。

（二）经营性"蜂窝"结构及其功能

经笔者多年的调研与观察发现，经商者的"蜂窝"主要有两种类型：以家庭为中心的互惠互利网络、以价值链为中心合作共赢网络。

对中国经济市场化转型的各种误解中，比较离谱的误解是

1. 家庭式"蜂窝"：以家庭为中心的互惠互利网络

对家庭，普遍流行的看法为，它是夫妻俩为了生儿育女、传宗接代，一起居住和生活的地方。经济学家通常认为，经济市场化转型是组织化程度很高的商业行为，不必依托家庭。在中国，越来越多的经济学者不重视家庭的经济功能。然而，社会学、人类学和民族学等学科的学者普遍认为，家庭不仅具备了各种显著的社会功能，而且其经济功能也是很重要的。古德（William J. Goode）曾指出："人们常常忘记现代家庭也是一个经济单位，即使它已不再是一个农作单位"[②]。贝克尔（Gary S. Becker）也指出："在一切社会，包括现代的市场经济社会，家庭仍然对相当大的经济活动——一半以上的经济活动——承担责任"[③]。

---

① 参阅 Polanyi，Karl，1944，*The Great Transformation*. New York：Farrar & Rinehart.

② ［美］威廉·J. 古德：《家庭》，魏章玲译，社会科学文献出版社，1986 年，第 14 页。

③ ［美］加里·S. 贝克尔：《家庭经济分析》，彭松建译，华夏出版社，1987 年，第 227 页。

（1）家庭商业是城镇市场化的开路先锋

1996年，笔者在海南省琼海市做调研了解到：20世纪80年代初期，由于实行允许多种经济成分并存的政策，个体工商户作为最早的一批市场主体，在城镇市场化过程中出现了：1983年时，琼海市有个体工商户2836户，3449人；1990年增至5746户，77007人。为什么家庭商业会成为城镇市场化进程的开拓者呢？笔者认为，其政治、经济、社会原因主要有以下几个方面：

第一，城镇“个体户”是一种应运而生的产物。一方面，家庭商业在计划经济体制下是指令性计划不能贯彻到底的经济单位，也是计划经济体制下最为薄弱的领域，自然地也就成了城镇市场化最早的突破口。另一方面，改革开放以前，家庭经济也是现实中最受压抑的经济单位，无论是城市里的私营商业，还是农村的家庭经营，都到了濒临灭绝的程度①。私营的家庭商业被压抑得越久，其复活的欲望就越强烈，一旦政府解除禁令，它们就像雨后春笋般快速生长起来。

第二，在改革开放初期，由于现行的计划经济体制依然很强大，第一批的市场化萌芽和变革发生于而且也只能发生于那些不触动既有的经济利益和制度结构的行业中。于是，我们可以看到：由于个人或家庭的自发性努力，个体工商业和私营服务业在城镇中获得了较早、较快的发展。

第三，家庭式私营商业之所以能够复兴，有一个重要的客观原因，即国有商业和集体商业因为经营不善、经济效益降低，正在走下坡路。在城镇市场化初期，由于市场开放了，公营商业失去了独家经营的垄断地位，一方面不适应存在着计划价和市价之间价差的市场竞争环境，另一方面国有企业因为机构僵化和臃肿、组织和人员成本高，其市场竞争力也逐渐下降了。②

第四，家庭商业的社会性基础是“家庭”式的经营。笔者1996年在琼海市看到了很多“夫妻开店”的例子。在加积镇中心市场③及其周边的街市上，我们可以看到，很多家庭式店铺所采用的常规格局：楼下是夫妻经营的店铺，楼上是一家人生活起居的地方，商店的经济性和家庭的社会性成了一个整体中两个相辅相成、密

① 1953年，对私营商业，实行“利用、限制、改造”的方针，至1956年，被改造的私营商店有612家，从业人员777人，入股资金179037元。1958年，公私合营商店全部并入国营或供销商业，个体商贩被强令歇业。1961年，在经济调整中，允许一些个体商贩营业。1963至1964年，对无证商贩清理整顿，发给临时营业证。“文革”时期，个体经营（商业）濒于绝迹。资料来源：琼海市地方志编纂委员会编：《琼海县志》，广东科技出版社，1995年，第305页。

② 比如，1990年，琼海市国营商业系统52个核算单位，有32个单位亏损，总额248.8万元，全市供销系统亏损512.4万元，待处理损失590万元，待摊费用177万元。资料来源：琼海市地方志编纂委员会编：《琼海县志》，广东科技出版社，1995年，第302－304页。

③ 加积中心市场位于加积镇的中心地带，是集资建起来的。按不同类型的铺位，每户交4500或5000元，作为集资款，可得一铺位，并以这笔钱的利息作为1989至1997年八年的铺位租金。1997年12月到期时，再议铺位租金问题。个体户共集资100多万，琼海市工商局出资200多万，共300多万，建起此市场，共三层，一层有干鲜、水产、日杂、猪肉、蔬菜等铺位，二层专营服装，三层为行政办公场所。

不可分的方面。在家庭内，夫妻两人之间有着不言而喻的明确分工和默契合作，而且符合当地的风俗习惯。比如，按当地风俗，丈夫对外的社交活动，主要方式是与商业伙伴或朋友一起上午喝早茶或下午喝午茶，此时妻子必须留守在门店里接待顾客。到了做饭时间，女人就离店回家操持家务，而男人则留守为来客服务。李培林认为，对个体工商户和私营业主而言，家庭不单是他们社会活动的组织形式，也是他们经济活动的组织形式，就像工厂或公司是企业经济活动的组织形式一样；而家庭的伦理道德规范就是家庭式经营的组织管理规范，就像工厂或公司的科层制组织管理规范是企业的组织管理规范一样。① 2001 年，笔者在北京的调查显示，家庭式小企业的运营方式通常是：丈夫作为业主和掌柜的，妻子负责管财务，其子女和年轻的家族亲属作为普通员工打下手。其工作人员从 2—3 人到 7—8 人不等，个别的员工超过 10 人。在家庭式小企业里，丈夫或妻子作为一家之主享有绝对的权威，夫妻俩的关系在小企业内部的人际关系中居于主导地位，家族成员之间的关系和人们之间的工作关系相对于夫妻间的关系都处于从属的地位。在小企业内部，所有家族成员的生活、起居、收入、分配和消费等各个事项，都由身为一家之长的业主兼户主来安排。②

（2）家庭商业与利他性的家庭伦理

经济学一般认为，每个人都是自私自利的经济人，都在追求自身的利润最大化。社会学、人类学等非经济学科认为，在家庭式商业中这种自私自利的人性假设是不灵验的。经济学通常爱将经济活动与社会活动分开来看，但是，在现实中，特别是在家庭式经营中，这两者是很难分开的。家庭式经营不仅是追求利润和家业延续的经济行为，而且也是追求爱情亲情和家庭幸福美满的社会行为，对上述这两个方面，身为一家之长的私营业主会进行成本与收益的计算。

为何家庭商业中存在有明显的"利他主义"倾向呢？笔者在海南省琼海市的调研表明：私营业主们之所以愿意起早贪黑、不辞辛劳、忙忙碌碌，是为了使家庭的共同生活过得更美好、是为了让子女有更好的未来。这也是他们的精神支柱和经营动力。

身为私营业主的父母们勤勉地经营的目标，不仅是为了自身的利益、社会地位和家庭的共同生活，也是为了给子女创造一个比自己创业前更好的生活条件和学习环境，让子女的人生起点比自己的高一些。笔者访问过的几个家庭商业主都有类似的经历和想法：干鲜零售商 Ch. X. H 夫妇和批发商 Y. K. X 夫妇，都有背井离乡来到县城闯荡经商的艰苦经历。服装经营户 H. Zh. A 告诉笔者："做生意的很大一部分收入，都用于供孩子上学。"日杂零售及批发商 L. Y. zh 年龄稍大一些，他仿佛大

① 李培林：《中国社会结构转型——经济体制改革的社会学分析》，黑龙江人民出版社，1995 年，第 85 页。

② 张继焦：《城市的适应——迁移者的就业和创业》，商务印书馆，2004 年，第 91－92 页。

松一口气地对笔者说："孩子们都安排好了。"[①] 家庭中的利他主义观点是由贝克尔在《家庭经济分析》（*A Treatise on the Family*）一书中首次提出来的。家庭商业主以经营收入为经济来源，对其家庭成员的教育、健康及其他人力资本等进行投资。[②]家庭可以超越个人短暂的生命，维持着世代相传。家庭里的每一代人来到这个人世间的起点，都是上一辈人多年奋斗和积累的成果。身为父辈如果不为子女的生长打下比较好的基础，就会愧对自己肩上的家庭责任，也很难获得下一代人的尊重。至此，我们从社会学意义上对"可怜天下父母心"这个利他性的家庭伦理，给出了一个较好的解释。

在家庭商业中，资源配置的原则是"互惠互利"，而在市场上资源配置的原则是"追求利润"[③]。因此，我们看到：在市场上，不同的家庭商业主作为利益主体，都在对外进行展开竞争，极力追求自身利润，而在家庭内部，户主对家庭内部成员则采取互惠互利的利他主义原则，追求共同的利益。可以认为，利他主义是家庭生活甚至是群体生活的"自然法则"之一。

（3）家庭商业的交易成本与"蜂窝"式亲缘网络[④]

笔者近20年来在多地（如1996年在琼海市、2001年在北京市、2013年在贵州凯里市）的调查显示：愿意给白手起家者援助或支持的，绝大多数是家人或沾亲带故的亲戚（如具有血亲或姻亲关系的亲戚），有时是已有长期交情的老同学、老战友、好朋友。

为什么在创业者尚未成为功成名就的企业家，既没有较多财富也没有较高社会声望的时候，他的亲朋好友不太计较得失或过多考虑风险，就无私地给予他各种帮助（如给创业资金）。

华裔美籍人类学家许烺光（Francis L. K. Hsu）认为，相互依赖是中国人的基本行为模式。特别是，在亲属关系网络中，人们之间的相互依赖非常明显。每个人的义务和责任都十分明确，被赋予的东西要回报（尽管回报的时间也许很迟）也是十分明确的[⑤]。与政府、企业不同，家庭商业的资源配置，主要不是依靠政府行政指令、法律规章制度、市场供求关系等，而是依靠血亲和姻亲关系及其家庭伦理规范等非经济因素的作用，其中家庭亲属关系、家庭伦理道德规范等非制度化规则起着主导性的作用。家庭或家族的商业活动在亲缘网络内，以某个家长或某个德高望重

---

① 张继焦：《市场化过程中家庭和亲缘网络的资源配置功能——以海南琼海市汉族的家庭商业为例》，《思想战线》，1998年第5期。

② ［美］加里·S. 贝克尔：《家庭经济分析》，华夏出版社，1987年，第227页。

③ 李培林：《中国社会结构转型——经济体制改革的社会学分析》，黑龙江人民出版社，1995年，第90页。

④ 亲缘网络，即亲缘关系，包括家庭、家族、血亲关系、姻亲关系等。在一定意义上，朋友关系、邻里关系等可以被看成是亲缘关系的延伸。它是一种多线的、具有持久性特征的社会关系。

⑤ ［美］许烺光：《宗族、种姓、俱乐部》，薛刚译，华夏出版社，1990年，第277页。

的人为中心，每个人都被固定在由家庭和亲属联结的关系网上，扮演着一定的角色，形成了一套类似“蜂窝”式的装置：一家人可以按着“有钱大家赚”的规则，使一家之内的所有成员，都有机会共同努力并分享其好处。

在这种大家共生共荣的“蜂窝”里，人们通过“一家人”和“圈内人”共同的隐形关系网，可以在资金、供货、人力、客户等几个方面随时共享信息或相互支持。在经营领域方面，亲戚好友们也会有意无意地从事同一个行业或相关的行业，以便大家可以互帮互助或互通有无。比如，笔者1996年在琼海市访问了服装经营户H. Zh. A①。他表示只是熟悉服装行业，对其他行业不是很熟悉，对今后的营生既不想扩大经营，也不想转行。笔者认为，H. Zh. A不想破坏现有的稳定发展局面，因为如果他转行或扩大业务，不但会失去现有的亲缘互助网，而且一下子找不到可靠有效的支持力量。在家庭商业活动中，亲缘网络内的这种互帮互助、互利互惠，表现出来是一种交换，但其本质却不一定是一对一等价的经济交易，也不是短期的、一次性的买断式交易，而是一种交织着经济交易和社会交换的过程，是一种包含着亲情的社会经济交往和长期交换的过程。

当市场化尚不成熟、市场制度尚不健全时，基于亲缘网络的“蜂窝”型资源配置方式有其存在的合理性，家庭商业的发展会相当活跃。家庭商业以家庭为中心的亲属关系网，类似一个基于亲缘网络式的“蜂窝”，按着一套家庭伦理道德规范行事，家庭内和亲属间既不需要讨价还价，也不需要签订契约，这套人们世代相传的习惯性行为规则和伦理道德既可以减少组织成本和管理成本，也可以减少交易成本。

2. 价值链式“蜂窝”：以价值链为中心的合作共赢网络

在此，笔者以在琼海市对家庭工业②的调查资料为实证材料，分析以价值链为中心的合作共赢网络（即价值链式“蜂窝”）。

清末时期，琼海市的家庭手工作坊、匠铺就遍及城乡，涉及陶器、造纸、皮革、铁器、制糖、造船等30多个行业。中华人民共和国成立之后，1952年，家庭工厂增至37家，产值突破百万元大关，达103.77万元。1954至1956年，经过合作化和公私合营之后，家庭手工作坊里有420名雇员被精简回乡务农。1962年，各城镇从集体工业中调整出22家，作为家庭手工业单独经营，自负盈亏。1966—

① 1980年起，H. Zh. A开始做小生意，是加积镇最早的一批个体工商户。由七八百元起家，资金来源除了自家的存款之外，还从两位亲戚那里借了点钱。最初卖点文具、百货什么的。一年之后，1981年开始做服装生意，最初资本为两千元左右，除了一些积累资金之外，还从亲戚处借了一些钱。后来，在经营过程中，也经常向亲戚借钱。借用一段时间后归还，不立文书凭证，只凭口头承诺，完全靠信用。只要收回资金之后，都会主动还钱。

② “家庭工业”一词大致包含有两层含义，第一层是指家庭拥有的工厂，即工厂的资产全部为一个家庭所有；第二层指以家庭成员为主要的劳动力，即技术、管理和财务等全由家里人掌握。参阅张继焦：《市场化中的非正式制度》，文物出版社，1999年，第94页。

1976 年（“文革”期间），家庭工业都被当作“资本主义尾巴”砍掉了。20 世纪 80 年代实行改革开放以后，家庭工业迅速恢复和发展起来：1984 年，全市有家庭工厂 4440 家，从业人员 7141 人，总产值 2547 万元。① 正当许多国有企业和工厂的经济业绩持续下滑，出现严重亏损，甚至停产之时，私营家庭工厂却在昼夜不分地开动机器生产，力求在市场上割分到一块属于自己的小“蛋糕”。这种由个人及其家庭自发推动的私营家庭工业，怀着没有敌意的“反抗”心理②，悄无声息地冲破了现有僵化计划经济体制的束缚，逐渐发展成为小巧精干、富有竞争力的市场新主体之一③，不断推动着市场转型和制度变迁。

家庭工厂的主要特征和功能之一是：将亲缘网络关系交往的那套伦理道德规则，从家庭工厂内部，扩展到它与供应商、批发商、零售商三者之间的相互关系之中；反之，供应商、批发商和零售商对这个家庭工厂，也会采取同样的伦理道德规范和处事规矩。家庭工厂、供应商、批发商、零售商四方之间，形成了一条价值链④，并以家庭工厂主为主、以价值链为主线形成合作共赢网络，即家庭工厂、供应商、批发商、零售商等四个利益相关方共同构建起来的“蜂窝”，我们可以称之为价值链式“蜂窝”。家庭工厂主就是一个个价值链式“蜂窝”里的小蜂王。

1996 年，在琼海市，一个受访的家庭工厂主对笔者说：“我们的产品在全岛各地都有。我们主要通过各市县商品批发部门经销，也通过其他各种渠道推销。我厂与经销商从来不订合同，全靠讲信用。利他也是利己，利他也是给自己创造一个轻松的环境”。⑤

家庭工业比上文所述的家庭商业将亲缘网络的行为规则扩展到更大的范围之中。家庭工厂主就像蜂王一样，以价值链为主线，与供应商、批发商和零售商之间

---

① 琼海市地方志编纂委员会编：《琼海县志》，广东科技出版社，1995 年，第 241 页。

② P. 马特拉（Philip Mattera）在论及地下经济时曾说，人们在自己有限的能力范围内反抗现行的经济制度。这是一种较为复杂的反抗形式，是没有组织的，并且人们对于反抗的经济制度在某些方面也不是敌对的。参阅 Philip Mattera，1985，*Off the Books：The Rise or the Underground Economy*，New York：Sr. Martin's Press. pp. 129.

③ 笔者认为，从一定意义上讲，家庭商业、饮食服务业、家庭工业等都表示了老百姓对僵化的计划经济的自发性“反抗”。

④ 参照波特的价值链分析学说，笔者认为，市场竞争不只是发生在企业与企业之间，而且发生在企业各自的价值链之间。真正按照“链”的特征实施企业的业务流程，使得各个环节既相互关联，又具有处理资金流、物流和信息流的自组织和自适应能力，使企业的供、产、销系统形成一条珍珠般的项链“价值链”。这就是价值链管理系统实际所要解决的主要问题。参阅张继焦：《价值链管理：优化业务流程、提升企业综合竞争能力》，中国物价出版社，2001 年，第 4 页。

⑤ 资料来源：笔者 1996 年在海南省琼海市对面条工厂主 W. J 的访谈。W. J 的面条厂建于 1992 年，产品皆为“得乐牌”，主要有高级波纹蛋黄面和高级宽条蛋黄面两种产品。1995 年，该厂被评为“1994 年琼市先进乡镇企业”“1994 年度海南省先进乡镇企业”。1996 年，该厂的生产线是海南岛的第 18 条生产线。在强手如林、竞争激烈的市场中，该厂注重保证产品质量，在必要的时候，也压低价格。从这两方面着手，近几年来，尽管市场常有波动，但该厂一直在不断发展。

逐渐形成了互相信赖的关系网络。对家庭工厂来说，这套逐步建立起来的价值链式“蜂窝”，作为一个较为稳定可靠的供、产、销网络关系，不但是它进行采购、生产、经营和销售的可靠关系网，而且是它与供应商、批发商、零售商等三方之间高效合作共赢的运行方式。

四、总　结

本文中提出的“蜂窝式社会”这个新概念，是与笔者 2014 年提出的“伞式社会”相对应的一个概念。

（一）对“蜂窝式社会”概念的通俗性阐释和总结性描述

为什么把普通百姓比喻为“蜜蜂”，把他们的生活比喻为共筑“蜂窝”？

第一，普通百姓像不知疲倦地采花粉的“蜜蜂”一样勤劳，无论是在自己的家乡农村务农，还是来到城市讨生活，都是依靠自己辛勤的双手，流着辛苦的汗水，自力更生地谋求生计。第二，普通老百姓虽然没有像“富有商人”那样拥有丰富的经济资源，但是，由于改革开放，导致市场转型，出现了很多的市场空间和发展机会，老百姓可以通过就业或经商，挣到钱，获得自身的发展，即他们可以像勤劳的蜜蜂那样，日夜不停地采集花粉，“一分耕耘，有一分收获”，酝酿和收获着属于自己的甘甜蜂蜜。如果没有市场化，普通老百姓不会有这么多市场机会。第三，在巨大的社会结构中，每一个普通老百姓既不是一个一个单独的个体，也不是生活在孤岛上的，他们是相互联系来生活的，各位老百姓之间的联系会像蜜蜂那样一起共同构建起一个蜂窝（关系网或交往圈）。很多时候，这些“蜂窝”多表现为以某个家庭或家族为中心构成一个关系网或交往圈。俗话说：“金窝、银窝，不如自己的狗窝”，即同一关系网或交往圈的人会相互联系一起构建一个共同的互惠共赢网络，以便大家互帮互助，共同分享市场转型的红利。第四，每一个看不见的关系网或交往圈虽然各不相同，但是，它们都还有另一个共同的特点，即每一个“蜂窝”都有一个“蜂王”带领着或多或少的“工蜂”，不断地在窝外辛劳地采集花粉，回到窝内与自己伙伴一起共同建筑属于大家的“蜂窝”。第五，普通老百姓自发地形成的这些大大小小的“草根”关系网或交往圈（“蜂窝”），虽然社会上没有拥有很多的资源，通常以家庭伦理为基础，以传统道德和风俗习惯为常用的行为规范，勇敢地去争取市场空间和发展机会，并在市场转型中形成了一些影响市场资源配置和经济社会发展的民间机制。第六，普通老百姓的这些各式各样的关系网或交往圈（“蜂窝”），虽然是看不见的或无形的，但是，它们已成为非官方经济社会结构中的一部分。“蜂窝式社会”是经济社会结构的主要特征之一。

（二）主要结论

本文中，笔者主要从就业性和经营性两个视角，分析了五类“蜂窝”基本结构与功能，包括就业者“蜂窝”有链式和网式两种形态，以及经商者“蜂窝”有以家庭、价值链中心的两种类型。简称“二×五·蜂窝”结构与功能。“蜂窝”式关系不但涉及初级群体和次级群体的社会关系，而且涉及都市社会和商业社会中的陌生人的关系，不但涉及关系网络中的社会性交换，而且涉及人们的经济性。这些看不见的交往圈或关系网虽然各种各样，但是，它们都有一个共同的特点，即它们都不是无主之网，与每个蜂窝都有一个“蜂王”类似，这些大大小小的关系网都有类似“蜂王”的领头人。这些领头人对其关系网或交往圈通常具有一定的引领或指导作用，但他们大多都是无冕之王。他们有时可能是一位家庭户主，有时可能是一位德高望重的老者，有时可能是一位成功的商人。

十几年来，笔者一直在思考中国的市场转型与资源配置和制度变迁之间的关系问题。[①] 如果说，中国的经济社会结构是一种“二元结构”：代表官方“大传统”的政府主导“伞式社会”与代表普通百姓“小传统”的民间“蜂窝式社会”，那么，这两者是一直处于分离状态，还是会有一定的衔接呢？具有民间性质的“蜂窝式社会”没有很多权力和资源，但依据自身努力争取更多的市场空间和发展机会；其经济性和社会性比较强，但政治性比较弱。当社会上的各种“蜂窝”由很小发展到一定程度，形成了群体性网络、地域性网络[②]。这些群体性“蜂窝”将有可能在原先具有的社会性、经济性基础之上，增添政治性这一种新的功能。即社会上各种基于网络关系的“蜂窝”，一旦具有群体性，将同时具有经济性、社会性和政治性，它们不但具有资源配置的功能，也是推动市场化制度变迁的力量。由此，基于一定规模“蜂窝”的群体，其社会团体就可以与政府有关部门建立起组织性联系，推动市场化制度变迁。简言之，与“伞式社会”自上而下进行资源配置和推动制度变迁不同，民间社会自下而上的行为，如果试图参与资源配置和推动制度变迁，必须要形成群体性“蜂窝”式社会结构，才能形成影响力或发挥作用。

［作者简介］

张继焦，中国社会科学院民族学与人类学研究所社会研究室主任、研究员，博士生导师，兼任国际人类学与民族学联合会副主席、国际企业人类学委员会主席，中国民族研究团体联合会副主席、中国都市人类学委员会联合主席。研究方向主要

① 参阅张继焦：《非正式制度、资源配置与制度变迁》，载《社会科学战线》，1999年第1期；张继焦：《市场化中的非正式制度》，文物出版社，1999年。

② 比如，浙江省的商人，简称“浙商”，目前在中国是一个有经济实力和政治影响力的商人群体。参阅张继焦：《新一代商人群落的研究之一——从企业人类学角度，分析浙商的产生和群体特点》，《企业和城市发展：并非全是经济的问题》（张继焦主编），知识产权出版社，2013年，第123－132页。

有：企业人类学——侧重于“老字号”企业的研究；都市人类学——侧重于亚太地区的城市流动人口（移民）研究。到目前为止，（1）中文发表：论文和文章200多篇，中文专著和论文集、译著26部；（2）外文发表：已用英文、日文、法文等三种外文，在美国、英国、德国、法国、印度、泰国、马来西亚、中国等8个国家，发表了4本论著和10多篇论文。

中国粮食市场挤压效应的成因分析

翁　鸣

中国作为世界上人口最多的国家，始终把粮食安全放在一个极其重要的战略地位。2004—2014 年，中国粮食产量实现了连续 11 年增长，保证了 13.6 亿中国人的吃饭问题；但与此同时，出现了“两增一涨”新情况，即粮食进口量和库存量增加，国内粮食价格刚性上涨。从 2013 年 6 月开始，国内外粮食价格出现倒挂现象，即国内粮食批发价格高于进口粮食到岸完税价格，国内粮食市场挤压效应逐渐显现。在这样的背景下，需要科学分析国内外粮价倒挂的主要原因，解决显现的或潜在的隐患，以确保中国始终掌握粮食安全的主动权。

一、学术界对中外粮食价格变化的讨论

近年来，国内外粮食价格变化引起了学术界的关注和讨论。中国粮食进口数量总体上升；玉米等粮食品种积压严重，库存压力凸显，财政负担加重；国内粮食价格明显高于国际粮食价格，并且价差有进一步扩大的趋势。与此同时，以美国为代表的农产品出口国极力主张农产品进口关税大幅度下调，粮食进口关税下降是一个全球性大趋势。在这种情况下，中国粮食安全是否具有可持续性，粮食政策是否需要调整以及如何调整，理所当然地成为国内农经界和决策层讨论的热点话题。

一些学者阐述了自己的观点。从粮食价格比较看，国内粮价远超过国际粮价，形成了价格“天花板”，这对未来中国整个农业产业的安全构成一个非常大的威胁（陈锡文，2014）；农产品价格“天花板”封顶和生产成本“地板”抬升的挤压显现（韩俊，2015）。杜鹰认为，如果中国主要农产品价格高于关税配额外进口完税后的价格，国外农产品大量进入中国将不可避免①。

从国内外粮价倒挂的原因看，国内粮食生产成本和最低收购价抬高、国际粮食价格下跌、人民币升值和国际能源价格暴跌导致货运价格下跌，是国内外价差扩大的四大推手（陈锡文，2015）；短期内全球粮食和石油价格正在发生重要的周期性变化，特别是石油价格下跌较多，对国际农产品市场的影响非常明显（韩俊，

① 资料来源：凤凰网资讯（http：//news. ifeng. com/a/20150307），2015 年 3 月 7 日。

2015）。

从粮食政策调整看，现在更应关注粮食结构和粮食生产可持续问题，要减少资源开发强度，在粮食结构上做文章，在粮食提质增效上下功夫（程国强，2015）；未来中国粮食安全不仅取决于粮食生产数量，而且取决于粮食国际竞争力（翁鸣，2015）。

上述学术界讨论大致可归结为：由于国际粮食价格下降和国内粮食价格上涨，国内外粮食价格之间的关系发生变化，其重要特征是，国内粮食价格上限下降、下限上升，导致国内粮食市场挤压效应逐渐显现，具有粮食政策调整的政策含义。这是中国粮食安全面临的新情况和新问题。但是，目前对中国粮食市场挤压效应的深入研究尚显不足，已有相关文献基本上以定性判断为主，有些概念缺乏学术规范。例如，中国粮食市场挤压效应的作用机理尚未得到详细的剖析；又如，国内外粮食价格"倒挂"概念比较模糊，有待于准确定义。另外，有的学者认为，应该让粮食价格上涨得快一些，快过生产成本的上升速度，并能更好地反映农业资源的稀缺程度，这才是中国今后农业政策的长期目标（马晓河，2011）。显而易见，分析中国粮食市场挤压效应产生的原因和作用机理，有助于全面把握中国粮食安全及其政策调整方向。基于这样的考虑，本文拟从国内外粮食价格变化的特点、粮食生产成本及其结构差异等方面，探究中国粮食市场挤压效应产生的主要原因，以及它们未来可能对中国形成的潜在冲击。

二、国内外粮价变化与市场挤压效应

中国粮食产量"十一连增"的同时，粮食净进口总体上也在增长。以谷物为例，2005—2014年，中国谷物净进口量从389.9万吨增加至1874.7万吨，10年间增长了380.8%。值得关注的是，现阶段中国玉米库存也达到了较高水平。粮食进口量与粮食库存量双增长，其中一个重要原因是国际粮食价格低于国内粮食价格，甚至进口玉米等的到岸完税价格低于国内玉米等的批发价格，进口粮食的价格优势成为加工和流通企业选择使用进口粮食的重要依据。

（一）国内外粮价差距呈现扩大趋势

2004—2014年，国际小麦、大米和玉米价格走势呈现明显的波动。2008年，全球粮食危机导致国际粮食价格上涨，粮食危机后国际粮食价格总体下跌；同期，国内粮食价格基本上呈现刚性上涨，其中略有波动，但可忽略不计（见表1）。国内外粮食价差反映了国内外粮食价格的相对关系，粮食价差值越大，表示国内粮食价格超过国际粮食价格越多。例如，2012—2014年，玉米和大米的国内外价差呈现明显扩大的趋势（见图1）。当国内外粮食价差达到一定程度，即国内粮食价格高于进口粮食到岸完税价格时，就出现国内外粮价倒挂现象。

表 1　中国与国际市场主要粮食品种价格比较　　单位：元/公斤

项目	2004 年	2005 年	2006 年	2007 年	2008 年	2009 年	2010 年	2011 年	2012 年	2013 年	2014 年
国际小麦	1.26	1.15	1.32	1.80	2.40	1.59	1.63	1.89	2.06	1.94	1.87
中国小麦	1.54	1.50	1.44	1.54	1.74	1.84	1.98	2.07	2.15	2.44	2.50
价差(%)	22.22	30.43	9.09	-14.44	-27.50	15.72	21.47	9.52	4.39	25.77	33.69
国际大米	1.85	2.10	2.13	2.26	4.21	4.01	3.38	3.43	3.45	3.22	2.56
中国大米	2.36	2.27	2.30	2.43	2.82	2.92	3.13	3.52	3.80	3.94	4.00
价差(%)	27.57	8.10	7.98	7.52	-33.02	-27.18	-7.40	2.62	10.14	22.36	56.25
国际玉米	0.96	0.81	0.97	1.25	1.55	1.18	1.30	1.90	1.87	1.61	1.25
中国玉米	1.25	1.22	1.30	1.53	1.62	1.63	1.89	2.16	2.29	2.26	2.33
价差(%)	30.21	50.62	34.02	22.40	4.52	38.14	45.38	13.68	22.46	40.37	86.40

注：①价差率 = ［（国内粮食价格 - 国际粮食价格）/国际粮食价格］×100%；②小麦、玉米国际价格为美国海湾离岸价格，大米国际价格为曼谷离岸价格；小麦、大米、玉米国内价格为全国平均批发价格。

数据来源：小麦、大米和玉米价格数据摘自中国社会科学院农村发展研究所、国家统计局农村社会经济调查司（2015），第 89 页。

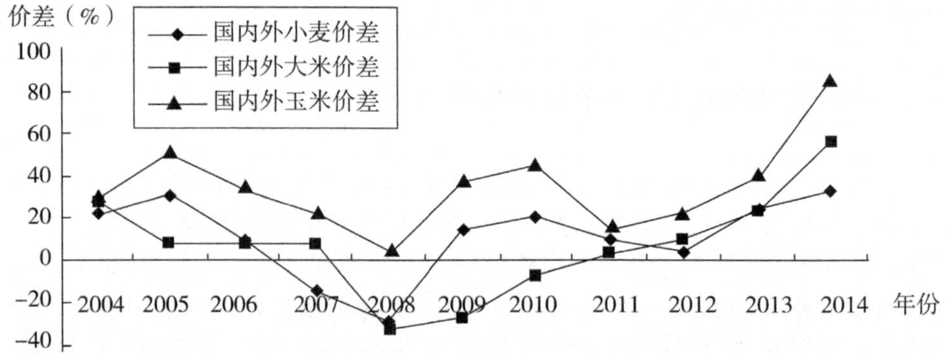

图 1　中国与国际市场主要粮食价格差距

（二）国内外粮食价格倒挂现象显现

国内外粮食价格倒挂是指国内粮食价格高于进口粮食价格的现象。为了保证粮食安全，粮食进口国均设立较高的粮食进口关税，以冲抵出口国的粮食价格优势，使得国内粮食价格低于进口粮食价格。但是，如果国际粮食价格持续下降、国内粮食价格持续上升，国内粮食价格就可能高于进口粮食价格，即发生国内外粮食价格倒挂现象。

中国主要粮食品种（小麦、玉米、大米）的进口关税有两种：一种是配额外关税，税率 65%；另一种是配额内关税，税率 1%。关税配额内的粮食进口是有数量限制的。2015 年，中国粮食进口关税配额量为：小麦 963.6 万吨，玉米 720 万吨，大米 532 万吨①。当中国主要粮食品种的国内价格高于关税配额内粮食进口价格（1% 关税）、但低于关税配额外粮食进口价格（65% 关税）时，主要粮食品种进口按照配额内关税税率征收，且其最大进口量不超过上述配额量，这时的国内外粮食价格关系可称为国内外粮食价格“相对倒挂”现象。当中国主要粮食品种的国内价格高于关税配额外粮食进口价格时，这意味着关税保护的作用已经发挥到极致，可能发生国外粮食大量涌入国内市场的情况，这时的国内外粮食价格关系可称为国内外粮食价格“绝对倒挂”现象。

从中国实际情况来看，2015 年，中国不仅继续呈现国内外粮食价格“相对倒挂”现象，而且该年有的月份还出现了国内外粮食价格“绝对倒挂”现象。以广州黄埔港到港的小麦为例②，2015 年 1—12 月关税配额内美国小麦到岸完税价格、国内小麦到港价格和关税配额外美国小麦到岸完税价格三者的关系如图 2 所示。国内小麦平均到港价格低于关税配额外美国小麦平均到岸完税价格 0.12 元/公斤，高于关税配额内美国小麦平均到岸完税价格 0.98 元/公斤。值得注意的是，2015 年 5 月，国内小麦到港价格高于关税配额外美国小麦到岸完税价格 0.12 元/公斤。上述情况表明，关税配额外美国小麦到岸完税价格已经非常接近国内小麦到港价格，甚至有的月份还低于国内小麦到港价格。

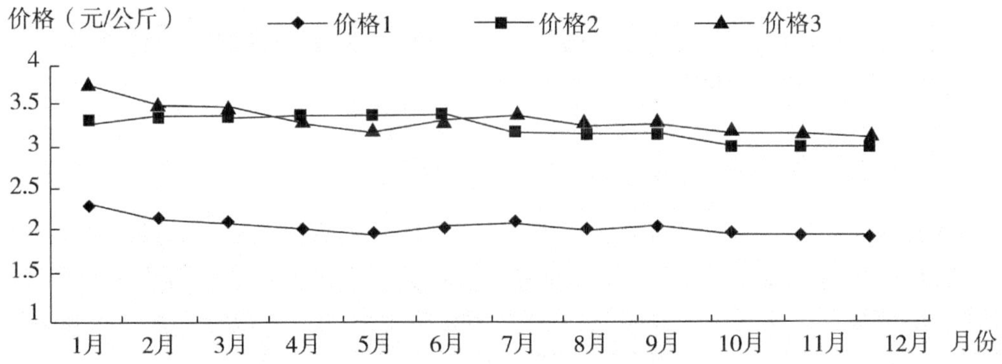

图 2　2015 年广州黄埔港国内外小麦价格比较

注：价格 1 为关税配额内美国小麦到岸完税价格；价格 2 为国内小麦到港价格；价格 3 为关税配额外美国小麦到岸完税价格。

再以广州黄埔港到港的玉米为例，2015 年 1—12 月关税配额内美国玉米到岸完税

① 数据来源：《2015 年粮食进口关税配额申领条件和分配原则》，商务部网站（http：//www.mofcom.gov.cn/article/b/gl）。

② 为了便于在相同地点、相同时点比较，国内外小麦、玉米（见下文）价格均以运至广州黄埔港为准。资料来源：《农产品供需形势分析月报》，农业部网站（http：//www.moa.gov.cn/zwllm/jcyj），2015 年 12 月。

价格、国内玉米到港价格和关税配额外美国玉米到岸完税价格三者的关系如图3所示。国内玉米平均到港价格低于关税配额外美国玉米平均到岸完税价格0.11元/公斤，高于关税配额内美国玉米平均到岸完税价格0.78元/公斤。值得注意的是，2015年5月和6月，国内玉米到港价格高于关税配额外美国玉米到岸完税价格0.19元/公斤、0.17元/公斤。上述情况表明，关税配额外美国玉米到岸完税价格已经非常接近国内玉米到港价格，甚至有的月份还低于国内玉米到港价格。

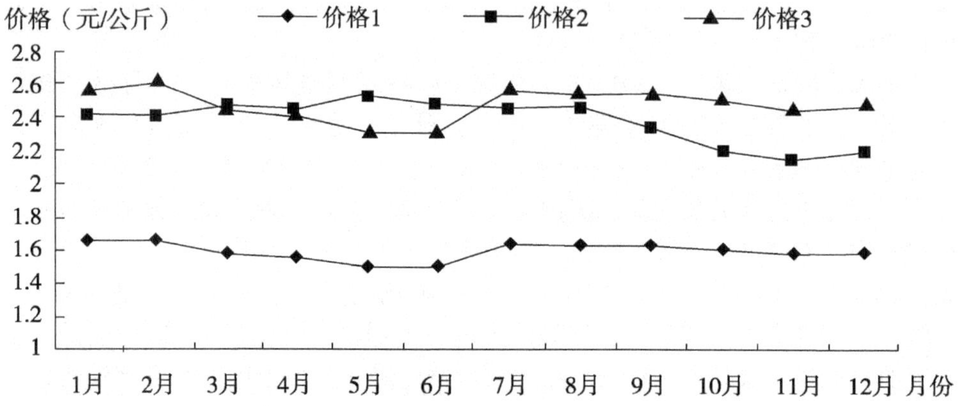

图3　2015年广州黄埔港国内外玉米价格比较

注：价格1为关税配额内美国玉米到岸完税价格；价格2为国内玉米到港价格；价格3为关税配额外美国玉米到岸完税价格。

（三）国内外粮价倒挂形成“挤压效应”

从价格因素看，国内粮食价格与进口粮食到岸完税价格相比，如果前者高于后者，就形成国内外粮食价格倒挂，这种粮食价格关系变化引发了中国粮食市场挤压效应。所谓粮食市场“挤压效应”，是由粮食价格上限（也称粮食价格“天花板”）下降与粮食价格下限（也称粮食价格“地板”）上升共同形成的。

这种粮食价格“天花板”是指由粮食进口到岸完税价格形成的国内粮食价格上升限制，主要由国外粮食离岸价（FOB）、进口国关税和国际运输成本等构成。在不考虑非关税壁垒的情况下，如果国内粮食价格超过“天花板”，将发生国外粮食大量进口的情况。粮食价格“地板”是指由粮食生产成本等形成的国内粮食价格下降限制，在一般情况下，国产粮食价格不应低于“地板”，否则粮食生产者的种粮积极性就会受到严重损害，中国粮食平均批发价格可视为重要的国内粮食价格“地板”。

国际粮食价格持续走低，必然导致进口国粮食价格“天花板”不断降低，即在国际粮价下降的压力下，国内粮食价格上涨的上限随之下降，这种情况称为粮食市场“下压效应”。国内粮食生产成本和收购价格不断上涨，引发国内粮食批发价格连续上升，这种情况称为粮食市场“上挤效应”。如果在一个时期内，粮食进口国同时发生上述“下压效应”和“上挤效应”，则可将它们合并称为粮食市场“挤压效应”，其后果是，国内粮食价格的调整空间和粮食政策的调整空间均被压缩。“挤压效应”的基本机理及主要影响因素如图4所示。

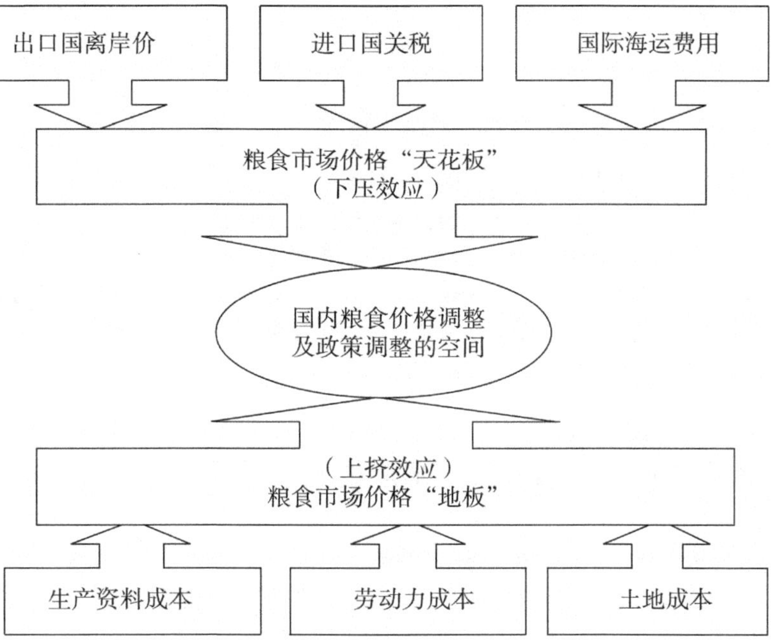

图4　粮食进口国市场挤压效应的基本机理

粮食市场挤压效应的强弱程度，主要来自关税配额外进口粮食到岸完税价格与国内粮食批发价格之间的差值，该差值与挤压效应成反比，即差值越小，挤压效应越大。差值减小为零，说明挤压效应已使关税保护作用发挥到极致。为了使挤压效应的方向与其数值的方向一致，本文用上述差值的倒数来表示挤压效应①。2012年以来，中国主要粮食品种市场挤压效应趋于增强（见图5）。2013—2015年期间，这种挤压效应增强尤为显著，小麦市场挤压效应值从0.745上升至3.333，玉米市场挤压效应值从0.775上升至3.125，大米市场挤压效应值从0.532上升至3.703。当中国粮食市场挤压效应达到一定程度时，就需要对国内粮食政策和粮食价格做出相应调整，以保证国内粮食市场免受国外粮食的冲击。

① 挤压效应值＝1/（关税配额外进口粮食到岸完税价格－国内粮食批发价格）。挤压效应值越大，表示挤压强度越大；挤压效应值越小，表示挤压强度越小。

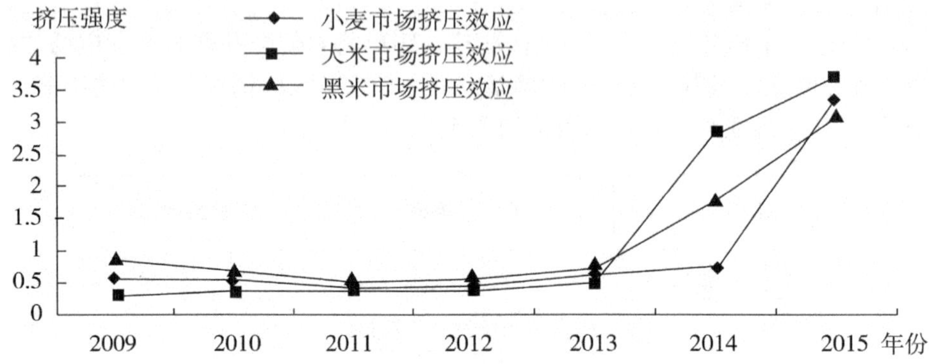

图5 中国主要粮食品种市场挤压效应状况

数据来源：农业部网站（http：//www. moa. gov. cn/zwllm/jcyj/）；中国农业信息网（http：//www. agri. cn/V20/SC/jcyj_ 1/）；中国社会科学院农村发展研究所、国家统计局农村社会经济调查司（2015）。

三、粮食市场“挤压效应”形成的主要原因

本文分别从中国主要粮食品种（小麦、玉米、大米）生产成本、中美主要粮食品种生产成本比较和国际海运费用三个方面，剖析国内粮食市场“挤压效应”形成的主要原因。

（一）中国粮食生产成本上升，收益下降

2003—2014 年，中国主要粮食品种的亩产值都呈现增长的态势（除 2005 年、2013 年外）。与 2004 年相比，2014 年粮食亩产值实际增长了 33. 15%[①]。同期，每亩生产成本均比上一年增长。与 2004 年相比，2014 年粮食每亩生产成本实际增长了 51. 86%[②]。这表明，粮食每亩生产成本增长比亩产值增长更快，粮食生产成本增长较快是粮食价格上升的直接和主要原因。值得注意的是，在生产成本增长快于产值增长的情况下，自 2004 年开始，三种粮食的亩收益率呈现徘徊和下降的态势，尤其是在 2012—2014 年，三种粮食的亩收益率明显下滑（见表 2）。

① 产值数据按照以 2003 年为基期，按照农产品生产价格指数进行平减，农产品生产价格指数来自国家统计局网站（ttp：//data. stats. gov. cn/easyquery）。

② 成本数据按照以 2003 年为基期的农业生产资料价格指数进行平减，农产品生产资料价格指数来源于国家统计局网站（http：//data. stats. gov. cn/easyquery）。

表 2　三种粮食每亩成本效益的变化情况　　单位：元

项目	2003 年	2004 年	2005 年	2006 年	2007 年	2008 年
产值	411.2	592.0	547.6	599.9	666.2	748.8
成本	377.0	395.5	425.0	444.9	481.1	562.4
收益	34.2	196.5	122.6	155.0	185.1	186.4
收益率（%）	8.3	33.2	22.4	25.8	27.8	24.9
项目	2009 年	2010 年	2011 年	2012 年	2013 年	2014 年
产值	792.8	899.8	1041.9	1104.8	1099.1	1193.4
成本	600.4	672.7	791.2	936.4	1026.2	1068.6
收益	192.4	227.1	250.7	168.4	72.9	124.8
收益率（%）	24.3	25.2	24.1	15.2	6.6	10.5

注：成本包括物质费用、劳动用工和期间费用，期间费用包括土地承包费、管理费、销售费、财务费等；产值包括副产品产值；收益率 = 收益/产值 × 100%。

资料来源：国家发展和改革委员会价格司（编）：《全国农产品成本收益资料汇编》（2009 年、2015 年），中国统计出版社。

（二）人工、土地成本是引起粮食生产总成本上升的主要因素

从成本结构来看，在中国三种主要粮食（小麦、玉米、大米）的总成本中，人工成本、土地成本、机械作业费和化肥费分别占有较大比重。2014 年，人工成本、土地成本、机械作业费和化肥费分别占粮食总成本的 41.81%、19.09%、12.55%、12.39%，这 4 项费用合计为 917.19 元，占总成本的 85.83%（见表 3、表 4）。从成本增加情况来看，2004—2014 年，上述 4 项费用分别实际增长了 87.35%、123.50%、151.58%、9.83%[①]。从总成本构成来看，2004—2014 年，化肥费占比从 18.06% 降至 12.39%，表明中国粮食生产中科学施肥有所加强；机械作业费占比从 7.98% 增至 12.55%，加之粮食生产中用工天数有所减少，表明中国粮食生产机械化程度不断提高，这有助于未来中国农业生产成本降低；人工成本不仅占粮食总成本的比重最大，而且其占比从 35.73% 增至 41.81%，表明人工成本增加是导致中国粮食总成本上升的主要因素之一；2014 年中国粮食总成本中，土地成本占比仅次于人工成本，2004—2014 年，该占比从 13.67% 增至 19.09%，土地成本上涨是导致中国粮食总成本上升的另一个主要因素。由此可见，在中国粮食总成本不断上升的过程中，人工成本和土地成本是两个最主要的推动因素，进而推动粮食价格上涨。

① 成本数据按照以 2004 年为基期的农业生产资料价格指数进行平减，农业生产资料价格指数来源于国家统计局网站（http：//data. stats. gov. cn/easyquery）。

表 3　三种粮食每亩成本及分项情况

单位：元

项目	2004 年	2006 年	2008 年	2010 年	2011 年	2012 年	2013 年	2014 年
总成本	395.50	444.90	562.40	672.67	791.16	936.42	1026.19	1068.57
种子费	21.06	26.29	30.58	39.74	46.45	52.05	55.37	57.82
化肥费	71.44	86.81	118.50	110.94	128.27	143.40	143.31	132.42
农药农膜费	13.18	18.25	22.98	24.73	26.01	29.00	29.96	30.61
机械作业费	31.58	46.73	68.97	84.94	98.53	114.48	124.92	134.08
排灌费	15.01	16.79	16.28	19.08	23.97	21.99	23.44	25.62
人工成本	141.30	151.90	175.00	226.90	283.05	371.95	429.71	446.75
土地成本	54.07	68.25	99.62	133.28	149.73	166.19	181.36	203.94
7 种成本之和	347.64	415.02	531.93	639.61	756.01	899.06	988.07	1031.24

资料来源：国家发展和改革委员会价格司（编）：《全国农产品成本收益资料汇编》（2009年、2015 年），中国统计出版社。

表 4　三种粮食每亩成本构成

单位：%

项目	2004 年	2006 年	2008 年	2010 年	2011 年	2012 年	2013 年	2014 年
总成本	100.00	100.00	100.00	100.00	100.00	100.00	100.00	100.00
种子费	5.32	5.91	5.44	5.91	5.87	5.56	5.40	5.41
化肥费	18.06	19.51	21.07	16.49	16.21	15.31	13.97	12.39
农药农膜费	3.33	4.10	4.09	3.68	3.29	3.10	2.92	2.86
机械作业费	7.98	10.50	12.26	12.63	12.45	12.23	12.17	12.55
排灌费	3.80	3.77	2.89	2.84	3.03	2.35	2.28	2.40
人工成本	35.73	34.14	31.12	33.73	35.78	39.72	41.87	41.81
土地成本	13.67	15.34	17.71	19.81	18.93	17.75	17.67	19.09
7 项成本之和	87.90	93.28	94.58	95.09	95.56	96.01	96.29	96.51

注：根据表 3 数据计算。

（三）中美两国小麦、玉米生产成本变化对比明显

中国粮食市场挤压效应的产生，不仅源自国内粮食价格上涨，而且受到国际粮食价格下降的影响。对比分析中美两国小麦、玉米生产成本，有助于深入认识中国粮食市场挤压效应。尽管中美两国粮食生产成本分类并非完全相同，但是，中国国家发展和改革委员会价格司和美国农业部经济研究局（ERS）分别公布的统计资料，为中美小麦和玉米生产成本对比分析提供了依据和条件。

首先，从2007—2014年中美小麦生产成本比较可知（见表5、表6）：第一，美国小麦总成本及生产价格有涨有跌，呈现波动状态；而中国小麦总成本及生产价格基本上呈现出单边上涨的趋势。2007—2014年，中国小麦总成本的上升幅度远大于美国小麦，以2007年为基期，分别按照中国农业生产资料和美国CPI进行平减格，前者实际上升了52.93%，后者实际下降了3.84%。第二，中国小麦总成本中人工成本占比最大，2014年该项占比高达38.55%；而美国小麦总成本中家庭劳动机会成本仅占5.58%，这是两国小麦总成本差距拉大的主要原因之一。第三，中国小麦总成本中土地成本的增长幅度远高于美国小麦总成本中土地机会成本的增长幅度，按照可比价格计算，2007—2014年，前者为55.26%，后者仅为7.02%。这是两国小麦总成本差距变大的另一个主要原因。

表5　中国小麦成本变化情况（每50公斤）　　单位：元

项目	2007年	2008年	2009年	2010年	2011年	2012年	2013年	2014年	2014年/2007年实际增减（%）
平均售价	75.58	82.76	92.41	99.01	103.95	108.31	117.81	120.59	29.78
总成本	58.79	62.23	73.03	81.58	89.19	105.60	119.48	110.53	52.93
种子费	4.53	4.76	5.20	6.04	6.59	7.29	7.95	7.47	34.13
化肥费	13.13	14.28	17.90	16.01	16.85	20.09	20.97	17.05	-3.95
农药农膜费	1.28	1.27	1.51	1.77	1.73	2.07	2.29	2.04	11.83
机械作业费	9.32	10.56	10.95	12.41	12.90	14.64	15.98	14.79	17.37
排灌费	3.19	2.50	3.43	3.42	4.53	3.81	4.31	4.03	-4.29
人工成本	17.33	17.15	19.26	24.16	29.00	38.07	45.92	42.61	72.48
土地成本	9.57	11.16	13.74	16.41	16.61	18.60	20.55	21.18	55.26
其余成本	0.44	0.55	1.04	1.36	0.98	1.03	1.51	1.36	116.91

资料来源：国家发展和改革委员会价格司（编）：《全国农产品成本收益资料汇编》（2013年、2015年），中国统计出版社。

表6　美国小麦成本变化情况（每50公斤）　　单位：元

项目	2007年	2008年	2009年	2010年	2011年	2012年	2013年	2014年	2014年/2007年实际增减（%）
平均售价	73.40	100.36	68.01	59.08	87.23	88.02	80.63	72.64	-13.31
总成本	87.75	89.04	89.93	71.03	89.25	78.52	91.22	96.32	-3.84
种子费	3.65	4.95	4.91	3.06	4.18	4.38	4.70	4.83	15.92
化肥费	13.21	16.23	18.99	9.00	13.85	12.19	13.49	13.36	-11.40
农药费	3.30	2.88	3.14	3.81	4.22	3.73	4.16	4.55	20.78

续表

项目	2007 年	2008 年	2009 年	2010 年	2011 年	2012 年	2013 年	2014 年	2014 年/2007 年实际增减（%）
机械作业费	14.73	14.36	12.03	12.28	15.51	13.35	14.92	15.75	-6.34
家庭劳动机会成本	8.42	7.12	7.40	4.43	5.11	4.47	5.08	5.37	-44.13
固定资产折旧	20.08	18.23	19.54	20.26	23.87	21.30	24.25	26.20	14.29
土地机会成本	16.28	15.12	16.90	12.93	16.28	13.75	18.62	19.89	7.02
税金与保险	2.95	2.80	3.12	1.63	1.99	1.70	1.89	2.02	-31.53
管理费	3.27	2.82	2.86	2.85	3.38	2.92	3.27	3.46	-7.31
其余成本	1.86	4.52	1.04	0.78	0.86	0.73	0.84	0.89	-58.08

注：美国小麦成本数据按照以 2007 年为基期的美国 CPI 进行平减。

资料来源：国家发展和改革委员会价格司（编）：《全国农产品成本收益资料汇编》（2013 年、2015 年，中国统计出版社），附录四：美国主要农产品成本收益情况；2007—2014 年美国 CPI 数据：国际货币基金组织（IMF，http：//www.imf.org/external/data.htm）。

其次，从 2007—2014 年中美玉米生产成本比较可知（见表 7、表 8）：第一，美国玉米总成本和生产价格有涨有跌，呈现波动状态；而中国玉米总成本和生产价格基本上呈现单边上涨的趋势。2007—2014 年，中国玉米总成本的上升幅度远大于美国玉米，以 2007 年为基期，分别按照中国农业生产资料指数和美国 CPI 进行平减，前者实际上升了 41.03%，后者实际下降了 7.75%。第二，中国玉米总成本中人工成本占比最大，2014 年该项占比高达 45.73%；而美国玉米总成本中家庭劳动机会成本仅占 3.59%。这是两国玉米总成本差距拉大的主要原因之一。第三，中国玉米总成本中土地成本的增长幅度远高于美国玉米总成本中土地机会成本的增长幅度，按照可比价格计算，2007—2014 年，前者为 46.01%，后者仅为 7.47%。这是两国玉米总成本差距变大的另一个主要原因。

表 7　中国玉米成本变化情况（每 50 公斤）　　单位：元

项目	2007 年	2008 年	2009 年	2010 年	2011 年	2012 年	2013 年	2014 年	2014 年/2007 年实际增减（%）
平均售价	74.76	72.48	82.01	93.62	106.07	111.13	108.81	111.85	21.71
总成本	51.68	55.58	62.21	67.89	78.91	91.55	101.07	103.86	41.03
种子费	3.19	3.12	3.71	4.23	4.82	5.28	5.64	5.53	28.22
化肥费	10.48	13.19	12.69	11.97	13.71	14.50	14.56	13.05	-7.9.0
农药农膜费	1.25	1.36	1.46	1.55	1.69	1.80	1.94	1.97	10.60

续表

项目	2007年	2008年	2009年	2010年	2011年	2012年	2013年	2014年	2014年/2007年实际增减（%）
机械作业费	4.06	4.72	5.50	6.42	7.43	8.55	9.77	10.52	81.83
排灌费	1.48	1.06	1.41	1.34	1.51	1.47	1.45	2.17	11.07
人工成本	18.91	19.35	22.23	25.96	31.29	40.44	46.65	47.49	76.17
土地成本	10.79	11.28	13.66	15.12	16.97	18.40	20.18	22.45	46.01
其余成本	1.52	1.50	1.55	1.30	1.49	1.11	0.88	0.68	-68.61

资料来源：国家发展和改革委员会价格司（编）：《全国农产品成本收益资料汇编》（2013年、2015年），中国统计出版社。

表8　美国玉米成本变化情况（每50公斤）　　单位：元

项目	2007年	2008年	2009年	2010年	2011年	2012年	2013年	2014年	2014年/2007年实际增减（%）
平均售价	48.99	59.65	48.27	58.64	72.87	84.25	56.17	42.79	-23.48
总成本	46.51	50.30	47.11	49.90	55.08	67.28	52.84	48.98	-7.75
种子费	5.13	5.70	6.80	7.65	7.94	9.46	7.62	7.18	22.60
化肥费	9.75	13.22	11.42	9.29	12.24	16.64	11.98	10.61	-4.68
农药费	2.55	2.39	2.43	2.47	2.47	2.89	2.23	2.08	-28.55
机械作业费	6.01	6.55	4.89	6.07	6.77	7.71	5.92	5.49	-19.98
家庭劳动机会成本	2.55	2.39	2.21	2.42	2.41	2.51	1.91	1.76	-39.54
固定资产折旧	7.31	7.25	7.02	7.91	8.12	9.90	7.57	7.06	-15.40
土地机会成本	10.18	10.40	0.01	11.70	12.63	14.78	13.10	12.49	7.47
税金与保险	0.78	0.79	0.82	0.77	0.81	0.98	0.72	0.67	-0.15
管理费	1.45	1.35	1.25	1.36	1.41	2.03	1.53	1.41	-14.82
其余成本	0.80	0.16	0.26	0.26	0.28	0.38	0.26	0.23	-74.82

注：美国玉米成本数据按照以2007年为基期的美国CPI进行平减。

资料来源：国家发展和改革委员会价格司（编）：《全国农产品成本收益资料汇编》（2013年、2015年，中国统计出版社），附录四：美国主要农产品成本收益情况；国际货币基金组织（IMF，http：//www.imf.org/external/data.htm）。

（四）海运费用下降扩大了中外粮食价差

2015年，国际石油价格大跌，导致国际粮食海运费用明显降低，进而使进口粮食到岸完税价格进一步下降。以美国墨西哥湾运至中国广州黄埔港的玉米海运费用为例，2015 年，该航线的海运费用分别是 2014 年的 68.03%、2012 年和 2013 年的 69.44%、2008 年的 30.40%（见表 9），尤其是 2015 年，这条航线的海运费用仅为 2008 年的 1/3。这是因为国际海运费用不仅与石油产品价格的周期性波动有关，而且与当时全球粮食危机造成的国际粮食海运繁忙有关。由此可见，国际海运费用也是国内外粮食价格倒挂，进而中国粮食市场产生挤压效应的原因之一。

表 9　国际粮食海运费用（美国墨西哥湾至中国广州黄埔港）　单位：元/公斤

项目	2008 年	2012 年	2013 年	2014 年	2015 年
国际海运费用	0.658	0.288	0.288	0.294	0.200

资料来源：中国玉米网（http//www.yumi.com）。

四、主要结论与政策启示

（一）主要结论

中国粮食市场挤压效应现象是由国内外因素共同造成的。从国际因素看，在全球经济不景气的背景下，国际市场上粮食、石油等大宗商品价格走低，国际海运费用明显降低，导致进口粮食运至中国的到岸完税价格处于周期性低位阶段。从国内因素看，中国粮食生产成本持续刚性上涨，尤其是粮食生产成本中的人工成本和土地成本不断上涨，拉大了国内外粮食价格差距并成为国内外粮食价格倒挂的重要原因，最终产生了粮食市场的挤压效应。这种挤压效应的强弱程度，主要取决于关税配额外进口粮食到岸完税价格与国内粮食批发价格之间的差值，该差值与挤压效应成反比，即差值越小，挤压效应越大。

随着中国粮食市场挤压效应趋于增强，国内粮食市场面临国外粮食冲击的潜在危险也在增大。根据笔者对国内粮食贸易行业和粮食加工行业的调查分析，当关税配额外进口粮食到岸完税价格与国内粮食运至同一港口价格之间的差值达到一定程度时，即综合考虑海关通关、检验检疫等手续成本及相关风险后，企业就会选择以进口粮食替代国产粮食。假定上述中外粮食价差为 200 元/吨①，并以 2015 年小麦、玉米进口到岸价格和国内小麦、玉米到港价格（广州黄埔港）为依据，选择进口关税为唯一变量时，可求得小麦、玉米进口关税税率分别为 47%、43%，这是实际发挥保护作用的关税税率。计算结果表明：中国小麦、玉米配额外进口关税（税率为 65%）中，分别尚有 18 个、22 个百分点可供进一步发挥保护作用；这同时提示：中国小麦、玉米关税税率下调的空间非常有限，如果中国粮食市场挤压效应继续增

① 计算公式：国内粮食到港价格 − [进口粮食到岸价格（1 + x%）+ 增值税 + 损耗 + 装卸费] = 200（元/吨）。其中，x% 为实际发挥作用的关税税率。

强，进口粮食对国内市场冲击的潜在危险就会变为现实危险。

（二）政策启示

本文研究表明：中国粮食市场挤压效应产生的主要原因之一，在于国内粮食生产成本持续刚性上涨。虽然国内粮价上涨激发了中国农民种粮积极性，但在国际粮价下行的压力下，必须综合考虑国内外粮食市场变化，调整国内粮食收储政策，这是未来中国农业政策的长期目标。解决上述挤压效应困境的关键，应将一味强调粮食生产数量的政策导向，从调整到粮食生产数量与粮食生产效益并重的政策导向。

第一，探索不同经营主体在粮食规模化生产中降低粮食生产成本的路径。例如，一些农民专业合作社采取土地入股方式实现规模经营，而家庭农场、种植大户采取土地转租方式，前者的土地成本远低于后者。

第二，调整现有的粮食政策，改变粮价刚性上涨趋势。从改革的方向看，坚持粮食价格由市场决定，实行价格与补贴分离、福利性补贴与生产性补贴分离，生产性补贴应向粮食规模化生产倾斜，既有利于保护农民的正当利益，又有利于降低粮食生产成本。

第三，增强服务“三农”实效，有效降低粮食生产成本。要切实解决粮食价格下跌与农民种粮收益之间的矛盾，包括农村产业融合发展、农业技术服务、粮价信息发布、职业农民培训、基础设施和市场建设、生产资料供给等多种途径，既降低了粮食生产成本，又不影响农民种粮积极性。

参考文献：

1. 陈锡文：《中国农业发展形势及面临的挑战》，载《农村经济》，2015 年第 1 期。

2. 韩俊：《中国农业进入高成本时代　粮食补贴逼近承诺上线》，中国经济网（http：//finance. ifeng. com），2015 年 3 月 21 日。

3. 程国强：《中国粮食安全的真问题》，财新网（http：//opinion. caixin. com），2015 年 2 月 5 日。

4. 马晓河：《中国农业收益与生产成本变动的结构分析》，载《中国农村经济》，2011 年第 5 期。

5. 翁鸣：《TPP 将冲击我国农业》，载《环球时报（国际论坛版）》，2015 年 7 月 21 日。

6. 中国社会科学院农村发展研究所、国家统计局农村社会经济调查司：《中国农村经济形势分析与预测》（2014—2015），社科文献出版社，2015 年。

［**作者简介**］

翁鸣，中国社会科学院城乡发展一体化智库秘书长、中国社会科学院农村发展研究所研究员、博士。主要研究领域：农产品国际贸易、农村基层民主。学术代表作：《中国农业竞争力研究》（2003 年）、《农村绿皮书》（1999—2017 年各册）、《迷局背后的博弈——WTO 新一轮农业谈判问题剖析》（2009），《中国粮食市场挤压效应的成因分析》（《中国农村经济》，2015 年第 11 期）。曾担任中共河北省县委副书记，直接参与农村政治体制改革实践并作理论研究。

开启新时代中国特色社会主义法治新征程

李　林

党的十九大报告站在历史与未来、中国与世界的新高度，着眼于实现“两个一百年”的奋斗目标，作出了中国特色社会主义进入新时代、我国社会主要矛盾已经转化等重大战略判断，确立了习近平新时代中国特色社会主义思想的历史地位，明确提出了新时代坚持和发展中国特色社会主义的基本方略，深刻回答了新时代坚持和发展中国特色社会主义的一系列重大理论和实践问题，作出了社会主义现代化建设“两个阶段”的重大战略安排，绘就了高举中国特色社会主义伟大旗帜、决胜全面建成小康社会、夺取新时代中国特色社会主义伟大胜利的新蓝图，开启了迈向社会主义现代化强国的新征程。

党的十九大报告明确指出：“经过长期努力，中国特色社会主义进入了新时代，这是我国发展新的历史方位。中国特色社会主义进入新时代，意味着近代以来久经磨难的中华民族迎来了从站起来、富起来到强起来的伟大飞跃”，① 实现了从新纪元、新时期、到新时代的历史巨变。1949 年中国共产党领导人民推翻了帝国主义、封建主义、官僚资本主这“三座大山”，取得了新民主主义革命胜利，建立了中华人民共和国，中国人民从此站了起来，中国的历史从此进入一个新纪元；1978 年党的十一届三中全会，重新确立了解放思想、实事求是的思想路线，作出了把党和国家的工作重点转移到社会主义现代化建设上来和实行改革开放的战略决策，实现了全党工作重点从“以阶级斗争为纲”到“以经济建设为中心”的战略转移，中国进入改革开放的历史新时期。如果说，进入“新纪元”的基本标志是建立中华人民共和国，根本目标是使中华民族站起来；进入“新时期”的基本标志是实行改革开放，根本目标是使中华民族富起来，那么，进入“新时代”的基本标志就是开启全面建设社会主义现代化国家新征程，根本目标是使中华民族强起来。从新纪元、到新时期、再到新时代，镌刻了中华民族从站起来、富起来、到强起来的“三大历史坐标”，践行了马克思主义从政治民主、经济民主、到社会民主的“三大民主构想”，标识了从人的政治解放、经济解放、到社会解放进而实现人的全面自由发展

① 习近平：《决胜全面建成小康社会　夺取新时代中国特色社会主义伟大胜利——在中国共产党第十九次全国代表大会上的报告》，人民出版社，2017 年，第 10 页。

的“三大解放轨迹”。党的十九大报告指出，中国特色社会主义新时代，就是在新的历史条件下继续夺取中国特色社会主义伟大胜利的时代，是决胜全面建成小康社会、进而全面建设社会主义现代化强国的时代，是全国各族人民团结奋斗、不断创造美好生活、逐步实现全体人民共同富裕的时代，是全体中华儿女努力同心、奋力实现中华民族伟大复兴中国梦的时代，是我国日益走近世界舞台中央、不断为人类作出更大贡献的时代。①

中国特色社会主义现代化建设进入新时代的重大战略判断，表明我国仍处于并将长期处于社会主义初级阶段的基本国情没有变，我国是世界最大发展中国家的国际地位没有变，但是，我国社会主要矛盾已经从十一届六中全会提出的“人民日益增长的物质文化需要同落后的社会生产之间的矛盾”，转化为人民日益增长的美好生活需要和不平衡不充分的发展之间的矛盾。人民的美好生活需要，不仅对物质文化生活提出了更高要求，而且在民主、法治、公平、正义、安全、环境等方面的要求日益增长。新生活矛盾的变化，集中体现在“两个变化”上：一是从需求方来看，人民日益增长的“物质文化需要”已经转化为“美好生活需要”，而以“民主、法治、公平、正义、安全、环境”为主要内容的人民对美好生活的新需要，都直接或间接关涉法治及其涵盖的民主自由、公平正义、安全环保等政治文明的内容，基本上都是广义的法律调整和法治运行需要面对的重大问题，是推进科学立法、严格执法、公正司法和全民守法应当高度重视和积极回应的现实问题，是建设法治国家、法治政府、法治社会、法治经济、法治文化、生态法治和深化依法治国实践亟待解决的根本问题；二是从供给方来看，“落后的社会生产”已经转化为“发展的不平衡不充分”，这里的发展包括了政治发展、法治发展、社会发展、文化发展以及新发展理念要求的“五大发展”，尤其是执政党引领法治发展的决策供给，国家权力机关立法体系的规则供给，国家行政机关执法运行的服务供给，国家司法机关居中裁判的正义供给，全体民众自觉守法的秩序供给等等，基本上都既存在法治供给不充分、不到位、不及时的问题，也存在法治供给和法治资源配置不平衡、不协调、不合理的问题。

中国特色社会主义现代化建设进入新时代的重大战略判断，不仅确立了我国社会主义现代化建设和改革发展新的历史方位，而且进一步确立了全面推进依法治国、建设法治中国新的历史方位，不仅为法治中国建设提供了新时代中国特色社会主义思想的理论指引，而且对深化依法治国实践提出了一系列新任务新要求，指明了全面依法治国的战略发展方向和实践发展方略，开启了中国特色社会主义法治新征程。总体来看，党的十九大报告从历史与逻辑两个大的维度，对建设法治中国作出了战略安排和基本规定：一是历史维度——党的十八大以来的五年，我们党领导

① 习近平：《决胜全面建成小康社会　夺取新时代中国特色社会主义伟大胜利——在中国共产党第十九次全国代表大会上的报告》，人民出版社，2017 年，第 10 – 11 页。

人民推进全面依法治国，中国特色社会主义民主法治建设迈出重大步伐，在八个方面取得显著成就；全面依法治国是“四个全面”战略布局的重要组成部分，未来要坚定不移推进全面依法治国，加快建设社会主义法治国家；二是逻辑维度——建设社会主义现代化强国，必须坚持全面依法治国，加快建设中国特色社会主义法治体系、建设社会主义法治国家，必须把党的领导贯彻落实到依法治国全过程和各方面，坚定不移走中国特色社会主义法治道路，发展中国特色社会主义法治理论，从八个方面深化依法治国实践。我们必须深刻领会十九大报告的逻辑体系和精神要义，立足新时代、坚持新思想、把握新矛盾、瞄准新目标，努力开启中国特色社会主义法治新征程。

一、开启中国特色社会主义法治新征程，必须与中国共产党带领人民实现中华民族伟大复兴的崇高历史使命紧密结合起来、深度融合起来

马克思认为：“社会不是以法律为基础的。那是法学家们的幻想。相反地，法律应该以社会为基础。法律应该是社会共同的、由一定物质生产方式所产生的利益和需要的表现，而不是单个的个人恣意横行。”① 恩格斯在阐述唯物史观的基本原理时亦说过：“政治、法、哲学、宗教、文学、艺术等的发展是以经济发展为基础的。但是，它们又都互相作用并对经济基础发生作用。”② 按照马克思主义的基本观点，经济社会物质生活是法律上层建筑赖以生存和发展的基础和条件，法律的完善发展又作用于（服务于）经济社会的发展进步。中国特色社会主义法治不是孤立的社会存在，不是不食人间烟火的世外桃源，而是深深植根于我国经济社会文化土壤的法律上层建筑，是党和国家事业不可或缺的重要组成部分，是社会主义现代化建设休戚与共的有机组成部分。全面推进依法治国，建设中国特色社会主义法治，必须融入我们党进行伟大斗争、建设伟大工程、推进伟大事业、实现伟大梦想的历史洪流，成为实现中华民族站起来、富起来和强起来的法治守护神，成为统筹推进“五位一体”总体布局、协调推进“四个全面”战略布局的法治助推器，成为决胜全面建成小康社会、开启全面建设社会主义现代化国家新征程的法治定盘星。全面推进依法治国，“是关系我们党执政兴国、关系人民幸福安康、关系党和国家长治久安的重大战略问题，是完善和发展中国特色社会主义制度、推进国家治理体系和治理能力现代化的重要方面”。③ 中国特色社会主义法治的使命与新时代党的历史使命休戚与共，与新征程国家的兴衰强弱命运相连，与新矛盾人民的幸福安康唇齿

---

① 《马克思恩格斯全集》第6卷，人民出版社，1961年，第291－292页。

② 《马克思恩格斯选集》第4卷，人民出版社，1995年，第732页。

③ 习近平：《关于〈中共中央关于全面推进依法治国若干重大问题的决定〉的说明》（2014年10月20日），中共中央文献研究室编：《十八大以来重要文献选编（中）》，中央文献出版社，2016年，第142页。

相依。“法治兴则国家兴，法治衰则国家乱。什么时候重视法治、法治昌明，什么时候就国泰民安；什么时候忽视法治、法治松弛，什么时候就国乱民怨。”① 开启中国特色社会主义现代化新征程，全面建成小康社会、实现中华民族伟大复兴的中国梦，全面深化改革、完善和发展中国特色社会主义制度，提高党的执政能力和执政水平，必须全面推进依法治国。正如习近平总书记深刻指出的那样，推进全面依法治国，既是立足解决我国改革发展稳定中的矛盾和问题的现实考量，也是着眼于长远的战略谋划，必须为实现“两个一百年”奋斗目标、实现中华民族伟大复兴的中国梦提供有力法治保障。② 把法治建设与新时代党的崇高历史使命紧密结合起来、深度融合起来，就要坚定不移推进全面依法治国，用法治思维和法治方式（包括宪法方式）确认党的十九大形成习近平新时代中国特色社会主义思想和一系列新理论、新制度、新方略、新目标等重大成果，通过立法把十九大提出的许多新决策、新任务、新要求转变为国家意志，纳入国家法律体系，表现为国家法律形式，获得全国各族人民、一切国家机关和武装力量、各政党和各社会团体、各企业事业组织共同遵守、一体遵循的规范性、普遍性和强制力。

二、开启中国特色社会主义法治新征程，必须坚持以习近平新时代中国特色社会主义思想为指导思想和行动指南

开启中国特色社会主义法治新征程，必须坚持以习近平新时代中国特色社会主义思想为指导思想和行动指南，从理论和实践结合上系统回答新时代坚持和发展什么样的中国特色社会主义法治、怎样全面推进依法治国、建成法治中国等重大理论、制度和实践问题。我们党紧密结合新的时代条件和实践要求，以全新的视野深化对共产党执政规律、社会主义建设规律、人类社会发展规律的认识，进行艰辛理论探索，取得重大理论创新成果，形成了新时代中国特色社会主义思想。党的十九大报告对习近平新时代中国特色社会主义思想，提出了“八个明确”。其中，“明确全面推进依法治国总目标是建设中国特色社会主义法治体系、建设社会主义法治国家”，③ 进一步坚持和重申了我们党全面推进依法治国的总目标。这表明，开启中国特色社会主义法治新征程，并不是要改弦更张、另起炉灶，而是要求我们必须一如既往地坚持中国特色社会主义法治道路，贯彻中国特色社会主义法治理论，在习近平新时代中国特色社会主义法治思想指导下，深入贯彻落实党的十八大以来以

① 习近平：《在中共十八届四中全会第二次全体会议上的讲话》（2014 年 10 月 23 日），中共中央文献研究室编：《习近平关于全面依法治国论述摘编》，中央文献出版社，2015 年，第 8 页。

② 习近平：《在中共十八届四中全会第二次全体会议上的讲话》（2014 年 10 月 23 日），中共中央文献研究室编：《习近平关于全面依法治国论述摘编》，中央文献出版社，2015 年，第 11 页。

③ 习近平：《决胜全面建成小康社会　夺取新时代中国特色社会主义伟大胜利——在中国共产党第十九次全国代表大会上的报告》，人民出版社，2017 年，第 19 页。

习近平同志为核心的党中央在全面依法治国方面做出的一系列战略决策、顶层设计和改革部署，把全面依法治国这项长期战略任务和系统工程持之以恒地深入推行下去，不达成建成中国特色社会主义法治体系、建成社会主义法治中国的目标绝不停留罢休。

习近平新时代中国特色社会主义思想提出的其他“七个明确”，也都从不同角度不同方面对推进全面依法治国具有指导和引领作用，开启新时代中国特色社会主义法治新征程，应当全面系统深刻地理解和坚持。例如，“明确坚持和发展中国特色社会主义，总任务是实现社会主义现代化和中华民族伟大复兴，在全面建成小康社会的基础上，分两步走在21世纪中叶建成富强民主文明和谐美丽的社会主义现代化强国”。[①] 这就要求法治建设必须紧紧围绕十九大提出的这个“总任务”和“两步走”的战略目标来设计和展开，进一步明确法治建设领域的总任务，确立法治中国建设“两步走”的法治战略。又如，“明确全面深化改革总目标是完善和发展中国特色社会主义制度、推进国家治理体系和治理能力现代化”。[②] 这就需要根据十九大的新思想新要求，把全面依法治国与全面深化改革更加有机统一的结合起来，与时俱进地处理好改革与法治的关系，重大改革不仅要于法有据，而且更要于宪有据；处理好国家治理现代化与法治化的关系，以法治化确认、引领和保障现代化的实现；处理好完善和发展中国特色社会主义制度与通过全面依法治国推进政治体制改革的关系，在宪法框架下和法治轨道上实现有组织有领导积极稳妥循序渐进地深化政治体制改革，实现中国特色社会主义制度的自我完善、自我发展、自我更新。再如，“明确中国特色社会主义最本质的特征是中国共产党领导，中国特色社会主义制度的最大优势是中国共产党领导，党是最高政治领导力量，提出新时代党的建设总要求，突出政治建设在党的建设中的重要地位”。[③] 这就要求根据十九大的新概括新表述进一步提高对社会主义法治建设坚持党的领导的认识，从“三个最”——“最本质的特征”“最大优势”和“最高政治领导力量”来深化和拓展党领导全面依法治国的新理论内涵和新时代意义，把全面依法治国与党的政治建设紧密结合起来，把依法治国与依规治党有机统一起来，在“四个全面”战略布局中充分发挥全面依法治国对新时代中国特色社会主义现代化建设的引领、促进和保障作用。我们要处理好“一个明确”与“七个明确”的关系，绝不能把“八个明确”割裂开来或者分别孤立起来理解。“八个明确”是一个逻辑清晰、目标明确、主线突出、相互依存、不可分割的有机整体。坚持习近平新时代中国特色社会主义法治

---

① 习近平：《决胜全面建成小康社会　夺取新时代中国特色社会主义伟大胜利——在中国共产党第十九次全国代表大会上的报告》，人民出版社，2017年，第19页。

② 习近平：《决胜全面建成小康社会　夺取新时代中国特色社会主义伟大胜利——在中国共产党第十九次全国代表大会上的报告》，人民出版社，2017年，第19页。

③ 习近平：《决胜全面建成小康社会　夺取新时代中国特色社会主义伟大胜利——在中国共产党第十九次全国代表大会上的报告》，人民出版社，2017年，第20页。

思想对全面依法治国的指导地位，必须完整统一地理解“八个明确”的深刻内涵，全面准确地贯彻落实“八个明确”的核心要义。

开启中国特色社会主义法治新征程，自觉坚持习近平新时代中国特色社会主义思想对法治的指导，必须深刻领会新时代中国特色社会主义思想的精神实质和丰富内涵，在各项工作中全面准确贯彻落实“十四个坚持”的坚持和发展中国特色社会主义的基本方略。我们要正确理解和深刻把握习近平新时代中国特色社会主义思想中“八个明确”与“十四个坚持”的关系。“八个明确”主要是从理论层面来讲，是习近平新时代中国特色社会主义思想的基本内涵、四梁八柱、核心要义；“十四个坚持”主要是回答怎样坚持和发展中国特色社会主义，它告诉我们坚持和发展中国特色社会主义的目标、路径、方略、步骤，等等。“八个明确”和“十四个坚持”两者之间是相辅相成的关系，一个是从理论上回答“是什么”的问题，即我们要坚持和发展的是什么样的社会主义；一个是从实践层面回答“怎么办”的问题，即在新的历史方位中怎样坚持和发展中国特色社会主义，是讲方略、办法、路径的问题。①

习近平新时代中国特色社会主义思想，不仅是建设社会主义现代化强国的指导思想，而且也是新时代全面深入推进依法治国、加快建设中国特色社会主义法治体系、建设社会主义法治国家、开启中国特色社会主义法治新征程的根本指导思想。

三、开启中国特色社会主义法治新征程，必须把党领导人民治国理政的依法治国基本方略与新时代坚持和发展中国特色社会主义的基本方略有机结合起来、完整统一起来

“依法治国是我们党提出来的，把依法治国上升为党领导人民治理国家的基本方略也是我们党提出来的，而且党一直带领人民在实践中推进依法治国。”② 党的十八大以来，我们党更加重视发挥依法治国在治国理政中的重要作用，更加重视通过全面依法治国为党和国家事业发展提供根本性、全局性、长期性的制度保障，专门作出全面推进依法治国若干重大问题的决定，提出并形成“四个全面”战略布局，把党领导人民治理国家的依法治国基本方略提到了“四个全面”战略布局的新高度。我们必须坚持把依法治国作为党领导人民治理国家的基本方略、把法治作为治国理政的基本方式，不断把法治中国建设推向前进。③ 在纪念现行宪法颁布施行30周年大会上的讲话中，习近平总书记明确要求：“落实依法治国基本方略……必

---

① 《“八个明确”和“十四个坚持”是什么关系？新思想有哪些重大意义？权威专家解读》，http://news.cctv.com/2017/10/28/ARTIQBXt0a4wMdGRl9XAjckd171028.shtml，最近访问时间［2017－11－02］。

② 习近平：《加快建设社会主义法治国家》，载《求是》，2015年第1期。

③ 习近平：《在庆祝全国人民代表大会成立60周年大会上的讲话》（2014年9月5日），中共中央文献研究室编：《十八大以来重要文献选编（中）》，中央文献出版社，2016年，第55页。

须全面推进科学立法、严格执法、公正司法、全民守法进程。”①

党的十九大报告明确提出，新时代坚持和发展中国特色社会主义，必须坚持党对一切工作的领导，坚持以人民为中心，坚持全面深化改革，坚持新发展理念，坚持党的领导、人民当家作主、依法治国有机统一，坚持全面依法治国，坚持社会主义核心价值体系，坚持在发展中保障和改善民生，坚持人与自然和谐共生，坚持总体国家安全观，坚持党对人民军队的绝对领导，坚持“一国两制”和推进祖国统一，坚持推动构建人类命运共同体，坚持全面从严治党。这“十四条，构成新时代坚持和发展中国特色社会主义的基本方略。全党同志必须全面贯彻党的基本理论、基本路线、基本方略，更好引领党和人民事业发展。”②

那么，“十四个基本方略”与依法治国基本方略是什么关系？我们认为，依法治国是我们党领导人民当家作主、管理国家、治理社会、治国理政的基本方略，是坚持和发展中国特色社会主义若干方面中适用于一个方面的基本方略，是中国特色社会主义现代化建设采用若干基本方略中的一种基本方略。依法治国基本方略是党领导人民治国理政的基本方略，同时也是新时代坚持和发展中国特色社会主义十四个基本方略的一个重要组成部分。依法治国基本方略与“十四个基本方略”，两者的内涵外延不尽相同。前者是小概念，后者是大概念，前者是后者的有机组成部分、存在于后者之中、从属于后者、服从于后者，后者包括前者、统辖前者、规定前者；前者是一条基本方略，后者是十四个基本方略。任何时候都不能用依法治国基本方略取代或者否定新时代坚持和发展中国特色社会主义的基本方略，任何时候依法治国基本方略统一于“十四个基本方略”之中。

“十四个基本方略”明确宣告，全面依法治国是中国特色社会主义的本质要求和重要保障，建设中国特色社会主义现代化国家，必须“坚持全面依法治国”。依法治国，是坚持和发展中国特色社会主义的本质要求和重要保障，是实现国家治理体系和治理能力现代化的必然要求，事关我们党执政兴国，事关人民幸福安康，事关党和国家长治久安。③ 党的十八大以来民主法治建设迈出重大步伐、全面依法治国取得显著成就的实践充分证明，以习近平同志为核心的党中央作出全面推进依法治国若干重大问题的决定，把全面依法治国纳入“四个全面”战略布局，坚定不移地推进全面依法治国，解决了法治领域许多长期想解决而没有解决的难题，办成了法治建设许多过去想办而没有办成的大事，推动党和国家治国理政事业发生历史性变革。2017 年 7 月 10 日习近平总书记在对司法体制改革重要指示中强调指出：“党的十八大以来，政法战线坚持正确改革方向，敢于啃硬骨头、涉险滩、闯难关，做

---

① 习近平：《习近平谈治国理政》，外文出版社，2014 年，第 139 - 140 页。

② 习近平：《决胜全面建成小康社会　夺取新时代中国特色社会主义伟大胜利——在中国共产党第十九次全国代表大会上的报告》，人民出版社，2017 年，第 26 页。

③ 《中共中央关于全面推进依法治国若干重大问题的决定》（2014 年 10 月 23 日），中共中央文献研究室编：《十八大以来重要文献选编（中）》，中央文献出版社，2016 年，第 155 页。

成了想了很多年、讲了很多年但没有做成的改革，司法公信力不断提升，对维护社会公平正义发挥了重要作用。"① 党的十九大明确提出：中国特色社会主义进入新时代，不仅意味着近代以来久经磨难的中华民族迎来了从站起来、富起来到强起来的伟大飞跃，意味着科学社会主义在21世纪的中国焕发出强大生机活力，意味着中国特色社会主义道路、理论、制度、文化不断发展，而且意味着中国特色社会主义法治建设和全面依法治国进入新时代，"必须把党的领导贯彻落实到依法治国全过程和各方面，坚定不移走中国特色社会主义法治道路，完善以宪法为核心的中国特色社会主义法律体系，建设中国特色社会主义法治体系，建设社会主义法治国家，发展中国特色社会主义法治理论，坚持依法治国、依法执政、依法行政共同推进，坚持法治国家、法治政府、法治社会一体建设，坚持依法治国和以德治国相结合，依法治国和依规治党有机统一，深化司法体制改革，提高全民族法治素养和道德素质"。②

除了"坚持全面依法治国"这一个基本方略，其他13个基本方略对于推进全面依法治国、开启新时代中国特色社会主义法治新征程，同样具有十分重要的指导意义和统领作用。

例如，第一个基本方略明确要求，必须"坚持党对一切工作的领导"，强调党政军民学，东西南北中，党是领导一切的。必须完善坚持党的领导的体制机制，坚持稳中求进工作总基调，统筹推进"五位一体"总体布局，协调推进"四个全面"战略布局，确保党始终总揽全局、协调各方。这不仅是对全党和各项工作提出的新要求，也是对全面依法治国提出的新的更高的要求。党的领导是中国特色社会主义最本质的特征，是社会主义法治最根本的保证。坚持党的领导，是社会主义法治的根本要求，是党和国家的根本所在、命脉所在，是全国各族人民的利益所系、幸福所系，是全面推进依法治国的题中应有之义。坚持中国特色社会主义法治道路，最根本的是坚持中国共产党的领导。习近平总书记告诫我们："必须牢记，党的领导是中国特色社会主义法治之魂，是我们的法治同西方资本主义国家的法治最大的区别。离开了中国共产党的领导，中国特色社会主义法治体系、社会主义法治国家就建不起来。"③ 要把党的领导贯彻到全面推进依法治国的全过程各方面，落实到法治建设的全方位各环节，用依法治国基本方略的全面落实、法治体系的加快建设、良法善治的实际成效，巩固和维护中国共产党的领导地位和执政权威，保障和促进

① 习近平：《坚定不移推进司法体制改革　坚定不移走中国特色社会主义法治道路》，载《人民日报》，2017年7月11日第1版。

② 习近平：《决胜全面建成小康社会　夺取新时代中国特色社会主义伟大胜利——在中国共产党第十九次全国代表大会上的报告》，人民出版社，2017年，第22－23页。

③ 习近平：《在省部级主要领导干部学习贯彻党的十八届四中全会精神全面推进依法治国专题研讨班上的讲话》（2015年2月2日），中共中央文献研究室编：《习近平关于全面依法治国论述摘编》，中央文献出版社，2015年，第35－36页。

新时代党的基本理论、基本路线、基本方略得到全面贯彻落实。

又如，第二个基本方略明确要求，必须“坚持以人民为中心”，强调必须坚持人民主体地位，把人民对美好生活的向往作为奋斗目标，依靠人民创造历史伟业。我国宪法明确规定：人民是国家的主人，国家的一切权力属于人民。中共党章规定：“党除了工人阶级和最广大人民群众的利益，没有自己特殊的利益。党在任何时候都把群众利益放在第一位，同群众同甘共苦，保持最密切的联系，坚持权为民所用、情为民所系、利为民所谋，不允许任何党员脱离群众，凌驾于群众之上。”人民是国家主人的政治定性和宪法定位，决定了人民必然是依法治国的主体而不是客体，必然是决定党和国家前途命运的根本力量，决定了一切国家权力和国家机构的人民性，国家法治必须以保障人民幸福安康为己任，切实保障和充分实现人权。人民对美好生活的向往，是党治国理政的奋斗目标，也是依法治国要达成的目标，两者殊途同归。党的十八届四中全会把“坚持人民主体地位”明确规定为全面推进依法治国必须坚持的一项基本原则，集中反映了我国法治的人民性，充分体现了人民在依法治国中的地位和作用；十八届五中全会从“五大发展理念”出发，再次确认了“坚持人民主体地位”的基本原则，指出：“人民是推动发展的根本力量，实现好、维护好、发展好最广大人民根本利益是发展的根本目的。必须坚持以人民为中心的发展思想，把增进人民福祉、促进人的全面发展作为发展的出发点和落脚点，发展人民民主，维护社会公平正义，保障人民平等参与、平等发展权利，充分调动人民积极性、主动性、创造性。”坚持人民主体地位，必须坚持人民至上原则，保证人民在政治生活、经济生活和社会生活中的主体地位，实现人民当家作主的幸福生活。这是党的宗旨和国家性质的集中体现，是全面依法治国的必然要求。习近平总书记指出：“我国社会主义制度保证了人民当家作主的主体地位，也保证了人民在全面推进依法治国中的主体地位。这是我们的制度优势，也是中国特色社会主义法治区别于资本主义法治的根本所在。”①

再如，第五个基本方略明确要求，必须“坚持人民当家作主”，强调坚持党的领导、人民当家作主、依法治国有机统一是社会主义政治发展的必然要求。习近平总书记说：“我们强调坚持党的领导、人民当家作主、依法治国有机统一，最根本的是坚持党的领导。坚持党的领导，就是要支持人民当家作主，实施好依法治国这个党领导人民治理国家的基本方略。党的领导与社会主义法治是一致的，只有坚持党的领导，人民当家作主才能充分实现，国家和社会生活制度化、法治化才能有序推进。不能把坚持党的领导同人民当家作主、依法治国对立起来，更不能用人民当家作主、依法治国来动摇和否定党的领导。那样做在思想上是错误的，在政治上是

① 习近平：《加快建设社会主义法治国家》，载《求是》，2015 年第 1 期。

十分危险的。"[①] 没有人民民主，就没有社会主义法治，就没有中国特色社会主义，就没有社会主义现代化强国。坚持人民当家作主，必须把中国特色社会主义法治建设与发展人民民主紧密结合起来，健全民主制度，丰富民主形式，拓宽民主渠道，保证人民当家作主落实到国家政治生活和社会生活之中；扩大人民有序参与政治，保证人民依法实行民主选举、民主协商、民主决策、民主管理、民主监督；加强人权法治保障，保证人民依法享有广泛权利和自由；完善基层民主制度，保障人民知情权、参与权、表达权、监督权。

总之，"十四个基本方略"紧紧围绕新时代怎样坚持和发展中国特色社会主义这一重大时代课题，就治党治国治军、改革发展稳定、内政外交国防等各方面作出深刻的理论分析和具体的政策指导，是新时代夺取中国特色社会主义伟大胜利的任务表和路线图，是一个有机统一整体。坚持全面依法治国基本方略，必须与新时代坚持和发展中国特色社会主义的基本方略有机结合起来、完整统一起来，必须在"十四个基本方略"的理论指引下和整体格局中，重新认识和把握依法治国基本方略的现实定位和科学内涵。

四、开启中国特色社会主义法治新征程，必须确立建设法治中国"两步走"的发展战略

新思想领航新时代，新时代开启新征程，新征程呼唤新实践。党的十九大报告指出：改革开放之后，我们党对我国社会主义现代化建设作出战略安排，提出"三步走"战略目标。解决人民温饱问题、人民生活总体上达到小康水平这两个目标已提前实现。在这个基础上，我们党提出，到建党一百年时建成经济更加发展、民主更加健全、科教更加进步、文化更加繁荣、社会更加和谐、人民生活更加殷实的小康社会，然后再奋斗 30 年，到新中国成立一百年时，基本实现现代化，把我国建成社会主义现代化国家。[②] 道路决定方向、决定命运，目标决定实践、决定前途。在全面建成小康社会的基础上，把建设社会主义现代化强国分为"两步走"，即从 2020 年全面建成小康社会，到 2035 年基本实现现代化，再到 2050 年左右全面建成社会主义现代化强国，是新时代坚持和发展中国特色社会主义的总体战略安排和时间表路线图，同时也是新时代全面推进依法治国、努力建设法治中国、到 2050 年左右实现法治强国的根本战略引领和时间表路线图。

建设法治中国，实现法治强国，是实现"两个一百年"奋斗目标和"两个阶

① 习近平：《在中央政法工作会议上的讲话》（2014 年 1 月 7 日），中共中央文献研究室编：《习近平关于全面依法治国论述摘编》，中央文献出版社，2015 年，第 19 页。

② 习近平：《决胜全面建成小康社会　夺取新时代中国特色社会主义伟大胜利——在中国共产党第十九次全国代表大会上的报告》，人民出版社，2017 年，第 27 页。

段”发展战略的必由之路和题中应有之义。2013年习近平总书记首次提出了“建设法治中国”的宏伟目标。党的十八届三中全会明确提出了“推进法治中国建设”的战略任务。党的十八届四中全会把“向着建设法治中国不断前进”和“为建设法治中国而奋斗”作为法治建设的长期战略目标和治国理政的重大号召。建设法治中国，既是全面推进依法治国、建设社会主义法治国家的目标内含，也是全面建成小康社会、实现中华民族伟大复兴中国梦的有机组成部分和重要法治保障，是完善市场经济、发展民主政治、建设先进文化、构建和谐社会、实现生态文明、加强执政党建设的内在要求，是维护国家统一与民族团结、维护社会秩序与公平正义、维护人的权利自由与尊严幸福、推进全面深化改革与创新发展、巩固党的执政地位与执政基础的根本法治基础。

推进国家治理体系和治理能力现代化，实现“两个一百年”奋斗目标和现代化建设“两步走”战略，到2050年把我国建设成为民主富强文明和谐美丽的社会主义现代化强国，必须加强和推进法治中国建设，全面实施法治强国战略。法治兴则国家兴，法治强则国家强。“法治强国战略”的基本含义是：一方面，坚定不移走法治强国之路，通过全面推进依法治国、加快建设中国特色社会主义法治体系和法治国家，不仅使中华民族富起来，而且要使中华民族和中华人民共和国强（强盛、强大、富强）起来；另一方面，把包括法治硬实力、软实力和巧实力在内的法治实力建设，作为建设社会主义现代化强国的一项十分重要的内容、作为国家治理现代化的一个不可或缺的重要指标，纳入现代化建设的评价指标体系，成为现代化强国建成与否的重要衡量标准。通过全面依法治国和中国特色社会主义法治的目标指引、规范促进、过程实施和根本保障，落实法治强国战略，实现法治强国梦想。

根据党的十九大报告要求和“两个一百年”国家发展总战略、中华民族伟大复兴中国梦的总目标，在新中国社会主义法治建设取得显著成就和成功经验、依法治国事业迈出新步伐的时代背景下，全面推进依法治国，努力建设法治中国，不断推进国家治理现代化和法治化，应当确立建设法治中国“两步走”的发展战略，开启新时代中国特色社会主义法治建设新征程。

从十九大到二十大，是“两个一百年”奋斗目标的历史交汇期。我们既要全面建成小康社会、实现第一个百年奋斗目标，又要乘势而上开启全面建设社会主义现代化国家新征程，向第二个百年奋斗目标进军。在这个历史交汇期，我们推进法治中国建设，到2020年全面建成小康社会时，应当首先实现“法治小康”。建设“法治小康”的基本目标是：科学立法、严格执法、公正司法、全民守法的基本要求得到贯彻落实，依法治国、依法执政、依法行政共同推进的国家治理体系得以初步建立，法治国家、法治政府、法治社会一体建设的主要指标基本达到，依法治国基本方略得到全面落实，中国特色法律体系更加完善，法治政府基本建成，司法公信力不断提高，人权得到切实尊重和保障，国家各项工作实现法治化。在实现“法治小康”的基础上，再用30年的时间，全面推进依法治国，加快实施建设法治中国

“两步走”的发展战略。

建设法治中国第一步，从2020年全面建成小康社会到2035年，在基本实现社会主义现代化的同时，基本建成法治中国。党的十九大报告指出，第一个阶段，从2020年到2035年，在全面建成小康社会的基础上，再奋斗15年，基本实现社会主义现代化。到那时，我国经济实力、科技实力将大幅跃升，跻身创新型国家前列；人民平等参与、平等发展权利得到充分保障，法治国家、法治政府、法治社会基本建成，各方面制度更加完善，国家治理体系和治理能力现代化基本实现；社会文明程度达到新的高度，国家文化软实力显著增强，中华文化影响更加广泛深入；人民生活更为宽裕，中等收入群体比例明显提高，城乡区域发展差距和居民生活水平差距显著缩小，基本公共服务均等化基本实现，全体人民共同富裕迈出坚实步伐；现代社会治理格局基本形成，社会充满活力又和谐有序；生态环境根本好转，美丽中国目标基本实现。①

第一步基本建成法治中国的战略目标是：到2035年，我们党和国家顶层设计提出的全面建设法治中国的各项战略任务和重大改革举措顺利完成，新时代中国特色社会主义的法治道路建设、法治理论建设、法治体系建设、法治文化建设和全面依法治国事业达成预定目标，一整套更加完善的制度体系基本形成，党和国家治理体系和治理能力现代化基本实现。把经济建设、政治建设、文化建设、社会建设、生态文明建设纳入法治轨道，用法治思维和法治方式推进全面深化改革、全面依法治国、全面从严治党、全面从严治军，在基本实现社会主义现代化的同时，基本建成法治国家、法治政府、法治社会，基本建成法治中国。

第一步基本建成法治中国的总体要求是：在价值层面追求的是以人民为中心的自由平等、民主法治、公平正义、幸福博爱、和谐有序，充分实现人权与人的尊严；在制度层面追求的是人民主权、宪法法律至上、依宪治国、依法执政、依法行政、公正司法、依法治权，完善以宪法为核心的中国特色社会主义法律体系，建成中国特色社会主义法治体系，努力实现国家治理现代化和法治化；在实践层面追求的是有法必依、执法必严、违法必究和依法办事，把权力关到法律制度的笼子里，让人民群众对公平正义有更多的获得感，努力实现良法善治。与此同时，法治中国建设又通过厉行法治等制度安排、规范手段、教育强制功能，为基本实现社会主义现代化提供良好的法治环境和有效的法治保障。

建设法治中国第二步，从2035年到21世纪中叶中华人民共和国成立一百周年时，在把我国建设成富强民主文明和谐美丽的社会主义现代化强国的同时，全面建成法治中国。党的十九大报告指出，从2035年到21世纪中叶，在基本实现现代化的基础上，再奋斗15年，把我国建成富强民主文明和谐美丽的社会主义现代化强

① 习近平：《决胜全面建成小康社会 夺取新时代中国特色社会主义伟大胜利——在中国共产党第十九次全国代表大会上的报告》，人民出版社，2017年，第28－29页。

国。到那时，我国物质文明、政治文明、精神文明、社会文明、生态文明将全面提升，实现国家治理体系和治理能力现代化，成为综合国力和国际影响力领先的国家，全体人民共同富裕基本实现，我国人民将享有更加幸福安康的生活，中华民族将以更加昂扬的姿态屹立于世界民族之林。① 十九大报告在描述到21世纪中叶建成社会主义现代化强国时，虽然没有直接提到“全面建成法治中国”等法治建设方面的目标，甚至与2035年“法治国家、法治政府、法治社会基本建成”的提法不衔接、不匹配，但是我们认为“法治属于政治建设、属于政治文明”，建设法治国家与建设政治文明是既有一定区别又有高度重合的两个概念：政治文明是一个上位概念，政治文明建设包括法治国家建设；法治国家是一个下位概念，从属于政治文明范畴，是现代政治文明的重要内容。政治文明的核心是制度文明，法治国家则既是各种政治制度的载体，又是政治制度的集中表现。因此，建设社会主义法治国家，主要意味着建设制度文明，意味着法治国家建设是社会主义政治文明建设不可或缺的重要组成部分。② 十九大报告提出的“三个文明全面提升”当然包括法治文明和法治中国全面提升；由于法治现代化是国家治理体系和治理能力现代化的重要内容和基本标志，③ 因此十九大报告提出的到21世纪中叶“实现国家治理体系和治理能力现代化”，必然包括建成法治国家、法治政府和法治社会等内容在内的中国法治现代化，全面建成法治中国。

全面建成法治中国的战略目标是：国家科学立法、严格执法、公正司法、全民守法、有效护法的各项制度得到全面贯彻，党领导立法、保证执法、支持司法、带头守法、监督护法的各项要求得到全面落实，依法治国、依法执政、依法行政、依法办事共同推进的现代化国家治理体系全面建成，法治国家、法治政府、法治社会、法治经济一体建设的各项指标全面达到，国家治理能力显著提高，治党治国治军的制度体系更加完善更加成熟更加定型更有效能，依法治国基本方略得到全面深入落实，法治体系、法治权威、法治秩序全面发展，法治文化、法治精神、法治思

① 习近平：《决胜全面建成小康社会 夺取新时代中国特色社会主义伟大胜利——在中国共产党第十九次全国代表大会上的报告》，人民出版社，2017年，第29页。

② 林尚立、李林：《坚持依法治国，建设社会主义政治文明》，2003年9月29日十六届中央政治局第八次集体学习讲稿。

③ 在法治国家，国家治理体系中的绝大多数制度、体制和机制，已通过立法程序规定在国家法律体系中，表现为法律规范和法律制度。因此，发展和完善国家法律体系，构建完备科学的法律制度体系，实质上就是推进国家治理制度体系的法律化、规范化和定型化，形成系统完备、科学规范、运行有效的国家制度体系。在法治国家，国家治理能力主要是依法管理和治理的能力，包括依照宪法和法律、运用国家法律制度管理国家和社会事务、管理经济和文化事业的能力，科学立法、严格执法、公正司法和全民守法的能力，运用法治思维和法治方式深化改革、推动发展、化解矛盾、维护稳定的能力。推进国家治理能力的法治化，归根结底是要增强治理国家的权力（权利）能力和行为能力，强化宪法和法律的实施力、遵守力，提高国家制度体系的运行力、执行力。参见李林：《依法治国与推进国家治理现代化》，载《法学研究》，2014年第5期，第7页。

想深入人心，在把我国建成社会主义现代化强国的同时，全面建成富强民主文明和谐美丽幸福的法治中国。

五、开启中国特色社会主义法治建设新征程，必须坚定不移推进全面依法治国

立足中国特色社会主义新时代，站在我国发展新的历史方位上，着力决胜全面小康社会实现第一个百年奋斗目标，着眼国家富强、人民幸福、民族复兴中国梦实现第二个百年奋斗目标，我们比任何时候都充满中国特色社会主义的道路自信、制度自信、理论自信和文化自信，我们比任何时候都更有决心、更有信心、更有能力在党的领导下坚定不移推进全面依法治国，加快建成法治中国。一要坚定不移走中国特色社会主义法治道路。党的十九大报告指出："我们党团结带领人民进行改革开放新的伟大革命，破除阻碍国家和民族发展的一切思想和体制障碍，开辟了中国特色社会主义道路，使中国大踏步赶上时代。"习近平总书记在省部级主要领导干部学习贯彻党的十八届四中全会精神专题研讨班开班式上的讲话中阐释说："我们要坚持的中国特色社会主义法治道路，本质上是中国特色社会主义道路在法治领域的具体体现。"① 坚持全面依法治国，必须坚定不移走中国特色社会主义法治道路。"中国特色社会主义法治道路，是社会主义法治建设成就和经验的集中体现，是建设社会主义法治国家的唯一正确道路。"② 在走什么样的法治道路问题上，必须向全社会释放正确而明确的信号，指明全面推进依法治国的正确方向，统一全党全国各族人民认识和行动。全面推进依法治国，必须走对路。如果路走错了，南辕北辙了，那再提什么要求和举措也都没有意义了。十八届四中全会决定有一条贯穿全篇的红线，这就是坚持和拓展中国特色社会主义法治道路。中国特色社会主义法治道路是一个管总的东西。具体讲我国法治建设的成就，大大小小可以列举出十几条、几十条，但归结起来就是开辟了中国特色社会主义法治道路这一条。③ 开启新时代中国特色社会主义法治新征程，建设社会主义现代化法治强国，必须坚定不移走中国特色社会主义法治道路，而绝不能走歪路、邪路，更不能走回头路。二要坚定不移坚持党对社会主义法治的领导。党的十九大报告明确提出，党政军民学，东西南北中，党是领导一切的，必须坚持党对一切工作的领导；必须把党的领导贯彻落实

---

① 习近平：《领导干部要做尊法学法守法用法的模范　带动全党全国共同全面推进依法治国》，《人民日报》，2015 年 2 月 3 日第 1 版。

② 习近平：《关于〈中共中央关于全面推进依法治国若干重大问题的决定〉的说明》（2014 年 10 月 20 日），中共中央文献研究室编：《十八大以来重要文献选编（中）》，中央文献出版社，2016 年，第 147 页。

③ 习近平：《加快建设社会主义法治国家》，载《求是》，2015 年第 1 期。

到依法治国全过程和各方面。[①] 党的领导是中国特色社会主义最本质的特征，是社会主义法治最根本的保证。坚持中国特色社会主义法治道路，最根本的是坚持中国共产党的领导。[②] 只有在党的领导下依法治国、厉行法治，人民当家作主才能充分实现，国家和社会生活法治化才能有序推进。把党的领导贯彻到依法治国全过程和各方面，是我国社会主义法治建设的一条基本经验。[③] 只有在党的领导下依法治国、厉行法治，人民当家作主才能充分实现，国家和社会生活法治化才能有序推进。党和法的关系是一个根本问题，处理得好，则法治兴、党兴、国家兴；处理得不好，则法治衰、党衰、国家衰。[④] 党的领导和社会主义法治是一致的，社会主义法治必须坚持党的领导，党的领导必须依靠社会主义法治，两者相辅相成，高度统一。“坚持党的领导，不是一句空的口号，必须具体体现在党领导立法、保证执法、支持司法、带头守法上。”[⑤] 三要坚定不移从我国基本国情和实际出发。习近平总书记在“7·26”重要讲话中指出，全党要牢牢把握社会主义初级阶段这个最大国情，牢牢立足社会主义初级阶段这个最大实际，更准确地把握我国社会主义初级阶段不断变化的特点。[⑥] 党的十九大作出了“中国特色社会主义进入了新时代”的重大政治判断，我国社会主要矛盾已经转化为人民日益增长的美好生活需要和不平衡不充分的发展之间的矛盾；同时，“必须认识到，我国社会主要矛盾的变化，没有改变我们对我国社会主义所处历史阶段的判断，我国仍处于并将长期处于社会主义初级阶段的基本国情没有变，我国是世界最大发展中国家的国际地位没有变。全党要牢牢把握社会主义初级阶段这个基本国情，牢牢立足社会主义初级阶段这个最大实际，牢牢坚持党的基本路线这个党和国家的生命线、人民的幸福线，领导和团结全国各族人民，以经济建设为中心，坚持四项基本原则，坚持改革开放，自力更生，艰苦创业，为把我国建设成为富强民主文明和谐美丽的社会主义现代化强国而奋斗。”走什么样的法治道路、建设什么样的法治体系，是由一个国家的基本国情决定的。“全面推进依法治国，必须从我国实际出发，同推进国家治理体系和治理能

---

① 习近平：《决胜全面建成小康社会　夺取新时代中国特色社会主义伟大胜利——在中国共产党第十九次全国代表大会上的报告》，人民出版社，2017 年，第 20 页、第 22 页。

② 习近平：《加快建设社会主义法治国家》，载《求是》，2015 年第 1 期。

③ 习近平：《关于〈中共中央关于全面推进依法治国若干重大问题的决定〉的说明》（2014 年 10 月 20 日），中共中央文献研究室编：《十八大以来重要文献选编（中）》，中央文献出版社，2016 年，第 147 页。

④ 习近平：《在省部级主要领导干部学习贯彻党的十八届四中全会精神全面推进依法治国专题研讨班上的讲话》（2015 年 2 月 2 日），中共中央文献研究室编：《习近平关于全面依法治国论述摘编》，中央文献出版社，2015 年，第 33 页。

⑤ 习近平：《加快建设社会主义法治国家》，载《求是》，2015 年第 1 期。

⑥ 习近平在省部级主要领导干部“学习习近平总书记重要讲话精神，迎接党的十九大”专题研讨班开班式上发表重要讲话，http://www.gov.cn/xinwen/2017-07/27/content_5213859.htm，最近访问时间[2017-11-05]。

力现代化相适应，既不能罔顾国情、超越阶段，也不能因循守旧、墨守成规。”① 要总结和运用党领导人民实行法治的成功经验，围绕法治建设重大理论和实践问题，不断丰富和发展符合中国实际、具有中国特色、体现社会发展规律的社会主义法治理论、法治体系，推进法治实践。推进全面依法治国，必须与时俱进、体现时代精神，借鉴国外法治有益经验。坚持从我国实际出发，不等于关起门来搞法治。法治是人类文明的重要成果之一，法治的精髓和要旨对于各国国家治理和社会治理具有普遍意义，我们要学习借鉴世界上优秀的法治文明成果，但绝不能搞“全盘西化”，不能搞“全面移植”，不能照搬照抄。② 四要坚定不移把法治放在党和国家工作大局中来考虑、谋划和推进。全面推进依法治国涉及改革发展稳定、治党治国治军、内政外交国防等各个领域，必须立足全局和长远来统筹谋划，必须着眼于中华民族伟大复兴中国梦、实现党和国家长治久安来长远考虑。必须进一步加强法治体系建设，加快推进国家治理体系和治理能力现代化，用不断完善的法律体系促进和保障党和国家治理体制更加成熟更加定型，为党和国家事业发展、为人民幸福安康、为社会和谐稳定提供一整套更完备、更稳定、更管用的制度体系。五要坚定不移推进法治领域改革，坚决破除束缚全面推进依法治国的体制机制障碍。全面推进依法治国是国家治理领域一场广泛而深刻的革命，必然涉及各方面的重大利益，甚至触动某些部门和个人的“奶酪”。解决法治领域的突出问题，根本途径在于改革。法治领域改革涉及的主要是公检法司等国家政权机关和强力部门，社会关注度高，改革难度大，更需要自我革新的胸襟。③ 如果心中只有自己的“一亩三分地”，拘泥于部门权限和利益，甚至在一些具体问题上讨价还价，必然是磕磕绊绊、难有作为。各部门各方面一定要增强大局意识，自觉在大局下思考、在大局下行动，跳出部门框框，做到相互支持、相互配合。要把解决了多少实际问题、人民群众对问题解决的满意度作为评价法治改革成效的标准。只要有利于提高党的执政能力、巩固党的执政地位，有利于维护宪法和法律的权威，有利于维护人民权益、维护公平正义、维护国家安全稳定，不管遇到什么阻力和干扰，都要坚定不移向前推进。④ 不仅政法机关各部门要跳出自己的“一亩三分地”，而且全面依法治国关涉的其他各个领域、各系统、各部门、各地方、各单位，也要跳出“部门本位”“地方本位”“系统本位”等窠臼，在中央全面依法治国领导小组的集中统一领导下，从党和国家工作大局和全局出发，用法治思维和法治方式推进政治体制改革，破除一切束缚全面推进依法治国的体制机制障碍。

① 习近平：《加快建设社会主义法治国家》，载《求是》，2015 年第 1 期。
② 习近平：《加快建设社会主义法治国家》，载《求是》，2015 年第 1 期。
③ 习近平：《加快建设社会主义法治国家》，载《求是》，2015 年第 1 期。
④ 习近平：《加快建设社会主义法治国家》，载《求是》，2015 年第 1 期。

六、开启中国特色社会主义法治新征程，必须坚持和发展中国特色社会主义法治理论

党的十九大报告明确提出，坚持全面依法治国，必须发展中国特色社会主义法治理论。时代是思想之母，实践是理论之源。实践没有止境，理论创新也没有止境。习近平新时代中国特色社会主义思想，是马克思主义中国化最新成果，是党和人民实践经验和集体智慧的结晶，是中国特色社会主义理论体系的重要组成部分。[①]习近平新时代中国特色社会主义法治思想，是中国特色社会主义法治理论的重要组成部分。中国特色社会主义法治理论，本质上是中国特色社会主义理论体系在法治问题上的理论成果，[②] 是以中国特色社会主义法治道路、中国特色社会主义法治体系和全面推进依法治国的中国实践为基础的科学理论体系，是中国共产党领导核心从当代中国改革开放和社会主义现代化建设的实际出发，深刻总结我国社会主义法治建设的成功经验和沉痛教训，逐步形成的具有中国特色、中国风格、中国气派的社会主义法治理论体系，是全面推进依法治国、加快建设中国特色社会主义法治体系、建设社会主义法治国家的重要理论指导、思想基础和学理支撑。

习近平总书记曾经指出：社会主义法治理念，是我们党从社会主义现代化事业全局出发，坚持以马克思主义法学理论为指导，在总结我国社会主义民主法治建设的实践经验，吸收世界上其他社会主义国家兴衰成败的经验教训，借鉴世界法治文明成果的基础上形成的科学理念。这是对马克思主义法学理论的继承、发展和创新，是推进社会主义法治国家建设必须长期坚持的重要指针。[③] 中国特色社会主义法治理论，是以马克思列宁主义、毛泽东思想、邓小平理论、“三个代表”重要思想、科学发展观和习近平新时代中国特色社会主义思想为指导，坚持党的领导、人民当家作主、依法治国有机统一，坚定不移走中国特色社会主义法治道路，坚决维护宪法法律权威，依法维护人民权益、维护社会公平正义、维护国家安全稳定，为实现“两个一百年”奋斗目标、实现中华民族伟大复兴中国梦提供有力法治保障的理论体系。中国特色社会主义法治理论，是以习近平新时代中国特色社会主义法治思想为核心内涵和根本标志的科学理论体系，深刻阐释了社会主义法治的理论依据、本质特征、价值功能、内在要求、中国特色、基本原则、发展方向等重大问题，系统阐述了什么是社会主义法治，如何依法治国、建设社会主义法治国家和中

---

① 习近平：《决胜全面建成小康社会 夺取新时代中国特色社会主义伟大胜利——在中国共产党第十九次全国代表大会上的报告》，人民出版社，2017 年，第 20 页。

② 习近平：《领导干部要做尊法学法守法用法的模范 带动全党全国共同全面推进依法治国》，载《人民日报》，2015 年 2 月 3 日第 1 版。

③ 习近平：《牢固树立社会主义法治理念》，习近平：《干在实处走在前列——推进浙江新发展的思考与实践》，中共中央党校出版社，2006 年，第 356 页。

国特色社会主义法治体系，如何在法治轨道上推进国家治理现代化等一系列根本性问题，对于构建中国特色社会主义法学理论体系、全面推进依法治国、推进法治中国建设，具有重大的理论意义、历史意义和现实价值。

中国特色社会主义法治理论由四个主要部分构成：其一，中国特色社会主义法治的思想价值理论，涉及政治哲学、法哲学和中国特色社会主义理论体系的有关价值、核心概念、基本范畴和重要内容，主要包括马克思主义国家与法的学说，马克思主义的国家观、政党观、民主观、法律观、法治观、人权观、平等观、正义观和权力观，马克思主义法学思想及其中国化的创新和发展等；社会主义法治精神、社会主义法治意识、社会主义法治观念、社会主义法治价值、社会主义宪制和法治原则、社会主义法治思想、社会主义法治理念、社会主义法治文化、社会主义法治学说，等等。其二，中国特色社会主义法治的制度规范理论，涉及法治的基本制度、法律规范、法律体系、法治体系、法治程序、法治结构等范畴和内容，主要有关于中国特色社会主义法治体系的理论，关于中国特色社会主义法治政府、依法行政和行政执法制度的理论，司法权、司法体制、司法程序、法律监督体制、公正司法制度、司法体制改革的理论，依宪执政、依法执政和依规治党的体制和理论，等等。其三，中国特色社会主义法治的实践运行理论，涉及法治原理原则的应用、法治行为、法治实践、宪法法律实施、法律制度运行等范畴和内容，主要包括科学立法、严格执法、公正司法、全民守法等法治建设各个环节的理论，等等。其四，中国特色社会主义法治的相关关系理论，涉及法治存在和运行发展的外部关系，涉及法治与若干外部因素的相互作用、彼此影响、共同存在等现象及其内容，主要有中国特色社会主义法治与中国特色社会主义、中国特色社会主义道路、中国特色社会主义理论、中国特色社会主义制度、全面深化改革、全面从严治党、全面建成小康社会、实现中华民族伟大复兴中国梦的关系，等等。

坚持和发展中国特色社会主义法治理论，最根本的是要深入学习和自觉坚持习近平新时代中国特色社会主义思想。新时代法治思想是习近平新时代中国特色社会主义思想的重要内容和在法治建设方面的集中体现，是新时代推进全面依法治国的指导思想和行动指南。习近平新时代法治思想是中国特色社会主义法治理论体系的核心和灵魂，是对中国特色社会主义法治建设理论的系统化坚持和与时俱进的创新，是对中国特色社会主义法治实践经验的最新总结和理论升华，是传承中华法文化精华、汲取全球法治精髓的最新理论成果，是中华民族和中国共产党人对当代世界法治文明的原创性贡献。习近平新时代法治思想高屋建瓴，内容丰富，观点鲜明，思想深邃，其中蕴含的基本法治观，即统筹布局的战略观，治国理政的方略观，党法统一的政治观，公平正义的价值观，人民为本的主体观，宪法至上的权威观，全面推进的系统观，法德结合的治理观，于法有据的改革观，依法治权的监督观，是习近平新时代中国特色社会主义法治思想的精髓要义。开启中国特色社会主义法治新征程，深化全面依法治国实践，应当在习近平新时代中国特色社会主义思想指引下，根据十九大报告提出的新思想新判断新精神新要求，坚持和发展中国特色社会主义法治道路、法治理论、法治体系、法治文化“四位一体”的理论，增强中国特色社会主义的民主自信、法治自信、人权自信和政党自信，推进中国特色社会主义法治理论不断创新发展。

七、开启中国特色社会主义法治新征程，必须深化依法治国实践

党的十九大对现阶段法治建设提出的基本任务，是“深化依法治国实践”。这是对改革开放新时期法治建设基本方针的继承和发展，更是对党的十八大以来新时代坚定不移推进全面依法治国战略部署的坚持和深化，是法学研究和法治建设当前和今后一段时间的主要任务和主攻方向。党的十八届四中全会决定指出：党的十一届三中全会以来，我们党和国家积极建设社会主义法治，取得了“中国特色社会主义法律体系已经形成，法治政府建设稳步推进，司法体制不断完善，全社会法治观念明显增强”的历史性成就。党的十八以来的五年，“我们坚定不移全面推进依法治国，显著增强了我们党运用法律手段领导和治理国家的能力”，① 民主法治建设迈出重大步伐，科学立法、严格执法、公正司法、全民守法深入推进，法治国家、法治政府、法治社会建设相互促进，中国特色社会主义法治体系日益完善，全社会法治观念明显增强；国家监察体制改革试点取得实效，行政体制改革、司法体制改革、权力运行制约和监督体系建设有效实施，② 全面推进依法治国取得了前所未有的新成就。但是也应当看到，全面落实依法治国基本方略，深化依法治国实践，加快建设法治中国，还存在一些问题需要研究解决。一方面，全面推进依法治国前的一些法治建设的问题尚未真正解决，即党的十八届四中全会指出的“同党和国家事业发展要求相比，同人民群众期待相比，同推进国家治理体系和治理能力现代化目标相比，法治建设还存在许多不适应、不符合的问题”，③ 虽然得到一定程度解决，但离人民的期待和党中央的要求还存在许多不足，与建成法治中国的宏伟目标相比还有相当大的差距；另一方面，进入新时代以来在全面推进依法治国、加强法治建

① 习近平在省部级主要领导干部“学习习近平总书记重要讲话精神，迎接党的十九大”专题研讨班开班式上发表重要讲话，http：//www. gov. cn/xinwen/2017－07/27/content_ 5213859. htm，最近访问时间[2017－11－05]。

② 习近平：《决胜全面建成小康社会　夺取新时代中国特色社会主义伟大胜利——在中国共产党第十九次全国代表大会上的报告》，人民出版社，2017 年，第 4 页。

③ 主要表现为：有的法律法规未能全面反映客观规律和人民意愿，针对性、可操作性不强，立法工作中部门化倾向、争权诿责现象较为突出；有法不依、执法不严、违法不究现象比较严重，执法体制权责脱节、多头执法、选择性执法现象仍然存在，执法司法不规范、不严格、不透明、不文明现象较为突出，群众对执法司法不公和腐败问题反映强烈；部分社会成员尊法信法守法用法、依法维权意识不强，一些国家工作人员特别是领导干部依法办事观念不强、能力不足，知法犯法、以言代法、以权压法、徇私枉法现象依然存在——《中共中央关于全面推进依法治国若干重大问题的决定》。

设方面又出现了一些新情况新问题。例如，我们党作出全面推进依法治国的各项战略部署和改革举措，在实践中还存在发展不平衡、推进不协调、改革不深入、实施不到位等新问题；充分发挥法治对于社会主义现代化建设的引领、促进和保障作用有待进一步加强，宪法权威和宪法实施监督保障有待进一步强化；立法质量不高、立法数量不足的老问题未根本解决，又出现了违法立法（违背上位法，与上位法相抵触，违背立法程序规范等）、立法不作为等新问题；法治政府建设相对滞后，到2020年难以如期达成基本建成法治政府的目标；[①] 司法体制改革有待进一步巩固扩大成果、深入细致推进、深化综合配套改革；社会主义核心价值观融入法治建设刚刚起步，有待加快推进和拓展；法治文化建设进展缓慢，全民守法格局尚未形成，国家宪法和社会主义法治缺乏应有权威，等等。2017年10月26日，国务院法制办公室党组书记、副主任袁曙宏在回答记者提问时说："我们的法治建设还存在很多问题，相对于'四个全面'战略布局的其他三个全面——全面建成小康社会、全面深化改革、全面从严治党来说，全面依法治国相对比较薄弱。十九大报告当中有一句话：全面依法治国任务依然繁重，我认为这就留下了伏笔，要对全面依法治国更加重视。"[②] 相对于深化司法体制改革、完善法律体系、加快党内法规体系建设而言，建设法治政府的力度和深度还有待加强；相对于整个司法体制改革而言，司法行政体制改革相对比较薄弱；相对于法治经济和法治社会建设而言，法治文化建设还是短板弱项……

习近平总书记在《关于〈中共中央关于全面推进依法治国若干重大问题的决定〉的说明》中指出：作出全面依法治国的顶层设计，要"坚持改革方向、问题导向，适应推进国家治理体系和治理能力现代化要求，直面法治建设领域突出问题，回应人民群众期待，力争提出对依法治国具有重要意义的改革举措"，要"直面我国法治建设领域的突出问题……有针对性地回应了人民群众呼声和社会关切"。全面推进依法治国，是解决党和国家事业发展面临的一系列重大问题，解放和增强社会活力、促进社会公平正义、维护社会和谐稳定、确保党和国家长治久安的根本要求。要推动我国经济社会持续健康发展，不断开拓中国特色社会主义事业更加广阔的发展前景，就必须全面推进社会主义法治国家建设，从法治上为解决这些问题提供制度化方案。[③] 党的十九大报告在讲到"我们的工作还存在许多不足，也面临

---

① 党的十八大报告、党的十八届五中全会报告、国家"十三五"规划纲要、国务院《法治政府建设实施纲要（2015－2020年）》，都明确要求（提出）到2020年全面建成小康社会时要"基本建成法治政府"。这一重要目标的实现在十九大报告中被表述为到2035年"法治国家、法治政府、法治社会基本建成"。2004年国务院颁布的《全面推进依法行政实施纲要》曾经明确提出"经过十年左右坚持不懈的努力，基本实现建设法治政府的目标"，然而这一承诺没有得到实现。

② 袁曙宏：《成立中央全面依法治国领导小组十分必要》，2017年10月26日答记者问，https://finance.chinanews.com/gn/2017/10－26/8360936.shtml，最近访问时间［2017－11－05］。

③ 习近平：《关于〈中共中央关于全面推进依法治国若干重大问题的决定〉的说明》（2014年10月20日），中共中央文献研究室编：《十八大以来重要文献选编（中）》，中央文献出版社，2016年，第147页。

不少困难和挑战”时，对依法治国方面的不足和挑战表述为：“社会矛盾和问题交织叠加，全面依法治国任务依然繁重，国家治理体系和治理能力有待加强。”虽然寥寥数语，但却对全面依法治国进入新时代、开启中国特色社会主义法治新征程提出了更高的要求，对推进全面依法治国、建设社会主义法治国家提出了八个方面的“深化依法治国实践”新要求新任务。①

我们从党中央确立和推进依法治国20年的历史进程，可以更好理解党的十九大把“深化依法治国实践”作为法治建设领域新要求新任务的重大意义。习近平总书记指出，党的十五大提出依法治国、建设社会主义法治国家，强调依法治国是党领导人民治理国家的基本方略，是发展社会主义市场经济的客观需要，是社会文明进步的重要标志，是国家长治久安的重要保障。党的十六大提出，发展社会主义民主政治，最根本的是要把坚持党的领导、人民当家作主和依法治国有机统一起来。党的十七大提出，依法治国是社会主义民主政治的基本要求，强调要全面落实依法治国基本方略，加快建设社会主义法治国家。② 党的十八大强调，要更加注重发挥法治在国家治理和社会管理中的重要作用，全面推进依法治国，加快建设社会主义法治国家；党的十八届四中全会对全面推进依法治国若干重大问题作出史无前例的专门部署。党的十九大提出，坚定不移推进全面依法治国，深化依法治国实践。依法治国20年的历史，从1997年党的十五大确立依法治国基本方略，到2002年党的十六大提出“三者有机统一”基本方针，2007年党的十七大提出全面落实依法治国基本方略，2012年党的十八大提出全面推进依法治国，再到2017年党的十九大提出深化依法治国实践，不仅表明了我们党坚定不移走中国特色社会主义法治道路、始终不渝坚持和推进全面依法治国的决心信心、勇气能力，而且表明党的十九大以后全面依法治国的工作重点，不是要提出更多的新战略、作出更多的新部署、设计更多的新举措，而是要全面深入具体扎实地贯彻落实党的十八大以来关于全面依法治国的各项决策部署，尤其要深入贯彻落实《中共中央关于全面推进依法治国若干重大问题的决定》（以下简称《决定》），《决定》明确了全面依法治国的总目标、总蓝图、路线图和施工图，按下了法治中国的“快进键”），把全面依法治国

① 党的十九大报告指出，全面依法治国是国家治理的一场深刻革命，必须坚持厉行法治，推进科学立法、严格执法、公正司法、全民守法。成立中央全面依法治国领导小组，加强对法治中国建设的统一领导。加强宪法实施和监督，推进合宪性审查工作，维护宪法权威。推进科学立法、民主立法、依法立法，以良法促进发展、保障善治。建设法治政府，推进依法行政，严格规范公正文明执法。深化司法体制综合配套改革，全面落实司法责任制，努力让人民群众在每一个司法案件中感受到公平正义。加大全民普法力度，建设社会主义法治文化，树立宪法法律至上、法律面前人人平等的法治理念。各级党组织和全体党员要带头尊法学法守法用法，任何组织和个人都不得有超越宪法法律的特权，绝不允许以言代法、以权压法、逐利违法、徇私枉法。习近平：《决胜全面建成小康社会　夺取新时代中国特色社会主义伟大胜利——在中国共产党第十九次全国代表大会上的报告》，人民出版社，2017年，第38－39页。

② 习近平：《关于〈中共中央关于全面推进依法治国若干重大问题的决定〉的说明》（2014年10月20日），中共中央文献研究室编：《十八大以来重要文献选编（中）》，中央文献出版社，2016年，第147页。

的总蓝图付诸实践，把法治建设的施工图付诸实施，把我们党对人民的法治承诺变成现实，这就是党的十九大对全面依法治国的根本期待、基本要求和主要部署。

深化依法治国实践，最有新意的顶层制度安排，是成立中央全面依法治国领导小组。党的十九大报告提出：全面依法治国是国家治理的一场深刻革命，必须坚持厉行法治……成立中央全面依法治国领导小组，加强对法治中国建设的统一领导。[①]成立中央全面依法治国领导小组，是以习近平同志为核心的党中央适应把党的领导贯彻到全面推进依法治国全过程各方面新形势做出的顶层制度设计和重大战略安排，是全面推进党和国家治理体系和治理能力现代化的又一大动作和大手笔，具有重大意义。

其一，成立中央全面依法治国领导小组是坚持习近平新时代中国特色社会主义思想的重要体现。党的十九大报告在新时代中国特色社会主义思想的科学内涵中，明确了中国特色社会主义事业总体布局是“五位一体”、战略布局是“四个全面”。全面依法治国作为“四个全面”战略布局的重要内容和战略地位得到充分肯定，依法治国作为党领导人民治国理政的治国基本方略得到充分肯定；明确了全面推进依法治国总目标是建设中国特色社会主义法治体系、建设社会主义法治国家。把坚持习近平新时代中国特色社会主义思想对全面依法治国的指导落实到制度上和行动中，就必须从党和国家工作大局和战略全局出发，加强党对全面推进依法治国的集中统一领导，从最顶层的制度设计上克服地方保护主义的障碍，冲破部门利益的樊篱，保证国家法治统一，维护党和国家集中统一的崇高法治权威。

其二，成立中央全面依法治国领导小组是适应中国特色社会主义新时代法治建设做出的重大战略安排。党的十九大报告从深入分析中国和世界的历史方位和历史逻辑出发，基于党的十八大以来党领导人民取得改革开放和社会主义现代化建设的历史性成就的现实逻辑，着眼“两个一百年”的奋斗目标，做出了“经过长期努力，中国特色社会主义进入了新时代，这是我国发展新的历史方位”的重大判断。中国特色社会主义进入新时代，我国社会主要矛盾已经转化为人民日益增长的美好生活需要和不平衡不充分的发展之间的矛盾。我国稳定解决了十几亿人的温饱问题，总体上实现小康，不久将全面建成小康社会，人民美好生活需要日益广泛，在民主、法治、公平、正义、安全、环境等方面的要求日益增长。人民群众日益增长的美好生活七个方面的新诉求，都直接或间接关涉法治及其涵盖的民主自由、公平正义、安全环保等内容，实质上都是全面依法治国要关注、保障和解决重大问题。成立中央全面依法治国领导小组，统筹推进全面依法治国，不仅更加凸显了法治在治国理政中的重要地位，体现了党中央将全面依法治国向纵深推进的决心和勇气，而且更加体现新时代以人民为中心，更加关注人民福祉维护人民权利，针对人民群

① 习近平：《决胜全面建成小康社会　夺取新时代中国特色社会主义伟大胜利——在中国共产党第十九次全国代表大会上的报告》，人民出版社，2017 年，第 38 页。

众对中国特色社会主义法治社会、法治秩序、法治公正等日益增长和不断丰富的新需求，超越部门和地方的局限，由党中央统一领导，统一规划，统筹安排，统一应对，有组织有领导循序渐进地加以满足和解决。

其三，成立中央全面依法治国领导小组是全面推进依法治国政治体制改革性质的必然要求。“全面推进依法治国是一个系统工程，是国家治理领域一场广泛而深刻的革命。”① 全面推进依法治国，是关系党执政兴国、关系人民幸福安康、关系国家长治久安的重大战略问题，是完善和发展中国特色社会主义制度、推进国家治理体系和治理能力现代化的重要方面。全面依法治国归根结底是法律上层建筑的重大变革，是一场“法律的革命”，具有十分明显的政治体制改革的特征和性质。党的十八届三中全会在做出全面深化改革战略部署时，明确提出要“紧紧围绕坚持党的领导、人民当家作主、依法治国有机统一深化政治体制改革，加快推进社会主义民主政治制度化、规范化、程序化，建设社会主义法治国家，发展更加广泛、更加充分、更加健全的人民民主”。在全面深化改革覆盖的经济、政治、文化、社会、生态文明、党的建设等“六个紧紧围绕”的改革领域中，依法治国是与政治体制改革紧密联系在一起的，本质上属于政治体制改革的范畴。2014 年 1 月习近平总书记在中央政法工作会议的讲话中明确指出：“司法体制改革是政治体制改革的重要组成部分，对推进国家治理体系和治理能力现代化具有十分重要的意义。要加强领导、协力推动、务求实效，加快建设公正高效权威的社会主义司法制度，更好坚持党的领导、更好发挥我国司法制度的特色、更好促进社会公平正义。”② 司法体制改革属于我国政治体制改革的重要组成部分，立法体制改革、行政执法体制改革、法律监督体制改革、全民守法体制改革、党领导法治建设的体制改革等，同样属于政治体制改革的性质。成立中央全面依法治国领导小组，有助于确保我们党在宪法框架下和法治轨道上，通过法律上层建筑的立、改、废、释、授权等途径，有组织有领导积极稳妥循序渐进地推进中国政治体制的自我完善和改革发展。

其四，成立中央全面依法治国领导小组是加强和深化党对法治中国建设领导的必然要求。党的领导是中国特色社会主义最本质的特征，是社会主义法治最根本的保证。坚持党对社会主义法治建设的领导，必须把党的领导贯彻到全面依法治国的

---

① 习近平：《关于〈中共中央关于全面推进依法治国若干重大问题的决定〉的说明》（2014 年 10 月 20 日），中共中央文献研究室编：《十八大以来重要文献选编（中）》，中央文献出版社，2016 年，第 154 页。

② 《习近平出席中央政法工作会议：坚持严格执法公正司法》，2014 年 1 月 8 日，http：//politics. people. com. cn/n/2014/0108/c1024 -24063365. html，最后访问时间［2017 -11 -05］。

全过程各方面，必须具体体现在党领导立法、保证执法、支持司法、带头守法上。①党既要坚持依法治国、依法执政，自觉在宪法法律范围内活动，又要发挥好党组织和广大党员、干部在依法治国中的政治核心作用和先锋模范作用。全面依法治国必须加强和改善党的领导，充分发挥党总揽全局、协调各方的领导核心作用，提高党的领导水平和执政能力，才能确保全面依法治国的顺利推进，确保顺利建成法治中国。根据十九大报告的新部署，成立中央全面依法治国领导小组，负责全面推进依法治国的总体设计、统筹协调、整体推进、督促落实，有利于从党领导依法治国事业的体制上机制上进行改革创新，把党领导一切工作的原则贯彻落实到全面依法治国的全过程和各方面；有利于强化以习近平同志为核心的党中央的宪法和法治权威；有利于保证党和国家宪法法律的令行禁止，保证全面依法治国各项改革措施得以贯彻落实。

其五，成立中央全面依法治国领导小组是推进全面依法治国基本方略、深化依法治国实践的重大举措。党的十八大以来全面依法治国的力度明显加大、范围明显拓展、内容明显增加。但在依法治国的具体实践中，中央层面的法治建设实际上被分为四个板块：一是全国人大及其常委会板块，主要负责推进民主科学立法、完善法律体系、履行宪法实施解释监督职能；二是国务院板块，主要负责推进依法行政、建设法治政府；三是政法系统板块（包括公安机关、检察院、法院、司法行政机关和国家安全机关），在中央政法委员会领导下主要负责推进司法体制改革、保证公正司法、建立公正高效权威的中国特色社会主义司法制度，让人民群众在每一个司法案件中感受到公平正义；四是党建系统板块，主要在中纪委和中央办公厅主导下负责推进依宪依法执政、全面从严治党、依规治党、加强党内法规体系建设。应当说，中央层面法治建设这种中央统一顶层设计、各板块分别负责实施推进的依法治国模式，能够把推进法治建设的权责统一起来，充分调动各板块积极性主动性。但是，这种推进模式也容易产生各板块的具体举措不协调、力度进度不统一、

① 国务院法制办袁曙宏副主任在答记者问时说：“我个人理解，党的十九大报告之所以提出成立中央全面依法治国领导小组，主要有这样几个方面的考虑：第一，中国共产党作为执政党，对全面依法治国至关重要。党的领导是中国特色社会主义最本质的特征，是中国特色社会主义法治最根本的保证。我们要把党的领导贯彻到全面依法治国的全过程和各方面，坚持党领导立法、保证执法、支持司法、带头守法。要做到这些，迫切需要成立中央全面依法治国领导小组，来加强对法治中国建设的统一领导。第二，全面依法治国是一项涉及面十分广泛的系统工程，涉及经济建设、政治建设、文化建设、社会建设、生态文明建设和国防军队建设、党的建设等各个领域，涉及改革发展稳定、内政外交国防、治党治国治军等各个方面。这么大一个范围，这么宽的面，需要充分发挥党总揽全局、协调各方的领导核心作用。第三，全面依法治国是一项长期艰巨复杂的任务，它改变的是人们的观念、改变的是人们的行为……第四，党的十九大报告在调研起草过程中……很多地方和部门都提出，建议中央成立全面依法治国领导小组，加强对全面依法治国的集中统一领导。这四个方面可能是党的十九大报告提出成立中央全面依法治国领导小组的主要原因。”袁曙宏：《成立中央全面依法治国领导小组十分必要》，2017 年 10 月 26 日答记者问，https：//finance. chinanews. com/gn/2017/10 – 26/8360936. shtml，最近访问时间［2017 – 11 – 05］。

发展不平衡等弊端。成立中央全面依法治国领导小组，有利于从领导体制和机制上防杜上述弊端，确保中央层面的法治统一。依法治国的根基在基层。[①] 在全面推进依法治国历史新起点上，各个地方进一步加强了党委对法治建设的领导，整合了地方法治建设的资源和力量，有力地领导和推动了地方法治建设和依法治理工作。然而，以各个地方党委为主导的地方层面法治建设，由于各个地方经济社会发展不平衡、面临的阶段性主要任务不一致、各个地方主要领导对法治建设认识安排不统一等原因，导致地方层面法治建设推进不统一、发展不平衡、成效不一致；更为突出的问题是，各个地方党委集中统一领导推进本地方法治建设的领导体制，与中央层面依法治国"板块状"实施形成不对称不衔接状况，地方法治建设遇到重大问题需要中央出面协调解决，往往是各个板块分别做出回应，中央缺少统筹中央与地方、地方与地方等方面的集中统一的领导体制和实施机制。国务院法制办袁曙宏副主任介绍说："党的十九大报告在调研起草过程中，征求了全国各省市自治区、中央国家机关各部门的意见，很多地方和部门都提出，建议中央成立全面依法治国领导小组，加强对全面依法治国的集中统一领导。"[②] 成立中央全面依法治国领导小组，有利于加强以习近平同志为核心的党中央对全国各个系统、各个部门、各个地方、各个领域、各个环节的法治建设的集中统一领导，有利于从党和国家工作大局和战略全局角度加强对法治中国建设的坚强有力集中统一的规划、协调、推进、保障和监督，有利于统筹推进依法治国与从严治党、依规治党、制度治党，实现党内法规体系与国家法律体系的有机统一，有利于从体制上机制上解决科学立法、严格执法、公正司法以及法治国家、法治政府、法治社会建设中的某些部门保护主义和地方保护主义等问题。

我们坚信，按照党的十九大提出的战略目标和绘就的宏伟蓝图，坚持习近平新时代中国特色社会主义思想为指导，开启全面建设社会主义现代化国家新征程，在中央全面依法治国领导小组的统一领导下，坚定不移推进全面依法治国，矢志不渝深化依法治国实践，加快建设社会主义法治体系和法治国家，一定能够全面开启中国特色社会主义法治新征程，赢得法治中国建设的新胜利。

[作者简介]

李林，中国当代著名法学家，中国社会科学院学部委员，中国社会科学院法学研究所所长，中国社会科学院研究生院法学教学研究部主任、法学系主任、教授、博士生导师，中国法学会副会长。先后获得西南政法大学法学学士学位、中国社会

① 习近平同中央党校县委书记研修班学员座谈并发表重要讲话，http：//news. xinhuanet. com/photo/2015 -01/12/c_ 127380367. htm，最近访问时间［2017 -11 -05］。

② 袁曙宏：《成立中央全面依法治国领导小组十分必要》，2017 年 10 月 26 日答记者问，https：//finance. chinanews. com/gn/2017/10 -26/8360936. shtml，最近访问时间［2017 -11 -05］。

科学院研究生院法学硕士和法学博士学位。美国哥伦比亚大学法学院访问学者、哥伦比亚大学国际关系学院东亚研究所博士后。长期致力于法理学、立法学、比较立法学、人权理论、法治理论、宪政民主理论等领域的研究与教学工作。曾任中共中央政治局集体学习主讲人，全国人大常委会和全国政协法制讲座主讲人。截至2013年出版专著、论著、译著等30余部，发表论文160余篇，内部研究报告60余篇。

三大时代：法律、法制、法治

付子堂

十九大的召开不仅对鼓舞和动员全党全国各族人民继续推进全面建成小康社会、坚持和发展中国特色社会主义具有重大意义，同时为新时代中国特色社会主义法律思想的形成具有重大意义。党的十九大把十八大以来以习近平同志为核心的党中央进行艰辛理论探索和推进理论创新的成果，概括为习近平新时代中国特色社会主义思想，并把这一重大思想确立为我们党必须长期坚持的指导思想，实现了党的指导思想的又一次与时俱进。① 习近平新时代中国特色社会主义思想是作为马克思主义中国化的最新理论成果，是中国特色社会主义理论体系的重要组成部分，包含着丰富的内涵。② 其中习近平新时代中国特色社会主义思想中的法律思想是对马克思主义法律思想、毛泽东思想中的法律理论、邓小平理论中的法律观、“三个代表”重要思想和科学发展观中的法律观点的继承与发展。把握新时代的法律思想才能为改革与发展提供坚实的保障。

一、新时代法律思想的根源

党的十九大对我国当前的定位已经明晰，中国进入了“新时代”。既然步入新时代，就意味着有了新的发展。习近平新时代中国特色社会主义法律思想就是一项新的发展，新时代法律思想的形成是对马克思主义法律思想、毛泽东思想中的法律理论、邓小平理论中的法律观、“三个代表”重要思想和科学发展观中的法律观点的继承与发展。把握新时代的法律思想才能为改革与发展提供坚实的保障。把握新时代的法律思想就要从其根源出发，十九大报告对“新时代”做了明确的定义，研究新时代法律思想就要先从十九大报告入手。

---

① 何毅亭：《伟大思想理论从何而来——习近平新时代中国特色社会主义思想渊源》，载《光明日报》，2017 年 11 月 17 日。

② 陈红：《论习近平新时代中国特色社会主义思想的丰富内涵和历史地位》，中国社会科学网，2018 年 4 月。

（一）十九大报告的主要脉络

把握十九大报告要先明晰报告的主要脉络，即一条主线、两个时期、三个时代、四个关键词、五大体系。一条主线是要牢牢坚持中国共产党的领导，是不能动摇的原则问题，这是不言而喻的；两个时期是结合改革开放之后十一届三中全会提出的“新时期”概念而提出的，所谓“新时期”就是相对于改革开放之前，或者说中华人民共和国成立之后到1978年这段时期而言的，改革开放是以十一届三中全会作为一个分界，十一届三中全会之后的时段被称为“新时期”。改革开放后的新时期与如今的新时代，即两个时期。有一种观点，特别是西方在研究我们中国的问题的时候提出中国经历了毛泽东时代、邓小平时代，倘若在这个观点上再加上如今的时代就是三个时代——毛泽东时代、邓小平时代、习近平时代。四个关键词就是法律，从法律到法制再到法治及法治体系，包含了十八届四中全会提出来的五大体系。

（二）中华人民共和国建立之后对法律之路的探索

要理解新时代法律思想就必须从前文所提的毛泽东时代、邓小平时代以及当下的新时代三个时代入手，中国特色的法律体系到法治体系的发展，实际上是经历了三个时代的艰难探索与发展。

1. 毛泽东时代的法律体系之路

中华人民共和国建立之初就对法律制度进行了一部分探索。马克思主义法律思想中国化，大体上分为五次实践。第一次法律实践既有经验又有教训，虽然中华人民共和国建立之初没有这些“法治”“法治制度”“法治国家”“法治中国”“法治体系”等类似的词出现，但实事求是地说，中华人民共和国的第一代领导集体，也就是在毛泽东思想体系当中还是有法学理论。当然这个问题也有些人不赞成，有些人说毛泽东是反法律的法律虚无主义。这个判断不一定恰当，因为一个人的思想是在不断地变化的，有时候重视法律，有时候不重视法律。不重视法律其实也是一种法律思想，因为这是对法律进行思考后得出的一种思想；不重视法律甚至破坏法律，也是个法律思想，是对法律的一个态度问题。毛泽东虽然曾有一段时间是漠视法治但其实并不是一直反对法律或者说是破坏法治的，不管是从理论上还是从实践上来看，我们都要理性地来把握毛泽东思想当中的法学理论。从实践上来看，这种实践又可以分为四个阶段：

第一阶段就是中华人民共和国成立之初（1949—1954），从中华人民共和国1949年成立到1954年，我国第一部宪法诞生，足以证明这一段时间以毛泽东为核心的领导集体还是重视法律的，虽然不能说重视法治。那个时候不能说像如今这样就有非常成熟的法治思想，但是还是有法律思想的。因为从立法层面来看，中华人民共和国成立之初，制定了两部法律，第一部是《婚姻法》，第二部是《土地改革法》；从司法上来看此时成立了政法机构——最高人民检察署（今最高人民检察院）。所以在这一时期国家虽然尚未重视法治，但是还是比较重视法律的。

第二阶段从“五四宪法”开始。1954 年 9 月 20 日，一届全国人大一次会议通过了《中华人民共和国宪法》，宪法共包括 4 章 106 条。《中华人民共和国宪法》的诞生，代替了先前行使的《中国政治协商会议共同纲领》，提前结束了正在发展的新民主主义阶段。“五四宪法”的诞生，是我国第一部社会主义类型的共和国宪法，是一百多年来中国人民革命斗争和新中国初创时期的经验总结，为我国社会主义革命和建设，以及共和国宪法的进一步充实完善奠了基，开创了我国建设社会主义法治国家的新历程。

在“五四宪法”制定期间，毛泽东在杭州市南山路一座灰墙庭院小楼内召开的宪法起草工作会上，提出了起草的指导思想和编写原则：“我们社会主义的宪法，一要坚持人民民主的原则，二要坚持社会主义的原则，在具体条文上又要体现原则性和灵活性的原则”。要“简单、明了”。在杭州期间，他还对身边的工作人员说：“宪法是一个国家的根本法，从党的主席到一般老百姓都要按照它去做，将来我不当国家主席了，谁当也要按照它做，这个规矩要立好。”当年 7 至 8 月，历时两月，在全国范围内进行了广泛的讨论，共收到 110 多万条修改意见和建议，从中博采众长，集思广益，再次进行认真修改。在全民大讨论中，全国各界共有 1.5 亿人次参加，而当时我国人口只有 6 亿，也就是说每 4 个人中就有 1 人参与了宪法的讨论。毛泽东对此表示：“宪法是采取征求广大人民意见这样一个办法起草的。”他还说：“今后一切重要的立法都要采取这个办法。”

从“五四宪法”颁布到 1957 年短短不到三年的时间里，我国制定了 730 多部法律，中央制定的较重要的法规性文件共 1261 件，特别是几个重要的法律开始起草。该时期内我国立法取得了很大的成绩。

从法学理论上来讲，第一代领导集体中董必武在中共八大上提出了两个观点，一个就是在针对“法制”时指出“依法办事是中心环节”，另外就是我们现在讲的“十六字方针”，即“有法可依、有法必依、执法必严、违法必究”，基础就是董必武当时提的八字方针——“有法可依、有法必依”。如今十九大报告中的“有法可依、有法必依”，就源自董必武先生。在董必武先生提出该观点 20 多年之后，十一届三中全会前，邓小平同志又加了两句话，加起来则是如今的十六字方针。

第三个阶段是“文革”之前（1957—1966）。这段时期可以总结为“出现严重偏差”。1957 年 4 月 27 日，中共中央公布《关于整风运动的指示》，决定在全党进行一次以正确处理人民内部矛盾为主题，以反对官僚主义、宗派主义和主观主义为内容的整风运动，发动群众向党提出批评建议。这本是发扬社会主义民主，加强党的建设的正常步骤。广大群众、党外人士和广大党员积极响应党中央的号召，对党和政府的工作以及党员干部的作风提出了许多有益的批评、建议。但部分民主党派人士的建议与中共当时的执政地位产生了极大矛盾，比如学者储安平的意见是“中国当前是‘党天下’——党在国上人在党上”。针对这种情况，1957 年 5 月 15 日毛泽东撰写了《事情正在起变化》一文，要求认清阶级斗争形势，注意右派的进攻。6 月 8 日，中共中央发出《关于组织力量准备反击右派分子进攻的指示》，同日，《人民日报》也发表了《这是为什么?》的社论。从此，开始了大规模的反击右派的斗争。在当时的形势下，对极少数资产阶级右派分子的进攻进行反击是正确的、必要的，这对于分清大是大非，稳定新建立起来的社会主义制度具有重要意义。

但是，由于对 1957 年春夏的国内阶级斗争形势估计得过于严重又采取了大鸣、大放、大字报、大辩论的形式，在全国开展了一场群众性的政治运动，致使“反右运动”被严重扩大化了。一大批忠贞的中共党员、有才能的知识分子、有长期合作历史的民主党派朋友、政治上不成熟的青年被错划为右派分子。他们被下放进行劳动改造，身心受到严重伤害，不能发挥应有的作用，给党和国家造成严重损失。大多数右派分子遭受长达 20 多年的歧视和迫害，尤其是在“文革”期间再次遭到猛烈冲击。① 在此期间，譬如“法律面前人人平等”此类的言论都作为右派言论。包括“五四宪法”里面规定的一些内容，其中有很多观点从政治上已经被作为右派言论。这个时期，中国开始背离依靠法律治理国家的道路；但客观来看，这是一种历史的产物，是“反右运动”特殊时期下的一种错误的法律观念导致的，是一种理念出现了问题。法律理念一旦出问题，那么整个系统都将开始崩坏，造成立法司法，包括法学教育都受到了破坏。也就是说这种轻视法治，破坏法制的法律理念，就导致了破坏法治的这种后果。因此导致的首当其冲的一个后果是中国 1959 年到 1979 年，这 20 年没有司法部，有 10 年没有检察院，有 10 年不召开人大；也就是说，在此期间，司法行政机关、检察机关、权力机关在此期间全部停止了运行。

第四个阶段从“文化大革命”开始。“文革”期间，宪法虽然名义上没有被废除，但宪法已成为摆设。致使我国在“文革”期间，政法机关遭到严重破坏，基本陷入瘫痪状态。一直到 1975 年用新宪法来取代“五四宪法”。

2. 邓小平时代的法治之路

2.1　立法之路

从 1976 年开始，经历一些政治上的过渡之后，我国政法工作的措施首先是恢复了检察院，其次就是 1978 年颁布的“七八宪法”。十一届三中全会是改革开放的一个标志，但实际上改革开放这个词在三中全会公报里面并没有出现，而是十一届三中全会之前，在京西宾馆召开中央工作会议，这个中央工作会总共开了 36 天，本来中央工作会议是个例会，因为马上要进入 1979 年，中央按惯例要对 1979 年的工作进行安排，但是包括陈云在内的很多老革命，主张给刘少奇等“文革”中被冤枉迫害的同志平反，这一系列“文革”后续的事情致使这个会议就持续了 30 多天。

① 《国庆 60 周年 · 60 年变迁专题》，载《南方日报》，2013 年 6 月 8 日。

1979年6月召开的五届全国人大二次会议上一次性通过了七个法律——《选举法》《地方组织法》《人民法院组织法》《人民检察院组织法》《刑法》《刑诉法》《中外合资企业法》，其中《中外合资经营企业法》标志着中国经济的开放。我国三个月出台七部法律，不仅创造了最高国家权力机关的一段立法传奇，而且全力推进了改革开放后的民主法制工作。①

2.2 "法治"之路

1979年9月9日党中央颁布了第64号文件《中共中央关于坚决保证刑法、刑诉法切实实施的指示》中第一次出现"法治"一词而不是"法制"，但这最初不是中央的意思。这份文件最初由中国"法治三老"之一的李步云老先生起草，也是首次提出"法治"的概念，但当时党内一部分守旧同志认为这个词是属于资本主义的东西，为此还有人写信反对把法制的"制"改为治理的"治"，但中央经过充分讨论，最后还是采用了"法治"一词，这也是中国首次提出"法治"这一概念。

"法治时代"有个最明显的改变就是原来解决政治问题不用法律手段，用运动靠斗争，靠开会靠批斗，但进入"法治时代"后就开始注重用法律手段解决政治问题。虽然"政治问题用什么方式来解决"这个问题一直到现在还值得研究，但这是一个治国的理念问题，邓小平时期，法律观的转变，也就是"法治时代"的开启无疑是一个划时代的亮点，这段时期也可以说是法治的新的时代或者说法律新时代。当然更重要的是1982宪法通过并实施，这个具有划时代的意义，也是邓小平理论法律观的直观体现。

3. 江泽民阶段的法治之路

江泽民总书记执政的这个阶段还是有很多了不起的亮点。比如人权问题，1991年11月1日由国务院新闻办公室发布《中国政府白皮书》中专门提到了中国的人权状况，这是江泽民执政阶段的一个重要贡献。当然此期间经常提到的还是法"制"。十四大报告仍然用的是"制度"的"制"，没有用"治理"的"治"。1994年时，很多法学界的老前辈经常去中南海讲法制，现在叫中央集体学习，那个时候叫法制讲座，譬如刚刚去世的中国人民大学的老教授孙国华老师在胡耀邦时代就曾进中南海讲过法制，李林老师、李步云老师还有刘海年老师写讲稿备课时用的是法"治"，但是当时司法部的领导还是比较保守，就改回去改成这个制度的"制"。如今进入"法治时代"，这个现象已有所改观，此次十九大报告只有一次使用制度的"制"，但是在当时不准用三点水的治，由此可见，1979年撰写64号文件所受到的阻力很大。观念的改变是一个过程。

3.1 由"法制"转为"法治"

据说是在十五大开会前，报告中写的还是"制"，江泽民亲自把那个字圈出来，将制度的"制"改为治理的"治"。可以说十五大报告为2010年形成有中国特色

① 张维炜：《法治中国从这里启程》，载《中国人大》，2014年第17期。

社会主义法律体系奠定了基础。十五大报告还仅仅是党的意志，它要上升为国家意志就必须修改宪法。从1979年党提出“法治”概念，到1999年修改宪法时正式将“法制”改为“法治”，提出“法治路线”，一字之改、一字之差总共花了20年时间，进行了31次伟大创新。

4. 胡锦涛阶段的法治之路

胡锦涛总书记执政后对于中国的法律之路也有两大重要贡献，一个是“三统一”，即坚持党的领导，人民当家作主，依法治国有机统一。2002年12月4日，胡锦涛总书记在首都各界纪念现行宪法公布施行20周年大会上首次提出“依法执政”这一概念，在党的十七大报告中提出发展社会主义民主政治，要坚持党的领导、人民当家作主、依法治国有机统一这一重要论断。

到了2010年，中国特色社会主义法律体系是否形成？对于这个问题，有观点持反对态度说没形成，有些观点说基本形成，那么这个问题关键在哪？就是中国特色社会主义法律体系是什么，包括哪些法律部门，包括哪些法律渊源。从法律部门上来讲，笔者认为分为十大部门（官方说法是七大法律部门）：宪法相关法、民法、商法、行政法、经济法、社会法（包括劳动法等）、刑事诉讼法、民事诉讼法、行政诉讼法以及仲裁等这类非诉讼程序法。由此可见，中国的法律部门此时已有了较为完善的发展，中国特色社会主义法律体系可以算是基本形成。

所以胡锦涛执政阶段属于中华人民共和国成立以来的第四次创新法律实践，对中国的法治体系、法律思想的发展做出了不可磨灭的贡献。

二、十八大以来的法治中国之路

（一）法治中国的提出

我们现在学习十九大报告，必须从十八大着手进行。十九大报告是十八大的继承与发展，譬如非常重要的社会主义核心价值观，就是十八大报告所提出的。自十八大以来，中国的法律发展有着极为重要的变化，即“法治中国”的提出。如前文所述，“法治”这一概念是经历了漫长的过程才上升为国家意志，此刻“法治中国”的提出，说明党和国家已经高度认可这一概念，并正式上升到前所未有的高度。十八届四中全会的召开对于我国法律发展有着里程碑的意义。2014年10月20日至23日在北京召开的党的十八届四中全会，首次专题讨论依法治国的问题，会议通过《中共中央关于全面推进依法治国若干重大问题的决定》，文件提出，法制是人类政治文明的重要成果。实施依法治国基本方略、建设社会主义法治国家，既是经济发展、社会进步的客观要求，也是巩固党的执政地位、确保国家长治久安的根本保障。在中国这样一个13亿人口的大国，要实现政治清明、社会公平、民心稳定、长治久安，最根本的还是要靠法治。① 十八届四中全会的核心就是全面推进依法治国，总目标是建设中国特色社会主义法治体系，建设社会主义法治国家。这就是说，在中国共产党领导下，坚持中国特色社会主义制度，贯彻中国特色社会主义法治理论，形成完备的法律规范体系、高效的法治实施体系、严密的法治监督体系、有力的法治保障体系，形成完善的党内法规体系，坚持依法治国、依法执政、依法行政共同推进，坚持法治国家、法治政府、法治社会一体建设，实现科学立法、严格执法、公正司法、全民守法，促进国家治理体系和治理能力现代化。实现这个总目标，必须坚持中国共产党的领导，坚持人民主体地位，坚持法律面前人人平等，坚持依法治国和以德治国相结合，坚持从中国实际出发。② 多年来，许多法学界老前辈奋斗终生的目标就是希望中央有朝一日就法治问题专门做个决定。这个目标终于在 2014 年实现了，所以说，十八届四中全会的意义是不可低估的。十八届四中全会的核心总结下来可分为三部分。首先是“中国特色社会主义法治道路”，其次是“中国特色社会主义法治理论”；然后是“中国特色社会主义法治体系”，这三部分也是在十九大之后新时代法律体系建立的基础。

（二）五个体系的形成

我国经过几代人的共同努力，终于使依法治国的概念上升为国家意志；但是，这个国家意志最开始并没有得到贯彻或者说不知道怎么贯彻。随着全面深化改革进入深水区、反腐倡廉建设进入从治标向治本的转型期，迫切需要党和国家持续强化法制建设、深入推进依法治国。③ 于是，中共中央政治局于 2014 年 9 月 30 日召开研究全面推进依法治国重大问题的会议，提出形成“五个体系”为依法治国保驾护航。

“五个体系”，第一就是完备的法律规范体系。党的十八届四中全会通过的《中共中央关于全面推进依法治国若干重大问题的决定》把形成完备的法律规范体系作为建设中国特色社会主义法治体系的重要任务。自 1949 年《婚姻法》《选举法》等一系列法律的出台，1954 年我国第一部宪法的颁布，一直到 2011 年 2 月底，我国制定了有效法律规范共 239 件，行政法规 690 多条，地方性法规 8600 多件。2011 年 3 月 10 日，十一届全国人大四次会议上，吴邦国委员长宣布中国特色社会主义法律体系已形成，因为此时涵盖社会关系各个方面的法律部门已经齐全，法律部门中基本的、主要的法律已经制定，与法律事实相配套的行政法规、地方性法规基本齐全。而如今，我国的法律体系将朝着更加完备的方向不断改进，截止至 2017 年 10 月，我国共颁布现行有效的法律 261 部。所以，新时代的法治之路将朝着更

① 《中共中央关于全面推进依法治国若干重大问题的决定》。

② 《中国共产党第十八届中央委员会第四次全体会议公报》。

③ 倪洋军：《“五个体系”为依法治国保驾护航》，人民网—中国共产党新闻网，2014 年 10 月 8 日。

加完善的方向前行。

第二大体系是法治实施体系，实际上是指司法和执法。建设中国特色社会主义法治体系，是一个从立法到执法司法再到守法、从理论到制度机制再到实践的伟大系统工程，需要付出长期艰苦努力。建设高效的法治实施体系，无疑是其中的重点难点。古往今来，把制定的法律付诸实施始终是法制建设的最大难点。习近平总书记多次引用古人“世不患无法，而患无必行之法”和“天下之事，不难于立法，而难于法之必行”的名言，并强调指出：“如果有了法律而不实施，束之高阁，或者实施不力、做表面文章，那制定再多法律也无济于事。”① 法律的生命力在于实施，法律的权威也在于实施，这两句法律谚语写入了作为中国法治建设史上具有标志性的划时代的里程碑意义的十八届四中全会这个政治文献当中，无疑说明了法治实施是建设中国特色社会主义法治体系的关键所在。在我国以前的法律实施是由公安机关、人民检察院、人民法院协作进行，现在随着司法体制改革，司法行政部门也从一定程度上协同执法，譬如社区矫正工作。但目前仍有一些问题尚待加强完善，比如人民检察院是不是司法机关？是司法机关，但同时又是监督机关；所以近段时间权力机关在讨论检察院组织法的修改时，针对人民检察院的定位问题还有一定争议，检察院是什么机关？是司法机关还是法律监督机关？又比如法院，法院执行判决是不是司法？有一种观点说法院的执行局应该分离出去，也有一种观点就说执行不是司法是执法。那么执法和司法的区别究竟在哪？所以这些问题尚待加强完善。

第三个体系是法治监督体系。党的十八届四中全会通过的《中共中央关于全面推进依法治国若干重大问题的决定》，把建设中国特色社会主义法治体系、建设社会主义法治国家作为全面推进依法治国的总目标，其中明确提出形成“严密的法治监督体系”并部署了新形势下加强法治监督、确保法律实施的重大任务。并部署了新形势下加强法治监督、确保法律实施的重大任务。法治监督就是对法律实施进行的监督。作为法治建设的一个重要环节，法治监督在建设中国特色社会主义法治体系、建设社会主义法治国家中具有十分重要的地位和作用。② 此次的监察体制改革，国家监察委的成立，并且明确地定位为监察机关，就是为了深化改革，推进社会主义法治监督体系的加强与完善。

第四大体系是法治保障体系。法治保障体系包括法学教育、律师等。其实在法院、检察院工作的人有很多不是司法人员，是保障司法人员。有些机构他不是司法职能，是保障。法治保障体系是中国特色社会主义法治沿着正确道路前进的重要保障，是确保法治高效运行的重要支撑。能否形成有力的法治保障体系，关系到全面推进依法治国的总目标的实现，关系到“四个全面”战略布局的协调推进。“徒善

① 周强：《形成高效的法治实施体系》，载《求是》，2014 年第 22 期。

② 曹建明：《形成严密法治监督体系　保证宪法法律有效实施》，载《求是》，2014 年第 24 期。

不足以为政，徒法不能以自行。”如果没有一系列保障条件，法治就难以实现。法治保障体系既是法治体系的重要组成部分，又是支撑法治大厦的地基。它关乎法治各环节的有序运行，为法治总目标的实现提供不竭的力量源泉，保障更好发挥法治的引领和规范功能。形成有力的法治保障体系，能够以符合中国实际、具有中国特色、体现社会发展规律的社会主义法治理论为依法治国提供理论指导和学理支撑；以完备的法律规范体系重塑社会秩序、规范社会行为，并内生出社会发展动力；以道路自信、制度自信、理论自信，引导中国特色社会主义法律体系向中国特色社会主义法治体系发展。法治保障体系的价值取向，在于实现从“静态法”到“行动法”、从“良法”到“善治”的统一和转化，使法治建设和法制改革的各领域、各环节始终不偏离中国特色社会主义法治道路。

法治保障体系有其自身的独特功能、基本构成及形成路径。形成有力的法治保障体系是全面推进依法治国的必然要求和应有之义，也是确保“四个全面”战略布局行稳致远、循轨而行、落地生根的关键举措。①

第五个是党内法规体系。形成完善的党内法规体系，是全面推进依法治国的一项重要任务，也是在制度建设层面贯彻“全面从严治党”的重要抓手和关键依据。我党目前中央层面的党内法规有一部党章、两部准则、22 部条例以及若干地方党委的规则、规定、办法、细则；即从狭义来说，有 25 部刚性规章。完善的党内法规体系，有利于政治生态的净化，有利于实现全面依法治国和全面从严治党的统一。在这一历史进程中，坚持“宪法为上、党章为本”“注重党内法规同国家法律的衔接和协调”，已经不仅仅是一个单纯的法学理论命题，也是已经开启的政治实践道路。因此，在法治体系的视野里探析党内法规问题，丰富其学理支撑，对于法学界尤其是法社会学研究领域，无疑具有十分重要的学术价值和实践意义；认真研究党内法规的话语源流、制度定位、体系架构及其与国家法律的关系，将其制度逻辑徐徐展开，无疑是一项有益的尝试。当然，党内法规在制度维度上的基本问题还有很多，诸如党内法规制定质量如何提高、内容交叉重复甚至相互冲突的问题如何解决、如何使党的主张通过法定程序成为国家意志、如何完善党对立法工作中重大问题决策的程序、如何实现党内“立法法”与国家“立法法”的衔接与协调、如何做到“出于”党内法规又“入于”国家法律、如何“把纪律和规矩挺在法律前面”，等等，都值得进一步深入研讨。②

三、新时代的法治建设

随着当下中国进入新时代，中国特色社会主义法治建设也进入了新时代，即进

① 付子堂：《形成有力的法治保障体系》，载《求是》，2015 年第 8 期。

② 付子堂：《法治体系内的党内法规探析》，载《中共中央党校学报》，2015 年第 7 期。

入法治新时代，代表着法治出现新思想、新规划、新目标。

十九大报告的关键词频率和报告章节的逻辑是一个当下时代主题反映的很重要的体现。关键词统计能够充分反映当下的时代旋律，以正式文本为准的不完全统计，“法”这个词共出现 134 处，“法治”出现了 54 次，而“法制”仅出现了 1 次，“依法”出现了 34 次，“法治中国”出现了 1 次。足以看出，在新时代的社会主义建设过程中，法的作用越来越明显。

（一）新时代法治建设的新目标、新阶段

十九大报告指出，综合分析国际国内形势和我国发展条件，从 2020 年到 21 世纪中叶可以分两个阶段来安排。

第一个阶段，从 2020 年到 2035 年，在全面建成小康社会的基础上，再奋斗 15 年，基本实现社会主义现代化。

第二个阶段，从 2035 年到 21 世纪中叶，在基本实现现代化的基础上，再奋斗 15 年，把我国建成富强民主文明和谐美丽的社会主义现代化强国。

从全面建成小康社会到基本实现现代化，再到全面建成社会主义现代化强国，是新时代中国特色社会主义发展的战略安排。我国当前的法治建设工作的目标是在第一个阶段，法治国家、法治政府、法治社会要基本建成。

（二）新时代面临的新挑战

新挑战涉及社会基本矛盾问题，我国社会主要矛盾已经转化，在此背景下，十九大报告《新十六字》方针再次重申，科学立法，严格执法，公正司法，全民守法，并指出全面依法治国任务，依然繁重。这就是挑战。在新时代，中央成立中央全面依法治国领导小组，加强对法治中国建设的统一领导。前文所提，党内法规加了两个字制度体系，也就是新体系。新体系这些内容实际上是基于四中全会所提出的包括法治道路法律体系法制体系、法治国家法治理论、共同推进一体建设，等等。新体系新要求，新要求的提出是一项重大的创新，就是法学界呼吁多年的合宪性审查终于引起了党和国家的关注。

（三）十九大的十大法治要义

十九大报告指出，中国进入了新时代。十九大报告之于新时代的意义不亚于十一届三中全会之于改革开放的意义。主题为“不忘初心，牢记使命，高举中国特色社会主义伟大旗帜，决胜全面建成小康社会，夺取新时代中国特色社会主义伟大胜利，为实现中华民族伟大复兴的中国梦不懈奋斗”的十九大总结了十八大以来的十大“成就”，即经济建设取得重大成就、全面深化改革取得重大突破、民主法治建设迈出重大步伐、思想文化建设取得重大进展、人民生活不断改善、生态文明建设成效显著、强军兴军开创新局面、港澳台工作取得新进展、全方位外交布局深入展

开、全面从严治党成效卓著。其中“民主法治建设迈出重大步伐”这一项成就不仅总结了十八大以来的我国法治建设取得的成就，同时也为新时代中国特色社会主义法治思想奠定了实质基础与思想基础。十九大报告作为新时代开启的一项重要文件，对中国新时代的各方面发展指明了方向。其中，对于中国特色社会主义法治之路建设可以总结为十点：

第一，科学立法、严格执法、公正司法，全民守法深入推进，法治国家、法治政府、法治社会建设相互促进，中国特色社会主义法治体系日益完善，全社会法治观念明显增强。

第二，明确全面推进依法治国总目标是建设中国特色社会主义法治体系、建设社会主义法治国家。

第三，全面依法治国是中国特色社会主义的本质要求和重要保障。

第四，从2020年到2035年，在全面建成小康社会的基础上，再奋斗15年，基本实现社会主义现代化。到那时，我国经济实力、科技实力将大幅提升，跻身创新型国家前列；人民平等参与、平等发展的权利得到充分保障，法治国家、法治政府、法治社会基本建成。

第五，健全人民当家作主制度体系，发展社会主义民主政治。积极稳妥推进政治体制改革，推进社会主义民主政治制度化、规范化、法治化、程序化。

第六，加强农村基本基础工作，健全自治、法治、德治相结合的乡村治理体系。对于农村基层工作的治理体系的探讨。

第七，加强党的集中统一领导，支持人大、政府、政协和法院、检察院依法依章程履行职能、开展工作、发挥工作，这两个方面是统一的。

第八，发挥人大及其常委会在立法工作中的主导作用。

第九，成立中央全面依法治国领导小组，加强对法治中国建设的统一领导。

第十，制定国家监察法、依法赋予监察委员会职责权限和调查手段，用留置取代“两规”措施。

参考文献：

1. 何毅亭：《伟大思想理论从何而来——习近平新时代中国特色社会主义思想渊源》，载《光明日报》，2017年11月17日。

2. 陈红：《论习近平新时代中国特色社会主义思想的丰富内涵和历史地位》，中国社会科学网，2018年4月。

3. 《国庆60周年·60年变迁专题》，载《南方日报》，2013年6月8日。

4. 张维炜：《法治中国从这里启程》，载《中国人大》，2014年第17期。

5. 《中共中央关于全面推进依法治国若干重大问题的决定》。

6. 《中国共产党第十八届中央委员会第四次全体会议公报》。

7. 倪洋军：《“五个体系”为依法治国保驾护航》，人民网—中国共产党新闻网，2014年10月8日。

8. 周强：《形成高效的法治实施体系》，载《求是》，2014 年第 22 期。
9. 曹建明：《形成严密法治监督体系 保证宪法法律有效实施》，载《求是》，2014 第 24 期。
10. 付子堂：《形成有力的法治保障体系》，载《求是》，2015 年第 8 期。
11. 付子堂：《法治体系内的党内法规探析》，载《中共中央党校学报》，2015 年 7 月 13 日。

[作者简介]

付子堂，法学教授、法理学博士生导师、西南政法大学校长。第六届“全国十大杰出青年法学家”，首批“中国当代法学名家”，教育部“新世纪优秀人才支持计划”，享受国务院政府特殊津贴。中国法学会法理学研究会副会长，中国法学会法学教育研究会副会长，国家司法考试命题委员会委员，教育部高等学校法学学科教学指导委员会委员。国家人权教育与培训基地（国家人文社科研究基地）——西南政法大学人权教育与研究中心主任。在《人民日报》《光明日报》及国家级权威期刊或核心期刊上发表学术论文 100 余篇，主持和主研国家及省部级科研项目 20 余项，出版法学教材、专著、辞书等 40 余部。出版《法之理在法外》《法律功能论》等著作 20 余部，其中主编高等学校法学核心课程教材《法理学初阶》《法理学进阶》《法理学高阶》，构成“法理学三部曲”。

习近平总书记关于依法治国系列重要讲话精神与法治政府建设

吴大华

20世纪90年代以来，依法治国、法治政府等话语逐渐开始活跃于会议、媒体、网络等公共场合。1997年，党的十五大号召推进政治体制改革，正式提出“依法治国”的基本方略；1999年，九届全国人大二次会议将其写入宪法修正案，规定“中华人民共和国实行依法治国，建立社会主义法治国家”。跨入新千年后，国务院更是颁布了一系列的指导性文件，如1999年的《关于全面推进依法行政的决定》、2004年的《全面推进依法行政实施纲要》、2008年的《关于加强市县政府依法行政的决定》、2010年的《关于加强法治政府建设的意见》等。

2014年10月，十八届四中全会聚焦于“依法治国”主题，做出了《关于全面推进依法治国若干重大问题的决定》。这在改革开放后的历次党的全会中，专项讨论法制问题还是第一次。次年12月，中共中央、国务院又联名发布规划性的作业蓝图：《法治政府建设实施纲要（2015—2020年）》。顺带提一下，在贵州方面，几个月前，贯彻落实上述中央文件的《贵州省法治政府建设实施方案（2017—2020年）》也已经公布。

必须明确，对法治的尊崇这一现代文明国家观念，它既来之不易，在其成长中更需时时照看、精心维护。

就其价值和重要性，习近平总书记指出，“法治和人治问题是人类政治文明史上的一个基本问题，也是各国在实现现代化过程中必须面对和解决的一个重大问题。综观世界近现代史，凡是顺利实现现代化的国家，没有一个不是较好解决了法治和人治问题的。相反，一些国家虽然也一度实现快速发展，但并没有顺利迈进现代化的门槛，而是陷入这样或那样的‘陷阱’，出现经济社会发展停滞甚至倒退的局面。后一种情况很大程度上与法治不彰有关”①。

观诸历史，大家会有一些更加直观的理解。

1949年中华人民共和国成立后，虽然初期颁行了《共同纲领》等一些法律，但受苏联的意识形态以及中国传统文化的影响，法治、法律至上未能确立为治国的

---

① 习近平：《在中共十八届四中全会第二次全体会议上的讲话》，2014年10月23日。

总理念、总方针。

十一届三中全会后，全党的工作重心回到社会主义现代化建设的正确路径上来。邓小平指出，“我们当前以及今后相当长一个历史时期的主要任务是什么？一句话，就是搞现代化建设……社会主义现代化建设是我们当前最大的政治，因为它代表着人民的最大的利益、最根本的利益”。考虑到之前的种种历史教益，“为了保障人民民主，必须加强法制。必须使民主制度化、法律化，使这种制度和法律不因领导人的改变而改变，不因领导人的看法和注意力的改变而改变”。某些个别的特权想法固然有害，也难以根除，但在邓小平看来，“组织制度、工作制度方面的问题更重要。这些方面的制度好可以使坏人无法任意横行，制度不好可以使好人无法充分做好事，甚至会走向反面……斯大林严重破坏社会主义法制，毛泽东同志就说过，这样的事件在英、法、美这样的西方国家不可能发生……不是说个人没有责任，而是说领导制度、组织制度问题更带有根本性、全局性、稳定性和长期性”①。

2014 年 10 月 23 日，在十八届四中全会第二次全体会议上的讲话里，习近平总书记总结道：

> 全面推进依法治国，是深刻总结我国社会主义法治建设成功经验和深刻教训作出的重大抉择。我们党对依法治国问题的认识经历了一个不断深化的过程。新中国成立初期，我们党在废除旧法统的同时，积极运用新民主主义革命时期根据地法制建设的成功经验，抓紧建设社会主义法治，初步奠定了社会主义法治的基础。后来，党在指导思想上发生“左”的错误，逐渐对法制不那么重视了，特别是“文化大革命”十年内乱使法制遭到严重破坏，付出了沉重代价，教训十分惨痛！
>
> 党的十一届三中全会以来，我们党把依法治国确定为党领导人民治理国家的基本方略，把依法执政确定为党治国理政的基本方式，始终把法治放在党和国家工作大局中来考虑、来谋划、来推进，依法治国取得重大成就。

鉴此，习近平总书记指出：“历史是最好的老师。经验和教训使我们党深刻认识到，法治是治国理政不可或缺的重要手段。法治兴则国家兴，法治衰则国家乱。什么时候重视法治、法治昌明，什么时候就国泰民安；什么时候忽视法治、法治松弛，什么时候就国乱民怨。”

一、习近平总书记关于依法治国系列重要讲话摘要

【依法治国与社会主义】依法治国是坚持和发展中国特色社会主义的

① 邓小平：《邓小平文选》（第二卷），人民出版社，1994 年，第 162、146、333 页。

本质要求和重要保障

全面推进科学立法、严格执法、公正司法、全民守法，坚持依法治国、依法执政、依法行政共同推进，坚持法治国家、法治政府、法治社会一体建设，不断开创依法治国新局面。

——《在十八届中央政治局第四次集体学习时的讲话》（2013 年 2 月 23 日）

【依法治国与党的领导】坚持党的领导，是社会主义法治的根本要求

党和法治的关系是法治建设的核心问题。全面推进依法治国这件大事能不能办好，最关键的是方向是不是正确、政治保证是不是坚强有力，具体讲就是要坚持党的领导，坚持中国特色社会主义制度，贯彻中国特色社会主义法治理论。

——《关于〈关于全面推进依法治国若干重大问题的决定〉的说明》（2014 年 10 月 20 日）

【依法治国与立法】推进科学立法，完善以宪法为统帅的中国特色社会主义法律体系

我国宪法以国家根本法的形式，确立了中国特色社会主义道路、中国特色社会主义理论体系、中国特色社会主义制度的发展成果，反映了我国各族人民的共同意志和根本利益，成为历史新时期党和国家的中心工作、基本原则、重大方针、重要政策在国家法制上的最高体现。

——《在首都各界纪念现行宪法公布施行三十周年大会上的讲话》（2012 年 12 月 4 日）

【依法治国与法治政府】严格依法行政，加快建设法治政府

全面推进依法治国，必须坚持严格执法。法律的生命力在于实施。如果有了法律而不实施，或者实施不力，搞得有法不依、执法不严、违法不究，那制定再多法律也无济于事。

——《在十八届中央政治局第四次集体学习时的讲话》（2013 年 2 月 23 日）

【依法治国与司法】坚持公正司法，努力让人民群众在每一个司法案件中都能感受到公平正义

我们要依法公正对待人民群众的诉求，努力让人民群众在每一个司法案件中都能感受到公平正义，决不能让不公正的审判伤害人民群众感情、损害人民群众权益。

——《在首都各界纪念现行宪法公布施行三十周年大会上的讲话》（2012 年 12 月 4 日）

【依法治国与公民守法】增强全民法治观念，使尊法守法成为全体人民共同追求和自觉行动

我们要把宪法教育作为党员干部教育的重要内容，使各级领导干部和国家机关工作人员掌握宪法的基本知识，树立忠于宪法、遵守宪法、维护宪法的自觉意识。

——《在首都各界纪念现行宪法公布施行三十周年大会上的讲话》(2012 年 12 月 4 日)

【依法治国与政法队伍】建设一支德才兼备的高素质法治队伍

政法机关在保障人民安居乐业、服务经济社会发展、维护国家安全和社会稳定中具有十分重要的作用。全国政法机关要全面贯彻落实党的十八大精神，坚持依法治国基本方略，以党和国家工作大局为重，以最广大人民利益为念，切实肩负起中国特色社会主义事业建设者、捍卫者的职责使命。

——就做好新形势下政法工作作出的指示（2013 年 1 月）

二、依法治国的基本要求：科学立法、严格执法、公正司法、全民守法

大家应该有印象，以往提到社会主义法制一词时，它的基本原则和要求是：有法可依，有法必依，执法必严，违法必究。这也是十一届三中全会公报中的官方表述。现在，当谈及依法治国、法治，我们则称作：科学立法、严格执法、公正司法、全民守法。

两者都是 16 字，以新语替换旧谚当然是一种发展和进步，但前者也曾铭刻了一段历史的印迹。

回首那时，有法可依、有法必依、执法必严、违法必究这四句，针对的是“文革”时期的法律虚无主义，侧重的是有“法”和必“行”。据相关资料，在第二届全国人大的 5 年任期内（1959—1964），全国人大仅制定有关法律问题的决议 1 件，全国人大常委会制定法令、单行法规 9 件，批准国务院与民族自治地方立法 20 件。在第三届全国人大任期内（1964—1975），全国人大仅制定法令 3 件，批准民族自治地方立法 5 件。① 哪怕就是这少许的法规，在“文革”那一“和尚打伞、无法无天”的整体氛围里，显然也无从有效地实施。

不夸张地说，改革开放初期的 20 世纪 80 年代，我国法制领域可谓一片空白的荒漠。在此特定的国情下，快速立法成为一种现实的策略。人们强调：有比没好、粗比细强。例如，邓小平说过：“现在立法的工作量很大，人力很不够，因此法律条文开始可以粗一点，逐步完善。有的法规地方可以先试搞，然后经过总结提高，

① 全国人大常委会办公厅研究室编：《中华人民共和国人民代表大会文献资料汇编（1949—1990）》，中国民主法制出版社，1991 年，第 941 - 944，944 - 945 页。

制定全国通行的法律。修改补充法律，成熟一条就修改补充一条，不要等待‘成套设备’。总之，有比没有好，快搞比慢搞好。”① 1986 年，《民法通则》制订时，立法机关便提出了“宜粗不宜细、宜短不宜长、成熟一个制定一个”的指导意见。

从当今倡导的科学立法的角度来看，上述“宜粗不宜细”的立法指向和路径，无疑内含着重大的缺失，许多法规过于笼统、概括和原则，操作性极差。作为民事基本法的《民法通则》，全文仅有 156 条，其对知识产权、人身权的规范，许多重要内容均以简短的一条加以规定，几乎等同于宪法的条文，如此的法条实践中必然难以执行。截至 1991 年，为实施《民法通则》所做的司法解释，内容即已多达 2000 余条。

过渡性的法制权宜终究离去。2011 年，当吴邦国于全国人大常委会的工作报告中，明确宣示中国特色社会主义法律体系基本建成时，以上的窘况不复存在。

新的社会主义法治的基本原则和要求开始凸显，也即：科学立法、严格执法、公正司法、全民守法。从国家机关到普通公民，从立法到守法，四位一体，严整绵密。

（一）科学立法

立善法于天下，则天下治；立善法于一国，则一国治。——［北宋］王安石：《周公》

【用典】2014 年 10 月 23 日，习近平于《在中共十八届四中全会第二次全体会议上的讲话》中引用。

【释义】王安石，北宋杰出的政治家、文学家、改革家。宋神宗熙宁元年（1068），他领导了历史上名动一时的“熙宁变法”。针对北宋当时的政治、经济状况，王安石认为问题的症结在于缺少明确的“法度”。王安石不仅强调立法，而且强调立“善法”；要使法“善”，朝廷就必须实行改革。

何谓善法。

当代美国法学家朗·富勒发展了一种法律之“合法性”学说，按照他的观点，法的“内在道德性”要求以下的八项基本原则：规则的一般性、公开性、清晰性、无矛盾性、非溯及性、连续性、不得强求不可能之事，以及官方行为与既定规则的一致性。

以法律的公开性而言，古罗马皇帝克里贾拉（Caligula）的有关轶事夸张性地例示了这一点。据说，克里贾拉倒是极为尊重旧有的颁布法令于公共场所的罗马法传统，但却故意以蝇头小字写就并张贴于常人难达的高

① 邓小平：《邓小平文选》（第二卷），人民出版社，1994 年，第 147 页。

处，以便确保其法令无人可及。[①]

1. 科学立法不仅意味着朗·富勒所阐明的公开性等形式性准则，还包括其他一些实质性的、程序性的要求，比如说：推进社会公众参与立法体制。

中共中央《关于全面推进依法治国若干重大问题的决定》指出，探索建立有关国家机关、社会团体、专家学者等对立法中涉及的重大利益调整论证咨询机制；拓宽公民有序参与立法途径。

【案例一】嫖宿幼女罪风波

1991年，全国人大常委会《关于严禁卖淫嫖娼的决定》第五项规定："嫖宿不满十四岁的幼女的，依照刑法关于强奸罪的规定处罚。"1997年，刑法修订时，单设嫖宿幼女罪，上列条文改作第三百六十条第二款："嫖宿不满十四周岁的幼女的，处五年以上有期徒刑，并处罚金。"

就此番修法，全国人大法工委解释说，《关于严禁卖淫嫖娼的决定》的规定体现了对受害幼女的特别保护，但是从该《决定》事实的情况看，因为各种原因，实践中实际判处的案件比较少，效果很不理想。针对这种情况，为有利于严格执法，故此专门增设了嫖宿幼女罪，并比照奸淫幼女的刑罚设定了较为严厉的法定刑，轻罪重判。量刑上，强奸罪起刑点3年，尽管其最高刑是死刑；嫖宿幼女罪起点则是5年，最高15年有期徒刑。嫖宿幼女罪的起点刑罚比起强奸罪的最低法定刑要重一些。[②]

风波自此而生。2008年的贵州习水案、浙江临海案，2009年的福建安溪案，2010年云南曲靖案，2013年的海南万宁校长带女生开房案等等，每一起幼女受性侵案，都会引发一轮关于嫖宿幼女罪是非与否的大讨论，争议不止。

2014年3月，《法制日报》报道：近年来，性侵儿童的恶性案件在全国各地呈持续高发状态，2013年共有125起媒体报道的性侵女童案例，平均每2.92天就有一起曝光案例，受害人群呈逐渐低龄化趋势，以8至14岁儿童居多。[③]

2013年6月，《法制日报》视点新闻部联合搜狐网对"如何看待废除嫖宿幼女罪"进行在线调查，结果表明：92.17%的人主张废除嫖宿幼女罪。[④] 全国政协委员朱征夫认为，嫖宿幼女罪是将幼女作为"卖淫女"身份

---

① ［美］朗·富勒：《法律的道德性》，郑戈译，商务印书馆，2005年，第110页。

② 邱伟：《最高法表态：赞成废除嫖宿幼女罪》，《北京晚报》，2013年12月8日。

③ 王晓雁：《嫖宿幼女罪成为犯罪者"免死条款"》，《法制日报》，2014年3月6日。

④ 廉颖婷：《92.17%的人呼吁应尽快废除嫖宿幼女罪》，《法制日报》，2013年6月29日。

处理，这是对幼女的极大侮辱；同时，嫖宿幼女罪其实规避了对“轮奸”的认定，成了犯罪者的“免死条款”。[①] 媒体评论指出，嫖宿幼女罪多年来一直被指为“恶法”，不但罪名构成对受害幼女的人格歧视与污名化，而且成为奸淫幼女者的保护伞，给犯罪嫌疑人留下一道法律“后门”。[②]

全国人大代表、中华女子学院教授孙晓梅从2010年开始持续提出取消嫖宿幼女罪的建议。2013年7月30日，最高人民法院在《对十二届全国人大一次会议第3939号建议的答复》中表示，赞同孙晓梅代表提出的废除嫖宿幼女罪建议，“无论从法理上，还是从未成年人保护层面，废除嫖宿幼女罪都有充分理由”。中华女子学院法律系副教授张荣丽指出，最高法的答复显示了司法系统对嫖宿幼女罪进行了彻底的否定，这开创了一个先例。[③]

2013年10月23日，最高法、最高检、公安部、司法部联合发布《关于依法惩治性侵害未成年人犯罪的意见》，第20条规定，“以金钱财物等方式引诱幼女与自己发生性关系的，知道或者应当知道幼女被他人强迫卖淫而仍与其发生性关系的，均以强奸罪论处”。

2015年8月29日，全国人大常委会通过《刑法修正案（九）》，第四十三项规定：“删去刑法第三百六十条第二款”，亦即取消施行了8年的“嫖宿幼女罪”。

春秋战国时，商鞅有云：“为国也，观俗立法则治，察国事本则宜。不观时俗，不察国本，则其法立而民乱，事剧而功寡。”[④]

2. 在全面深化改革的时代，科学立法也要求法治和改革的互动契合。

《关于全面推进依法治国若干重大问题的决定》指出，实现立法和改革决策相衔接，做到重大改革于法有据、立法主动适应改革和经济社会发展需要。实践证明行之有效的，要及时上升为法律。实践条件还不成熟、需要先行先试的，要按照法定程序做出授权。

倘若说之前的改革比较粗放，常常突破法律，那么在中国特色社会主义法律体系基本形成的今天，于法有据当是改革的根本前提。必须树立立法式改革观，应经法律授权的，不能超前推进，只可“先立后破”，以立法引领改革，以改革更新法制，而不再允许法治轨道之外的改革试点。

以时下正在推进的监察体制改革为例。国家监察委筹划事关宪政体制的重要变

① 王晓雁：《嫖宿幼女罪成为犯罪者“免死条款”》，《法制日报》，2014年3月6日。

② 邱伟：《最高法表态：赞成废除嫖宿幼女罪》，《北京晚报》，2013年12月8日。

③ 邱伟：《最高法表态：赞成废除嫖宿幼女罪》，《北京晚报》，2013年12月8日。

④ ［战国］商鞅：《商君书·算地》。

更，党中央作出政治决策之后，必须提交全国人大审议和授权，确保其在法治轨道上运行。

2016年11月，中共中央办公厅公布《关于在北京市、山西省、浙江省开展国家监察体制改革试点的方案》，展示了改革的目标和思路。12月，全国人大常委会表决通过《关于在北京市、山西省、浙江省开展国家监察体制改革试点工作的决定》，奠定了政策施行的法治依据。

3. 科学立法还要求一种兢兢业业、精心细致的工作态度。曾经，在谈论政府法律顾问一事时，董必武讲过一则趣闻。

“政府各部门和社会团体必须要成立法律室或聘请法律顾问……因为政府管的事情很多，有时候自己发布的命令自己都不知道；就是自己知道，在知道的同志离开这个工作岗位的时候，去接替工作的人也不可能都知道得清楚，所以必须要有法律室的机构。”他举例说，“这里边有这样一些机关，自己公布了一种办法，后来自己又忘记了。比如劳动保险条例本来是政务院在一九五一年二月二十六日颁布的，但是，到了一九五一年十二月二十六日，忽然在另一个条例中规定说是要参照中华人民共和国劳动保险条例草案规定，我想，这是因为忘记了自己已公布劳动保险条例的事了。”①

以下，我们来展示一下近年里中央立法的成绩单。

截至2017年6月，十二届全国人大及其常委会新制定法律20件，通过修改法律的决定39件、涉及修改法律100件，废止法律1件，作出法律解释9件，有关法律问题的决定34件。

2013年以来，国务院提请全国人大常委会审议法律草案43件，制定、修订行政法规43部，根据“放管服”改革要求，先后“一揽子”修订行政法规125部。最高法、最高检出台133项司法实践中急需的司法解释。

（二）严格执法（依法行政）

国无常强，无常弱。奉法者强则国强，奉法者弱则国弱。——［战国］《韩非子·有度》

【用典】2014年9月5日，习近平于《在庆祝全国人民代表大会成立60周年大会上的讲话》中引用。

【释义】韩非是战国法家思想的集大成者。他将“奉法”作为治乱兴亡的关键，提出“国无常强，无常弱。奉法者强则国强，奉法者弱则国弱。”意思是说，国家不会永远富强，也不会长久贫弱。执行法令的人坚决，国家就会富强；执行法令的人软弱，国家就会贫弱。

① 董必武：《论社会主义民主和法制》，人民出版社，1980年，第96－97，88页。

故有荆庄、齐桓则荆、齐可以霸，有燕襄、魏安釐（xī）则燕、魏可以强。今皆亡国者，其群臣官吏皆务所以乱，而不务所以治也。其国乱弱矣，又皆释国法而私其外，则是负薪而救火也，乱弱甚矣！

韩非以荆庄王（楚庄王）、齐桓公、燕襄王、魏安釐王为例，说明谁真正掌握住法度，谁就能强大。在这里，韩非把“依法治理”看得高于一切。的确，在春秋战国时期，经历了数百年的动荡和混乱，不依靠法治，任何国家都无法存续下去。周朝传下来的淳厚民风民俗，被膨胀的、畸形发展的私有制冲得一塌糊涂，失去行为规范的人们只顾眼前利益而不知路在何方。所以韩非认为，只有以法治国，用法度来约束人们的社会行为，国家才能强大。这与儒家“刑不上大夫”的观念正好相反，具有一定的历史进步意义。

2004 年 3 月，国务院印发《全面推进依法行政实施纲要》，纲要首次对依法行政的基本内涵进行了清晰完整的阐述，包括合法行政、合理行政、程序正当、高效便民、诚实守信、权责统一等。其中，以前三项最为紧要。

1. 合法行政。

在现代文明国家，行政必须接受法的统辖：法定职责必须为，法无授权不得为，法无禁止不得罚。行政机关不得法外设定权力，没有法律法规依据不得做出减损公民、法人和其他组织合法权益或者增加其义务的决定，坚决消除权力设租寻租空间。

【案例二】海口市职业资格认证死灰复燃①

近几年，中央坚定推进行政审批制度改革，加大简政放权力度，着意激发市场活力。2015 年 3 月，国务院发文取消 67 项职业资格许可和认证事项，其中包括：室内装修企业经常需要办理的“装饰项目经理”“室内设计师”等多项资格认定。

2017 年初，海口市住建局却以红头文件的形式，借口配合海口“创建全国文明城市和卫生城市”的双创政治活动，要求市内的装修从业人员，必须在“海口市室内装饰装修协会”办理诚信档案，缴费、培训《装饰项目经理证》《室内设计师证》《室内装饰装修执（从）业人员认证书》等。

采访中，海口市住建局的张姓处长表示，这是行业管理规范化的需要：我们在搞双创过程中，发现装修行业出现很多问题，根本不知道有多少家公司。现在只要

① 任梦岩：《海口职业资格认证死灰复燃，回应：这是海口规矩》，凤凰网 http：//news. ifeng. com/a/20170213/50684305_ 0. shtml。

在工商局注册，两个盲流就可以去装修了，造成的后果是什么？老百姓投诉，我们统计投诉量一年已经有上千例，所以我们把人管制，这是硬性指标。

记者：为什么海口市住建局，要把权力下放给一个行业协会呢？在其他地方可以自由找工作的装修工人，为什么到了海口就必须培训、缴费呢？国家早已取消了行业相关资格认定，为什么海口市协会又要新增资格并且强制用红头文件来推行呢？

张姓处长：因为这个行业不能让那些没有上岗执业认证书或是一般从业人员直接进去从事装修活动，这是我们政府的宗旨。我知道你为什么来了解这个问题。没关系，我就公开告诉你，来海口就必须遵循海口规矩，双创整治。

媒体辣评：国家明令禁止，地方部门却以规矩说事；貌似依规行事，冠冕堂皇，实则未必。说穿了，就是利字当头，用权为私，设租求财。海口市室内装饰装修协会的收费培训，室内设计师一个人 2000 元，项目经理 1800 元，一个小型企业需要 1 个设计师证和 2 个项目经理证。前述的住建局红头文件一下，就培训了 80 多人，十几万元的进账。据估计，全海口，需要项目经理证的就有近万人。

2017 年 2 月 8 日，国务院常务会议强调，“坚决取消事业单位不合理收费，坚决杜绝中介机构利用政府影响违规收费，行业协会、商会不得强制企业入会或违规收费”。

事件后续：2017 年 2 月 13 日，海口市住建局就以上事件公开作出回应，称将有错必纠迅速整改。回应表示，海口市在展开调查后确定，媒体反映情况基本属实，涉事协会涉嫌违规收费。住建局相关负责人表示，作为行业主管部门，住建部门存在管理和监督不到位的情形，对此向全社会公开道歉，并将举一反三杜绝类似事件再次发生。①

2. 合理行政。

行政领域内，因其管理的事务对象及其情势纷繁复杂、随时而变，法律故赋予其一定的自由裁量权，相机择处。但此一裁量权能的行使不得恣意，必须符合立法目的，采取的措施和手段应当必要、适当；可以利用多种方式实现行政目标的，应当避免采取损害当事人权益的方式。这里，援引下 2011 年《行政强制法》中的几则条文：

> “总则”章第五条：行政强制的设定和实施，应当适当。采用非强制手段可以达到行政管理目的的，不得设定和实施行政强制。
>
> “行政机关强制执行程序”章第四十三条：行政机关不得在夜间或者法定节假日实施行政强制执行。但是，情况紧急的除外。行政机关不得对

① 涂超华：《海口回应职业资格认证死灰复燃事件，涉事协会被撤销登记》，新华网 http：//news. xinhuanet. com/local/2017 -02/13/c_ 1120459988. htm。

居民生活采取停止供水、供电、供热、供燃气等方式迫使当事人履行相关行政决定。

【案例三】“外地人去广州3日内需登记”合理吗

2014年11月21日，广州市政府发布了一份《关于进一步加强来穗人员居住登记工作的通告》，通告称，非本市来穗人员应当自到达居住地之日起3个工作日内，持本人居民身份证或其他有效身份证明，向所在街道（镇）或者社区（村）来穗人员服务管理机构申报居住登记或者居住变更登记等一系列对来穗人员信息登记的规定。

消息传开，引起热议，许多市民、广大网友纷纷质疑这一规定管得太严太宽，也缺乏执行性。按其规定，对来穗人员只是短暂探亲访友的，接待留住的屋主，也应在其入住后24小时内登记来穗人员的姓名、身份证件种类和号码等基本信息，并在3个工作日内向所在地街道或者社区报告。网友吐槽：外国人白云机场过境72小时还免签呢，这是要闭关锁穗吗?

过后几日的媒体通气会上，广州市来穗人员服务管理局局长陈绍康通报称，此举是为准确掌握来穗人员基本情况，科学制定基本公共服务政策，进一步加强来穗人员服务管理工作。他解释说，截至2014年10月，现有统计数据显示，广州来穗人员713.39万，漏报率约28%。

陈绍康局长进一步介绍说，该通告乃据法作出，上位法包括《治安管理处罚法》《广东省流动人口服务管理条例》《广东省租赁房屋治安管理规定》《广州市流动人员管理规定》《广州市房屋租赁管理规定》等有关法律、法规和规章。例如，《广东省流动人口服务管理条例》第十条规定：“流动人口应当自到达居住地之日起三个工作日内持本人居民身份证或者其他有效身份证明向居住地公安派出所或者乡镇、街道流动人口服务管理机构申报居住登记。”

有评论指出，如果追根溯源，要求公民在3个工作日内向居住地登记机关申报登记或者变更登记的源头却并非来自以上那份地方性法规，而是源自一部1958年1月9日施行的法规《户口登记条例》，其第十五条规定：“公民在常住地市、县范围以外的城市暂住三日以上的，由暂住地的户主或者本人在三日以内向户口登记机关申报暂住登记，离开前申报注销；暂住在旅店的，由旅店设置旅客登记簿随时登记。”[①] 陈绍康局长也表示，“我们注意到公众的反馈，觉得有些法律过时了，我们也要按照规

① 傅蔚冈：《“外地人去广州3日内需登记”合法吗?》，凤凰网 http：//news. ifeng. com/a/20141125/42563331_ 0. shtml。

定逐级上报立法机关”①。

背景资料：同样外来人口较多的北京采取了不同的管理方式。北京目前对于外地来京人员的管理仍然实行暂住登记和暂住证制度。暂住证并没有强制要求必须办理。

专家点评：中国社科院农村所社会问题研究中心主任于建嵘建议，现在是大数据时代，流动人口到广州，无论是买火车票还是飞机票都要拿身份证进行登记，如果要进行管理，直接查询这些资料就可以，没有必要到公安机关重新进行登记。他还认为，即使进行了流动人口登记，也不一定完全能够达到相关部门想要达到的管理目的。这个政策执行后，第一增加了行政成本；第二给流动人口带来负担，尤其给底层人员如农民工等增加了负担；第三，这个登记可能会为政府的一些行政寻租行为提供机会，“就是提供了一个处罚别人的理由”。对流动人口的管理，政府还是应该转变成服务的思路，利用现代科技进行管理，不能停留在传统的思路上。全国人大代表、广东国鼎律师事务所主任朱列玉表示，政府规章除了要考虑合法性之外，还要考虑可操作性。上述通告揭示出政府在施政过程中的“群防群治”的惯性思维，并没有彰显四中全会所提出的对法治精神的要求。②

3. 程序正当。

行政机关发布行政命令、制订行政规章、出台行政决策、实施行政执法，应当公开透明，注意听取公民、法人和其他组织的意见；要严格遵循法律规定的时限、次序、步骤、方法等程序性要求，依法保障行政相对人、其他利害关系人的知情权、参与权和救济权。

（三）公正司法

法令既行，纪律自正，则无不治之国，无不化之民。——［北宋］包拯：《上殿札子》

【用典】习近平于《摆脱贫困·从政杂谈》一文中引用，福建人民出版社，1990 年 3 月，第 30 页。

【释义】包拯，北宋著名的司法、监察官员，因不畏权贵，不徇私情，清正廉洁，被百姓誉为“包公”“包青天”。

宋仁宗庆历七年（1047 年），旱魔肆虐，山泽之间多有乱起。时包拯自京奉转运使移任陕西转运使，沿途所见，令其骇然，他深感亢旱之灾不

① 裘萍等：《广州回应“外地人 3 日内登记”：法律要求是这样》，载《南方都市报》，2014 年 11 月 26 日。

② 《外地人到广州 3 日内需登记，被质疑管太严太宽》，中新网 http：//www. chinanews. com/sh/2014/11 -27/6819862. shtml。

足惧，惧者乃“人知法令之不足信”，因此写下《上殿札子》，上呈仁宗皇帝。针对有法不依、执法不明的弊端，包拯指出，只有慎行法令，取信于民，则祸乱易平，天下易治。他劝说宋仁宗道：“法令既行，纪律自正，则无不治之国，无不化之民。”意思是，只要法令畅通，纪律和风气自然清正，那么就没有治理不好的国家，也没有不能感化的人民。包拯的“以法律提衡天下”的法治主张及其执法如山的法治实践，给后人提供了极为珍贵的历史借鉴。

一次不公正的裁判，其恶果甚至超过十次犯罪。因为犯罪虽是无视法律——好比污染了水流，而不公正的审判则毁坏法律——好比污染了水源。——［英］弗兰西斯·培根：《培根论说文集》

【用典】2014 年 10 月 23 日，习近平于《关于〈中共中央关于全面推进依法治国若干重大问题的决定〉的说明》中引用。

公正是司法的生命线。所谓公正司法，就是受到侵害的权利一定会得到保护和救济，违法犯罪活动一定要受到制裁和惩罚。如果人民群众通过司法程序不能保证自己的合法权利，那司法就没有公信力，人民群众也不会相信司法。人民群众每一次经历求告无门、每一次经历冤假错案，损害的都不仅仅是他们的合法权益，更是法律的尊严和权威，是他们对社会公平正义的信心。法律本来应该具有定分止争的功能，司法审判本来应该具有终局性的作用，如果司法不公、人心不服，这些功能就难以实现。习近平总书记强调，要“努力让人民群众在每一个司法案件中都能感受到公平正义，决不能让不公正的审判伤害人民群众感情、损害人民群众权益”。

【案例四】山东于欢母辱刺人案

2016 年 4 月 14 日，山东源大工贸有限公司负责人苏银霞及其子于欢，因无法偿还高利贷，被 11 名催债人限制人身自由，并受到侮辱。随后，于欢持刀刺伤 4 人，其中 1 人因失血性休克死亡。

2017 年 2 月 17 日，山东聊城中级法院一审以故意伤害罪判处于欢无期徒刑，剥夺政治权利终身，并承担相应民事赔偿责任。

判决一出，舆论大哗，公众一边倒地同情“母辱刺人者”的于欢，指斥刑罚过严过重。

媒体热议：

人民日报评论微信公众号《辱母杀人案：法律如何回应伦理困局》：在很多人看来，于欢的行为不仅仅是一个法律上的行为，更是一个伦理行为。而对于判决是否合理的检视，也正显示出在法律调节之下的行为和在伦理要求之下的行为或许会存在的冲突，显示出法的道理与人心常情之间可能会出现的罅隙。也正是在这个角度上看，回应好人心的诉求，审视案件中的伦理情境、正视法治中的伦理命题，才能“让人民群众在每一个司法案件中都感受到公平正义”。

新华每日电讯《“刀刺辱母案”评论上亿条，请珍惜民意》：讨债者当着儿子面淫亵母亲的做法，高利贷高到可怕的利息，还有相关执法人员的出警处置措施，会成为舆论炮火对准的靶心，也是因为，这些突破底线之举是跟践踏尊严连在一起的，并合成了我们生活环境的不确定因素，激起了我们的切身痛感。

《长春晚报》“历史之镜·董黯报仇名传千古”：如果我们的母亲被流氓坏人凌辱了，我们该怎么办？问题尖锐而似乎无解。差不多1900多年前，这个问题也曾摆在一个叫董黯的年轻人面前。①

董黯，字叔达，一字孝治，东汉时，句章县石台乡人（今浙江省余姚市大隐镇），为汉江都相董仲舒六世孙，幼年丧父，家境贫寒而事母至孝。董黯终年打柴换钱，侍奉母亲。母疾，思饮故里之水（因大隐频监姚江，古时遭咸潮入浸，其水味苦涩，不适于饮用），他竟然每次来回二十余华里到大隐溪上游永昌潭担水奉母，据传在途中绝不转换肩胛，为的是把肩前的纯净水供母饮用。然故里之水离家甚远，不能常致，董黯即在外婆家（今章山村永昌潭）旁筑一陋室，汲水供母，母病得以好转。

董黯家的东邻王寄，虽家道殷富但秉性顽劣，事亲不孝。有一天，董母与王母拉家常，各自谈及儿子孝与不孝之言，恰好被王寄听到。王寄嫉恨董母，待董黯离家外出时，王寄去董家辱骂殴打董母。董母由此卧病不起，不久而逝。董黯愤极，思及王母年老，便枕戈不言。几年之后，王母亦因病而卒，毕葬事，董黯乃斩王寄之首，以报母仇，祭奠母亲亡灵，然后自缚向官府自首。汉和帝闻其孝心，宽宥其擅杀之罪，并召他为郎中，被董黯所拒绝。后受皇恩俸禄，隐居终老于大隐。其坟墓建造在溪南刘家塔村外森林岙北首老鼠窝山山腰。

慈母孝子的故事很快传遍神州大地，人们就把大隐溪叫作慈溪，又用慈溪来命名县名，这就是慈溪的来由。

最高检介入：面对社会反响激烈的于欢案，最高检高度重视，迅速派员赴山东阅卷并听取山东省检察机关的汇报，对案件事实、证据进行全面审查。对于欢的行为属于正当防卫、防卫过当还是故意伤害，依法予以审查认定。

二审纠偏：2017年5月27日，山东省高级人民法院二审开庭。6月23日，山东高院公开宣判，认定于欢构成故意伤害罪，但属于防卫过当，依法对其减轻处罚，将原审判处的无期徒刑，改作有期徒刑5年。

---

① 《历史之镜·董黯报仇名传千古》，载《长春晚报》，207年3月27日第03版。

案后释法：[1]

记者：二审裁判对一审判决做了哪些改变？

山东高院负责人：二审判决明确指出，原审判决存在的主要问题是认定事实不全面，部分刑事判项适用法律错误。在后者，主要是对于欢行为性质的界定上，二审已经予以纠正。

于欢案件是近年来少有的引发社会广泛关注的一起刑事案件。二审体现了公平正义观念。“天理、国法、人情”是老百姓通常判断是非曲直的最直观标准。在二审裁判的过程中，我们始终注重站在人民群众的角度，将心比心、换位思考，对于欢等人的行为进行客观评判，并体现在案件的裁判结果中，力争使“纸面上的”法律规定，通过“有温度”的裁判被人民群众所认可。

（四）全民守法

法律必须被信仰，否则它将形同虚设。——［美］哈罗德·伯尔曼：《法律与宗教》

一切法律中最重要的法律，既不是刻在大理石上，也不是刻在铜表上，而是铭刻在公民的内心里。——［法］让-雅各·卢梭：《社会契约论》

【用典】法律要发挥作用，需要全社会信仰法律。卢梭说，一切法律中最重要的法律，既不是刻在大理石上，也不是刻在铜表上，而是铭刻在公民的内心里。——习近平于《严格执法，公正司法》（2014 年 1 月 7 日）一文中引用。

全面推进依法治国，必须坚持全民守法。全民守法，就是任何组织或者个人都必须在宪法和法律范围内活动，任何公民、社会组织和国家机关都要以宪法和法律为行为准则，依照宪法和法律行使权利或权力、履行义务或职责。

1. “让领导先走”，抓住“关键少数”。

习近平总书记在十八届四中全会上的讲话指出：“各级领导干部在推进依法治国方面肩负着重要责任”，“必须抓住领导干部这个‘关键少数’”。古人常道，民“以吏为师”。领导干部亲做尊法、学法、守法、用法的模范，是实现全面依法治国目标和任务的关键所在。

一是带头尊崇法治、敬畏法律。每个领导干部都要深刻认识到，维护宪法法律权威就是维护党和人民共同意志的权威，捍卫宪法法律尊严就是捍卫党和人民共同意志的尊严，保证宪法法律实施就是保证党和人民共同意志的实现。每个领导干部

---

[1] 《山东高院负责人就于欢故意伤害案答记者问》，山东省高级人民法院官方微信公众号“山东高法”，2017 年 06 月 23 日。

都要牢固树立宪法法律至上、法律面前人人平等、权由法定、权依法使等基本法治观念，对各种危害法治、破坏法治、践踏法治的行为要挺身而出、坚决斗争。对领导干部的法治素养，从其踏入干部队伍的那一天起就要开始抓，加强教育、培养自觉，加强管理、强化监督。

二是带头了解法律、掌握法律。学法懂法是守法用法的前提。领导干部要系统学习中国特色社会主义法治理论，准确把握我们党处理法治问题的基本立场。首要的是学习宪法，还要学习同自己所担负的领导工作密切相关的法律法规。各级领导干部尤其要弄明白法律规定怎么用权，什么事能干、什么事不能干，心中高悬法律的明镜，手中紧握法律的戒尺，知晓为官做事的尺度。

三是带头遵纪守法、捍卫法治。领导干部要牢记法律红线不可逾越、法律底线不可触碰，带头遵守法律、执行法律，带头营造办事依法、遇事找法、解决问题用法、化解矛盾靠法的法治环境。谋划工作要运用法治思维，处理问题要运用法治方式，说话做事要先考虑一下是不是合法。党纪国法不能成为“橡皮泥”“稻草人”，违纪违法都要受到追究。

四是带头厉行法治、依法办事。领导干部要把对法治的尊崇、对法律的敬畏转化成思维方式和行为方式，做到在法治之下、而不是法治之外、更不是法治之上想问题、做决策、办事情。党政主要负责人要履行推进法治建设第一责任人职责，统筹推进科学立法、严格执法、公正司法、全民守法。要把能不能遵守法律、依法办事作为考察干部的重要内容，相同条件下优先提拔使用法治素养好、依法办事能力强的干部。

东汉时，荀悦有云：“善禁者，先禁其身而后人；不善禁者，先禁人而后身。”①

2. 深入开展普法宣传，增强全民法治观念。

邓小平曾经指出，“加强法制重要的是要进行教育，根本问题是教育人。法制教育要从娃娃开始，小学、中学都要进行这个教育，社会上也要进行这个教育”②。董必武也说道，要“大力加强法制宣传教育工作，提高干部和人民群众的法制观念，使大家都知道什么是合法和什么是违法，使大家都知道只有严格遵守国家法制才能维护自己的民主权利，只有这样，才能使我们的法制切实地贯彻执行，也才能充分发挥人民群众对法制执行情况的监督，从而体现人民参加国家的管理”③。

推进全民守法，必须着力加强全民法治观念，努力培育社会主义法治文化，倾力弘扬社会主义法治精神。第一，要坚持把全民普法和守法作为依法治国的长期基础性工作，采取有力措施加强法制宣传教育。第二，要坚持法治教育从娃娃抓起，把法治教育纳入国民教育体系和精神文明创建内容，由易到难、循序渐进不断增强

① ［东汉］荀悦：《申鉴·政体》。

② 邓小平：《邓小平文选》（第三卷），人民出版社，1993 年，第 163 页。

③ 董必武：《论社会主义民主和法制》，人民出版社，1980 年，第 150 页。

青少年的规则意识。第三，要健全公民和组织守法信用记录，完善守法诚信褒奖机制和违法失信行为惩戒机制，形成守法光荣、违法可耻的社会氛围，使尊法、守法成为全体人民的共同追求和自觉行动。

2014 年 10 月，十八届四中全会提出了加强社会诚信建设的任务。2016 年 6 月，国务院发布《关于建立完善守信联合激励和失信联合惩戒制度，加快推进社会诚信建设的指导意见》，为褒扬和激励诚信、约束和惩戒失信提供了重要的制度保障。2016 年 10 月，中办、国办联合印发《关于加快推进失信被执行人信用监督、警示和惩戒机制建设的意见》。此外，最高法方面，也积极配合中央有关部委制定了有关失信被执行人处置机制建设的司法意见，并联同国家发改委、中国人民银行等 60 多个国家机关和单位搭建了失信被执行人信用惩戒网络平台，将拒不执行判决、裁定的“老赖”信息公布其上，限制其出境、招投标以及企业高官任职、奢侈消费，等等。

截至 2016 年底，我国已累计发布失信被执行人信息 644 万例，限制 576 万人次购买机票、207 万人次购买火车票；全国工商、市场监管部门共计限制失信被执行人担任各类企业法定代表人、董事、监事和高级管理人员 7.1 万余人次。

三、深化法治政府建设：依法治国的中心环节

民主政治的构成一直是个难题。近代宪政初期，美国的制宪者曾忧虑过议会的专权，“在代议制的共和政体下……人民应该沉溺提防和竭力戒备的，正是这个部门的冒险野心。立法部门由于其他情况而在我们政府中获得优越地位。其法定权力比较广泛，同时又不易受到明确的限制，因此立法部门更容易用复杂而间接的措施掩盖它对同等部门的侵犯”①。

20 世纪后，人们则见证了行政部门的大规模扩张，也即“行政国家的兴起”。按照马克斯·韦伯的看法，“在一个现代的国家里，真正的统治既非在议会的演说中，也非在君主的告示里，而是在日常生活中行政管理的处置上，发挥作用，它必然地和不可避免地掌握在官员的手中”②。在当今作者的眼中，行政国家概念概括了“当代政府的一些特点：公共部门使用了庞大的社会资源；公共行政管理者在当代政府运作过程中发挥着重要的作用；他们总体上处于政治的核心地位”③。

宪政权力配置的移转自有其理论和历史的复杂逻辑与实践，这里我们略过不谈。但和此次讲座主题紧密相关的一点是人们熟知的俗语：“徒法不足以自行。”目

① ［美］汉密尔顿等：《联邦党人文集》，程逢如等译，商务印书馆，1989 年，第 253 页。

② ［德］马克斯·韦伯：《经济与社会》（下卷），林荣远译，商务印书馆，2006 年，第 736 页。

③ ［美］戴维·罗森布鲁姆等：《公共行政学：管理、政治和法律的途径》，张成福等译，中国人民大学出版社，2012 年，第 50 页。

前，我国法律总数已达1200多部，其中，80%的法律、90%的地方性法规和近乎100%的行政法规都是由行政部门来执行的，它们在依法治国的进程中担负了最大量、最繁重的任务。可以说，没有行政机关，依法治国就失去了最主要的支撑，没有文明、严格、强力的行政执法，立法部门的一切辛勤努力就会化作一场无功的徒劳。要言之，依法行政、构建法治政府乃是依法治国方略中的核心环节。

上面，在论述依法治国的基本要求时，我们对严格执法（也即依法行政）进行了一些介绍，以下，将就法治政府建设的主要任务给予一些讲解。二者内容的区别是，一为依法行政的若干基本原则，另一为依法行政的种种具体任务。

2015年12月，国务院发布《法治政府建设实施纲要（2015—2020年）》。纲要列举了未来五年政府工作法治化的六项主要任务：完善依法行政制度体系、推进行政决策科学化民主化法治化、坚持严格规范公正文明执法、强化对行政权力的制约和监督、依法有效化解社会矛盾纠纷、全面提高政府工作人员法治思维和依法行政能力。

（一）完善依法行政制度体系

构建系统完备、科学规范、运行有效的依法行政制度体系，要求完善政府立法的体制机制。坚持立、改、废、释并举，完善行政法规和规章的制定程序，推进政府立法精细化，增强政府立法的及时性、系统性、针对性、有效性。

完善依法行政制度体系，还要求加强重点领域的政府立法。在中央一级，这主要意味着市场经济法制框架方面的立法侧重；在省级地方层面，则显得百花齐放。除了急需的常规性经济与社会立法，各省都比较突出强调其省情的亮点和特色，法制构建旨趣各异。

例如，新疆维吾尔自治区、西藏自治区将促进民族团结宗教和谐、遏制宗教极端势力等视作重点，出台了《对部分器具实施管制的暂行办法》《大型宗教活动管理办法》等。作为全国水资源最匮乏的省区之一，宁夏回族自治区则制定了《节水型社会建设管理办法》，这是国内首部相关地方规章。广西壮族自治区却以立法促进“民族文化强区建设”，颁行了《左江岩画保护办法》《传统工艺美术保护办法》等。

在我们贵州，近几年则以互联网大数据战略抢占先机，后发赶超。2012年，省委省政府出台《关于加快信息产业跨越发展的意见》；2014年，省政府印发《关于加快大数据产业发展应用若干政策的意见》《贵州省大数据产业发展应用规划纲要（2014—2020年）》；2016年1月，省政府提请省人大审议的《贵州省大数据发展应用促进条例》试开全国大数据地方立法先河，11月，《贵州省政务数据资源管理暂行办法》颁行；2017年7月，于全国率先出台《贵州省政府数据资产管理登记暂行办法》。

完善依法行政制度体系，也要求加强规范性文件的监督与管理。

【案例五】"复婚不准操办酒席""违者礼金一律'没收'"……一些地方性"红头文件"遭吐槽①

"复婚不准操办酒席""双方均为再婚的不准操办酒席""违者礼金一律'没收'"……这些限定性极强的规定是贵州某县的县委办、县府办印发的规范管理县辖区内所有城乡居民操办酒席的"红头文件"。文件一经曝出，便即引发质疑。

大家都知道，由于文首列有红色字样的机关名称、文尾盖着公章，"红头文件"在普通群众的印象中有着很强的权威性和严肃性。法律性质上，红头文件是一个俗称，其中行政规范性文件占着很大比重，这也是政府公共政策的主要表现形式。通常在实践中，行政机关制定的具有普遍约束力的，且在效力位阶上低于行政规章的非立法性文件，即可视作规范性文件。

那么，管人管事的地方性"红头文件"应当如何规范？

国务院《法治政府建设实施纲要（2015—2020年）》里强调，规范性文件不得设定行政许可、行政处罚、行政强制等事项，不得减损公民、法人和其他组织合法权益或者增加其义务。涉及公民、法人和其他组织权利义务的规范性文件，应当按照法定要求和程序予以公布，未经公布的不得作为行政管理依据。纲要进一步要求，加强合法性审查的制度和能力建设，把所有规范性文件纳入备案审查范围，加大前置审查和备案审查力度，做到有件必备、有错必纠。

在前置审查方面，2014年以来，贵州省法制办共对187件以省政府以及省政府办公厅名义出台的规范性文件草案进行了合法性审查，向起草部门提出意见建议294条。至于备案审查方面，省法制办共审查各市州政府、省直各部门报备案的规范性文件716件，对其中114件提出了审查建议。

（二）推进行政决策科学化、民主化、法治化

要完善行政决策程序规则，把公众参与、专家论证、风险评估、合法性审查和集体讨论决定作为重大决策的必经程序，增强公共政策制定透明度和公众参与度。

要增强公众参与实效。事关经济社会发展全局和涉及群众切身利益的重大行政决策事项，应当广泛听取意见，与利害关系人进行充分沟通，并注重听取有关人大代表、政协委员、人民团体、基层组织、社会组织的意见。对社会关注度高的决策事项，各级行政机关特别是市县两级政府，应当公开信息、解释说明，及时反馈意见采纳情况和理由。

① 《规范性文件，期待更规范（关注改革"最后一公里"）》，载《人民日报》，2017年2月7日04版。

【案例六】广东茂名PX抗议事件①

广东茂名是我国重要的石油化工基地，曾经兴建了国内首条产能达到100万吨/年的乙烯生产线。2012年10月，茂名市政府决定立项芳烃（PX）项目，由市政府和茂名石化公司合资建设，总投资35亿元。

但其后的项目进展，由于环保问题的浮现而渐渐失控。

2014年3月30日上午，一些茂名市民因项目可能引发的环保忧虑，在市委门前的大草坪开始聚集慢行，以表达对拟建芳烃项目的不满。下午3时许，又有部分群众聚集市委门前表达意见，有少数人扔矿泉水瓶、鸡蛋等，并拦截车辆造成交通堵塞。傍晚，抗议民众由先前的200多人迅速增加到数千人，继而演化为“打砸烧”的群体性事件。

纵观整个茂名事件的前后演变，其间有诸多的细节值得我们审思与反省。

其一，密集“科普”为何无效？近些年，大连、厦门、宁波、启东等地都发生过PX项目抗议事件，前车之鉴令茂名政府事先已认识到PX项目极具争议，并做工作试图消解。

一场密集的宣传兼科普随即展开。2014年2月27日，《茂名日报》头版刊发题为《茂名石化绿色高端产品走进千家万户》的文章，这是茂名开启PX宣传的最早“铺垫”信息。继而，自3月17日起，《茂名日报》接连发表《PX到底有没有危害》《揭开PX的神秘面纱》《PX项目还要不要继续发展》等一系列“PX”文章。

但是这种单向度的灌输式传播，在网络时代显得有些过于简单化。文章的科普效果并未达到宣传部门的预期；相反地，它们却传递出另一条明白无误的信息——“茂名PX项目即将上马”，一种不安的情绪在酝酿着。

其二，错失沟通的危机处理。密集的宣传给了当地官员们一种错觉，认为PX项目既已家喻户晓，反对的声音应该不会太大。随之而来的另一项措施“签订承诺书”，更非良策，而是火上浇油。

3月中下旬，茂名石化系统的工作人员、教育系统的工作人员和学校学生面前都摆着一张打印在A4纸上的《支持芳烃项目建设承诺书》，要求在上面签名。承诺书要求签名者维护发展芳烃项目的决策；不听谣、不信谣、不传谣，不发表妨碍芳烃项目建设的言论，绝不组织、不参与任何反对和阻挠芳烃项目建设的活动。

事与愿违，这种高压式的承诺书所激起的压力与不安，通过另一种方式呈现出来。3月中下旬起，茂名当地论坛、贴吧等开始出现大量有关PX项目的帖子，内容涉及询问茂名是否要开建PX项目，以及各地有关抗议

① 刘建华：《广东茂名PX事件：学生称不签拥护承诺书影响升学》，载《小康》，2014年5月。

PX 项目的信息。

在此一危机初露苗头的时刻，茂名的应对举措是严加管控。3 月 17 日，当地宣传部门下发文件，要求地方网站加强网络舆情监控，及时处置引导，“对发表过激言论的网民进行身份核查，进行教育训诫和稳控”。此后，也将来访媒体拒之门外，“上级通知，目前不便就 PX 项目进行采访报道”。

3 月 27 日晚上 7 点半，由茂名市高新区管委会主任谭国锋及宣传部网管科科长主持的 PX 推广会，在当地迎宾馆 7 号楼会议室召开。这是当地官员的最后一次公关努力。

会上，谭国锋主任就 PX 项目作了解读。但在随后和与会者的交流环节中，他却限定了仅只接受 3 个提问。然则，3 项回答都未曾使得在场网友满意，接着，有网友和工作人员发生了争吵。

沟通无效之后，茂名再次重演了无数 PX 项目失败城市的故事。

其三，“一闹就停”的魔咒如何化解。上述 PX 群体性抗议事件爆发的数日之后，茂名市政府召开新闻发布会，做出了不会违背民意上马 PX 项目的公开承诺。

茂名的困境，与所有遭遇 PX 项目的城市一样。发展与环保，其实并不矛盾。矛盾的是，人们对未知的事物充满疑虑。作为石化之城的茂名，平时就能闻到大型炼油项目带来的刺鼻之味，这令当地民众对环境污染之类的事情极为敏感。

茂名市民张小凯在接受采访时说，“如果不让石化、教育等系统签署‘支持项目承诺书’；如果政府更少一些‘防’‘堵’的思维，如果政府可以更多地征求民意，或许也不会发展为反 PX 群体事件。”

从最近几年各地发生的 PX 项目群体事件来看，最终的结果都是“一闹就停”，政府妥协的做法看起来是考虑了民意，修改了先前草率的决定。但以项目搁浅而告终，绝不是科学的决策，政府的妥协不能掩盖它存在的问题。

专家点评：武汉大学政治与公共管理学院申建林教授：经常地，在项目建设的初期，地方政府只站在企业一方，强行宣布项目的实施，很少征询民意，也很少公开项目信息，剥夺了民众的知情权。而一旦遭到强烈抗议使得项目难以为继，无论公众的反对是否合理，为避免政治麻烦，政府则又简单地决定停建、缓建或搬迁，置企业损失于不顾。

我们应该向韩国、日本、新加坡等周边国家学习，PX 项目与当地居民比邻而居却相安无事，关键是人家的化工项目从立项到开工建设，再到运营都遵守了完全公开、透明和民主的制度程序。政府加强监管，企业通过技术进步和资金投放来保证安全生产，并向当地居民进行适当补偿分享项目建设的利益，形成良性循环。

（三）坚持严格、规范、公正、文明执法

改进行政执法体制，实现权威高效文明执法，需要从执法主体、执法程序、执法方式、执法经费等各环节着手，健全制度、创新实践。

一是，整合执法主体，减少执法层级，下移执法重心，推进综合执法。支持有条件的领域推行跨部门综合执法；加大关系群众切身利益的重点领域执法力度。

二是，加强执法程序建设，具化细则、标准和操作流程，重点是规范自由裁量权。

三是，创新行政执法方式，努力消解执法冲突。摒弃过度依赖强制手段的执法传统，以说服教育、劝导示范等非强制、软权力执法为指向，积极推广行政指导、行政奖励等柔性、激励性执法形式。

四是，严格人员管理制度，全面落实执法责任制。

五是，强化执法经费财政保障，杜绝利益驱动执法。《法治政府建设实施纲要(2015—2020年)》强调，严格执行罚缴分离和收支两条线管理制度，严禁下达或者变相下达罚没指标，严禁将行政事业性收费、罚没收入同部门利益直接或者变相挂钩。

【案例七】“交警罚款任务表”中的荒诞与真相①

2014年10月31日，网络上曝光一张《交警雁塔大队第四季度11月份专项整治月量化任务分解表》照片，显示西安市交警雁塔大队各中队11月份针对两、三轮车、酒驾醉驾、渣土车、走禁线以及违停的量化整治任务，其中包括具体的处罚种类和罚款数量。

每个中队、科室参与考评的多少人，每人要处罚几起两、三轮车，几起酒驾醉驾，几起渣土车，每起分别罚款多少，一共罚款多少……西安交警雁塔大队给各中队下发的专项整治量化任务，“分解”得可谓详尽细致，每名交警要作出多少次处罚，要“挣”多少罚款收入，都规定得清清楚楚，一目了然。这个“量化任务分解表”中，最核心的任务是罚款任务，最突出的内容是罚款数字，网友直接称之为“交警罚款任务表”，可以说是再贴切不过的。

面对网友的质疑，交警雁塔大队11月1日堂而皇之回应称，“量化任务分解表”只是11月份的工作安排表，绝不是罚款任务表，表上的数字既是交通秩序管理的要求，也是对民警工作责任心和管事率的基本要求，云云。谁都知道，交警现场执法要做出多少次处罚，这些处罚会产生多少

① 潘洪其：《“交警罚款任务表”中的荒诞与真相》，载《北京青年报》，2014年11月3日。

罚款，主要而且只能取决于现场实际出现了多少违章行为，以及对每一起违章行为依法应处以多少罚款，因此，处罚次数和罚款数量都不应当事先规定任务，而只应当是现场执法情况的实际反映。事先制定了详细的“量化任务分解表”，并将量化到个人的罚款数量，确定为民警工作责任心和管事率的基本要求，却一口咬定这绝不是罚款任务表，如此狡辩实在太过荒唐。好在西安市公安局交警支队很快出面表态，责令雁塔大队纠正错误做法，认定“量化任务分解”属于“将工作量转化成罚款”，该大队“以罚代管”的实质被坐实，再也无法狡辩。

像交警雁塔大队这样以“量化任务分解”之名，行下达“罚款任务”之实，在全国交管系统中是极个别现象吗？恐怕未必。雁塔大队辩称“绝不是罚款任务表”时提出，“西安市已于2002年实行交通罚款罚缴分离制度，所有交通罚款均上缴财政”，言下之意，即便“量化任务分解”可以算是罚款任务，即便他们收取了不菲的罚款，但这些罚款全部都要上缴财政，与他们作为执法者的利益无关。

事实果真是这样吗？

按照2004年7月财政部下发的《关于加强政府非税收入管理的通知》，政府非税收入实行分成管理政策，分成比例，依照所有权、事权等因素确定；涉及部门、单位之间分成的政府非税收入，其分成比例按照财务隶属关系分别报财政部或省、自治区、直辖市财政部门批准。

原来，交通罚款作为非税收收入的一种，交管部门能够以征收机关的身份按比例分成。一些地方交管部门“将工作量转换成罚款”的做法屡禁不止，原因是罚款能够按比例返还，“以罚代管”的背后，存在着“执罚经济”的利益驱动，与执法部门的“收入”和利益密切关联。

媒体点评：改革政府非税收入管理制度，通过科学的综合财政预算，由财政向交管部门提供足额经费保障，并以严厉的问责追究制度，对交管部门和执法人员施以严格约束，严禁用“罚款分成”等利益激励机制“刺激执法”，这些举措再也不能拖延下去了。

（四）强化对行政权力的制约和监督

加强权力运行的约束体系，要坚持用制度管权管事管人，决策、执行、监督三权既相互制约又相互协调，做到内、外部监督协整合力。

要自觉接受党内监督、人大监督、民主监督、司法监督，加强行政层级监督、审计监督，完善社会监督和舆论监督。全面推进政务公开，提高政府工作透明度。

2015年2月2日，在省部级主要领导干部学习贯彻党的十八届四中全会精神全面推进依法治国专题研讨班的讲话中，习近平总书记指出：

在权力观上，有的领导干部头脑中存在着十分错误的观念。有的认为权力是靠个人奋斗得来的，是辛辛苦苦几十年熬出来的；有的认为权力是千方百计拉关系、找靠山弄来的；有的则更直白，认为权力是花钱买来的，过期作废，不用白不用。在这样的权力观支配下，怎么可能不出问题？我们说要把权力关进制度的笼子里，就是要依法设定权力、规范权力、制约权力、监督权力。如果法治的堤坝被冲破了，权力的滥用就会像洪水一样成灾。各级党政组织、各级领导干部手中的权力是党和人民赋予的，是上下左右有界受控的，不是可以为所欲为、随心所欲的。要把厉行法治作为治本之策，把权力运行的规矩立起来、讲起来、守起来，真正做到谁把法律当儿戏，谁就必然要受到法律的惩罚。天网恢恢，疏而不漏！

如果说"党大还是法大"是一个伪命题，那么对各级党政组织、各级领导干部来说，权大还是法大则是一个真命题。纵观人类政治文明史，权力是一把双刃剑，在法治轨道上行使可以造福人民，在法律之外行使则必然祸害国家和人民。

为官之道，孔子曰："政者，正也。"①

（五）依法有效化解社会矛盾纠纷

加速构建公正、高效、便捷、成本低廉的多元化纠纷解决体系，健全社会矛盾预警、利益表达、协商沟通、救济救助机制，引导和支持群众依法表达诉求、维护权益。

完善人民调解，加强行政复议，把信访工作纳入法治化的轨道。

【案例八】行政复议引争执，副省长应诉被告席，系全国首例②

2016年4月11日，贵阳市中级人民法院。贵州省人民政府副省长陈鸣明和农民丁加强面对面坐在法庭上，他们的身份是被告和原告。这是全国第一个副省长出庭应诉"民告官"的案例。

4月的贵阳，天气尚未完全回暖。11日这天，坐在被告席上的陈鸣明穿了件蓝色衬衣，未着正装。他把两条胳膊叠放在一起，坐得端端正正。与他相对而坐的原告丁加强，特意穿了件银灰色西服，因为毕竟是进了城。

陈鸣明今年59岁，是贵州土生土长的官员，负责省政府法制等方面的工作。法庭审理中，他有两次发言，一次是宣读答辩状，另一次是最后陈述。

在陈言的末了，陈鸣明吐露心迹，"我们的工作要接受群众的监督，

① 孔子：《论语·颜渊篇》。

② 《媒体揭全国首例副省长出庭应诉"民告官"前后》，中国青年网 http://news.youth.cn/gn/201604/t20160418_7873053.htm。

舆论的监督，司法的监督。所以为什么我今天要来出这个庭，主要是表明这个态度”。

和许多“民告官”案件一样，本案也是因征地拆迁而起。丁加强是遵义市遵义县泮水镇青丰村村民。2015 年 6 月，因贵州白黔高速公路项目的建设需要，他家承包的部分土地被征收。丁加强认为土地征收依据，即遵义市政府作出的《关于印发白黔高速公路工程（遵义境）建设项目征地拆迁安置补偿方案的通知》违法，遂向省政府申请行政复议。省政府经审查后认定该申请不属于行政复议范围，予以驳回。因不服省政府作出的这项复议决定，丁加强于 2016 年 2 月以省政府为被告，向贵阳市中院提起行政诉讼。

等待了两个月，4 月 11 日，该案在贵阳中院第一次开庭。让丁加强倍感意外的是，对方竟是副省长出庭应诉。庭审持续了 1 个小时，结束后，陈鸣明主动上前，和原告丁加强握手示意。

本来，丁加强的案子不会由陈鸣明出庭应诉。省政府法制办曹灵江副处长介绍说，副省长出庭一事，已酝酿将近一年。原本要出庭的案子也是定在 4 月 11 日，因当事人撤诉未能开庭，便将同在 11 日开庭的丁加强诉省政府一案顶了上来，“因为陈副省长的时间已经定了下来”。

2015 年 5 月 1 日，新修后的行政诉讼法正式实施，第三条规定：被诉行政机关负责人应当出庭应诉；不能出庭的，应当委托行政机关相应的工作人员出庭。在曹灵江看来，这是副省长出庭的一个契机。“陈副省长很主动，说如果有合适的时机他就去出庭。”不过由于种种原因，一直拖到了今年。

案件评析：本案例没有放在上一小节“对行政权力的制约”中，是考虑到它除了依法接受监督的通常主旨外，还包含了行政机关支持群众依法表达诉求、有效化解矛盾纠纷的另一要点。即如陈鸣明副省长在法庭陈述中讲明的，“我认为丁加强通过提起行政复议的方式，来表达自己的诉求，这种行为是值得肯定的。通过这样的方式，不是到法庭去闹，或者堵路，至少通过法定程序反映自己的诉求，我认为这是值得肯定的”。

陈鸣明的出庭也使得原告一方对于本案纠纷彻底消解的前景增添了很大的信心。原告代理律师李春兰认为，副省长参加了庭审，不管结果怎样，这个事儿应该能解决。因为副省长肯定要知道这个案子的最终结果，“不会不了了之”。

（六）全面提高政府工作人员法治思维和依法行政能力

“天下之事，不难于立法，而难于法之必行。”① “得其人而不得其法，则事必不能行；得其法而不得其人，则法必不能济。人法兼资，而天下之治成。”②

政府工作人员特别是领导干部必须牢固树立宪法法律至上、依法行政基本理念，自觉运用法治思维和法治方式深化改革、推动发展、化解矛盾、维护稳定。

1. 开展宪法宣誓，树立宪法权威。宪法是国家的根本法，法治权威能不能树立起来，首先要看宪法有没有权威。必须把宣传和树立宪法权威作为全面推进依法治国的重大事项抓紧抓好，切实在宪法实施和监督上下功夫。

十八届四中全会提出，建立宪法宣誓制度。习近平总书记在《关于〈中共中央关于全面推进依法治国若干重大问题的决定〉的说明》中指出，这是世界上大多数有成文宪法的国家所采取的一种制度。在 142 个有成文宪法的国家中，规定相关国家公职人员必须宣誓拥护或效忠宪法的有 97 个。关于宪法宣誓的主体、内容、程序，各国做法不尽相同，一般都在有关人员开始履行职务之前或就职时举行宣誓。十八届四中全会决定，凡经人大及其常委会选举或者决定任命的国家工作人员正式就职时公开向宪法宣誓。这样做，有利于彰显宪法权威，增强公职人员宪法观念，激励公职人员忠于和维护宪法，也有利于在全社会增强宪法意识、树立宪法权威。

2015 年 7 月，全国人大常委会通过《关于实行宪法宣誓制度的决定》（以下简称《决定》），《决定》要求，各级人大及县级以上各级人大会常委会选举或决定任命的国家工作人员，以及各级政府、法院、检察院任命的国家工作人员，在就职时应当公开进行宪法宣誓。《决定》并列誓词如下：

我宣誓：忠于中华人民共和国宪法，维护宪法权威，履行法定职责，忠于祖国、忠于人民，恪尽职守、廉洁奉公，接受人民监督，为建设富强、民主、文明、和谐的社会主义国家努力奋斗！

2016 年 2 月 26 日，十二届全国人大常委会在北京人民大会堂首次举行宪法宣誓仪式，张德江委员长主持并监誓。9 月 18 日，国务院在中南海首次举行宪法宣誓仪式，国务院总理李克强监誓。

各省也积极行动，对宣誓制度加以落实推进。截至 2016 年 2 月，31 个省、自治区、直辖市陆续制定了实施宪法宣誓制度的具体办法。

许多省份的实施办法还对宣誓仪式的“公开性”特别加以强调，提出了向社会公开的多种方式。《江苏省实施宪法宣誓制度办法》规定，宣誓仪式可以邀请人大代表、人大常委会组成人员和有关单位的人员、社会公众参加。《湖北省国家工作人员宪法宣誓组织办法》规定，人大及其常委会组织的宣誓活动，各地新闻媒体应

① ［明］张居正：《请稽查章奏随事考成以修实政疏》。

② ［明］海瑞：《治黎策》。

当向社会公开报道。

2. 加强法治教育培训，提升依法行政能力。“为官之德，在于清廉；为官之义，在于明法。”明法，才可以去贪昧、行纲纪、守法治。

在省部级主要领导干部学习贯彻党的十八届四中全会精神全面推进依法治国专题研讨班的讲话中，习近平总书记指出：学法懂法是守法用法的前提。在那些违法乱纪、胡作非为的领导干部中，相当多的人是长期不学法、不懂法。许多腐败分子在其《忏悔录》中都谈到，不知法是自己走向腐败深渊的一个重要原因。各级领导干部或多或少都学过一些法律知识，但同全面推进依法治国的要求相比，还很不够，必须加强学习，打牢依法办事的理论基础和知识基础。要系统学习中国特色社会主义法治理论，准确把握我们党处理法治问题的基本立场。首要的是学习宪法，还要学习同自己所担负的领导工作密切相关的法律法规。各级党委要重视法治培训，完善学法制度，党校、行政学院、干部学院等都要加强对领导干部法律知识的教育。

在《法治政府建设实施纲要（2015—2020 年）》里，国务院就政府工作人员的法治教育培训和法治能力考核事项作出了一些原则性的安排：

其一，国务院各部门、县级以上地方各级政府每年至少举办一期领导干部法治专题培训班。

其二，地方各级政府领导班子每年应当举办二期以上法治专题讲座。

其三，各级党校、行政学院、干部学院要将宪法法律列为干部教育的必修课程。

其四，各类行政执法机构要建立健全岗位培训制度，每年组织开展执法人员通用法律知识、专门法律知识、新法律法规等专题培训。

其五，各级政府人力资源管理部门应当增加公务员录用考试中法律知识的比重，加大初任培训、任职培训中法律业务的力度，逐步推广职务晋升中依法行政的考核制度。

［作者简介］

吴大华，贵州省社会科学院院长，法学博士后、经济学博士后，二级研究员。云南大学、贵州民族大学、贵州师范大学等高校博士生导师、贵州省社会科学院博士后科研工作站博士后合作导师。主要研究方向为刑法学、民族法学（法律人类学）、犯罪学和循环经济。先后被评为国务院政府特殊津贴专家、贵州省核心专家、第三届“全国十大杰出中青年法学家”、全国首届杰出专业技术人才，教育部第四届“高校优秀青年教师奖”，2004 年“十大教育英才”，2007 年“新世纪百千万人才工程国家级人选”；2008 年和 2011 年入选“中国杰出人文社会科学家”；2014 年被评为“全国文化名家暨‘四个一批’人才”；2015 年被评为“国家哲学社会科学领军人才”。

礼乐文明与生活的神圣性

董　平

世界是物质的，是客观存在，是不以人的意志为转移的。一般说来，这个说法是不错的。但就人的个体生存而言，我们如何在这一物质的、客观的、不以人们的意志为转移的事物世界中获得生存的意义？实际上，这个事物世界只在一定的时空结构之中为每一个体提供一个进行活动的公共平台，它并不意味着即是每一个体共享的“生活世界”。在个体那里，其生存的意义必须依靠他自己从某种有意义的存在、并且其本身即为意义本体的对象那里自觉地“输入”，并经由他自己的生活实践不断地将其所领会到的“意义”实现出来。也即是说，个体的“生活世界”是个体的，它并不必然地与任何他人共享。每一个体都有一个属于他自己的独特的“生活世界”，这一“生活世界”是由他自己“有意义”的活动而不断建构起来的。毫无疑问，个体的实践能力越强，实践范围越是广阔，他的“生活世界”也就越是阔大；反之亦然。在这一意义上，个体的“生活世界”即是他的“意义世界”，这两者是同一的。那么这个意义由何而来？又该如何取得这个意义？我们每一个人都从自己的“信仰者”那里“输入”生活的意义，如果我们仅仅信仰物质，那么我们的生活意义充其量也就是物质的，如果我们的信仰者那里还有“神圣性”，那么我们的生活意义就会有“神圣性”（本段摘自董平教授博客）。儒家学说在我国历史上一直属于正统地位，儒家学说中的礼乐文明影响着人民群众生活的方方面面，那么个体的生活世界是否可以从礼乐文明中汲取一定的信仰来使生活意义具备神圣性呢？

一、儒家宗教性问题相关探究

（一）儒家不是宗教

中国被称为礼仪之邦，礼仪之制来源于先秦的礼乐文明。自周公制礼以来，礼乐制度奠定了周朝的政治、文化的基调，经春秋时期孔子的总结归纳并加以推崇之后，礼乐制度被深化发展；后又经董仲舒等改进与完善，极力推崇礼乐文明的儒家思想走上正统地位并奠定了中华民族几千年来的文化基调。儒家学说本属于一个哲学、思想流派，但随着历史的发展，儒家学说不单单只进行了一个学术型流派的发展，而是出现了“儒教”；也就是说，儒家学说与宗教开始挂钩。儒家学说本就是视为正统思想，其派生的儒教的地位自然水涨船高并与人民群众的生活密不可分。

随着我国关于人文、哲学、社会等方面问题研究的不断深入，就一直在讨论一个问题，即儒家是不是宗教？到今天为止，相当一部分人坚称儒家是一种宗教，因为把儒家说成宗教以后，解决了一个大问题，我们中国人不是没有信仰的，我们是有信仰的。

神学家涂尔干从多个方面来考虑关于宗教的界定的问题，其中谈到宗教作用的时候，有一个说法就是，有道德整合功能。从这一理论来看，似乎在我们把儒家说成儒教了之后，就可以发挥儒家对于整个社会的道德整合功能了，确实有这样的一个趋势。

在关于儒家的这个问题上面，现代以来较早提出“儒家是一种宗教”这个观点的是任继愈老先生，任继愈先生去世后，其弟子李申继承这个观点并发扬。但是对这个观点笔者一直持保留态度。不能否认的是，儒家具有宗教性，但是它本身还不能称为宗教。

尽管关于宗教概念的定义非常之多，神学研究家田力克认为能够表达关于人类存在之终极关怀的一个思想，就可以称为宗教。但这个界定太过宽泛，不足以准确的定性宗教的性质，不足以说明问题。因为自有人类关于世界的完整的体系化的思考以来，它实际上就在表达着关于人类自身生存的终极关怀，如果在这个意义上把这种表达了人类自我终极关怀的思想或者观点都称为宗教的话，那么宗教的覆盖面就太过宽泛。

宗教社会学的奠基人涂尔干认为，宗教，从现象上来描述，至少包含这几个方面：第一个也是最核心的，要有一个核心的信仰对象；第二点，关于这个信仰对象本身，要能够形成一个自洽的理论体系也就是教义系统；第三点，教义的体系，这样的一个关于信仰对象的教义体系，必须要一套表达信仰的行为方式，也就是说，把表达信仰的教义体系转换为现实的外观上可见的这样的一套行为体系，那么这个行为体系最核心的就是礼拜方式，行为是用来表达崇拜信仰；第四点，为了使这个信仰体系在生活当中得以贯彻，还必须要有戒律系统，也就是独特的戒律。戒律系统这一点是涂尔干特别强调的，也是一般的宗教学家忽视的，他还专门提出要有教会组织。这个是涂尔干关于宗教的一个相对完整的界定，他把教会组织作为对宗教这个概念进行界定的一个必要元素。

举个例子，释迦牟尼的佛教。释迦牟尼为什么一定要等到鹿野苑说法？他在菩提树下成道，释迦牟尼一开始修苦行，修的非常辛苦，最终晕倒了；之后被一个牧羊姑娘用羊奶将他救活了。获救后的他开始思考自己，反思自己的行为，如果修苦行可以明了宇宙真相，可以最终获得解脱，那我修苦行修到如此程度，怎么还没有明了呢？于是他开始反思，7 天后突然明白了。后来为了纪念这个牧羊姑娘挽救了释迦牟尼，现在宗教节日有个喝腊八粥的传统，实际上是为了纪念这个牧羊姑娘。

关于释迦牟尼成道，可以说在这个时候他已经建立了他的信仰，有了关于他的信仰的基本体系，但是他还没有宣讲。所以他回到鹿野苑找五比丘阿若憍陈如、阿说示（又译马胜）、跋提、十力迦叶、摩诃男拘利说法传道，这也是佛陀初转法轮。那如果比较一下，为什么一定要到鹿野苑说法了以后，才算是佛教诞生？因为到这个时候，有了最初的教团，就是有了教会，有了信徒，所以所谓的教会实际上就是信徒，一个宗教如果没有信徒，没有信徒的组织，它的结构是不完善的。

如果用涂尔干的这个观点来反观我们儒家，我们的儒家不缺信仰，也不缺关于信仰的教义体系，也就是理论体系，儒家也有一定程度的礼拜的仪式和方式，但是儒家没有教会。所以根据涂尔干的观点来看，如果把儒家的思想、儒家的理论体系界定为一种宗教，或许是过于匆忙、不谨慎的。

（二）儒家具有宗教性

虽然从宗教定义来看，儒家不该定义为宗教，但不可否认的是，儒家具有宗教性。那如何来看待儒家思想本身的宗教性呢？宗教性在一定的意义上它意味着超越性，同时也意味着关于生活的神圣理想。那么儒家思想究竟从什么时候开始，或者说是经由什么样的一些转换，才发展到孔夫子集大成呢？

孔子自我评述“述而不作，信而好古”，他宣布的很清楚，“周监于二代，郁郁乎文哉，吾从周。”在生活上他也讲的很清楚：“如有用我者，吾其为东周乎！”他一再宣称自己只是一个讲述者，不是一个创作者。他的思想是有来历的，也是西周文化的一个传递者，一个讲述者。如果要想真正了解儒家，必须从西周开始探究。儒家思想包括中国古代的基本政治形态、基本的观念形态、基本的信仰形态，这些基本形态全部是在西周时期建立并完善的。

二、西周时期礼乐文明制度的建立

（一）《周礼》的理论基础

西周的一个基本事实就是“武王革命”，“武王革命”建立西周，那武王凭什么革命，周武王革命的合理性在哪里？他的合法性在哪里？《周易》说“汤武革命，顺乎天而应乎人。”这个从某种意义上来说是历史定论，但是这个历史定论的产生实际上是很直的，没有详细的论证。

孟子曾对武王的革命进行了论证，论证出结果“闻诛一夫纣矣，未闻弑君也。”问题的焦点在哪里呢？周武王在商朝的时候，只不过是商朝的一个臣，商纣王再坏，那商纣王也还是天子，你一个小邦的头领，你凭谁的权威就把这个队伍拉起来闹革命并且把商朝给推翻了，把商纣王给杀了，凭借谁的权威？对于这个问题有一个观点，也就是通常我们今日所接受的观点，商纣王荒淫无道，残暴不仁，所以武王革命是合理的，这种观点已成为共识，但是这个观点实际上是经过漫长的论证过程的。之所以孟子会记载这个事，那就说明至少一直到战国时期这个问题还在辩论。

西周革命实际上是具有巨大的政治风险的，是一个具有巨大政治风险的一个事件。那为什么反而会成为后代的一个不可超越的典范。主要原因是得力于周公。

周公在革命完成之后，为了论证西周革命的合理性和合法性，他开始提出一个问题，请注意，大家都知道，商朝不仅仅是孔夫子当年最早做了研究。关于夏商周。殷人是尊鬼，是不是？夏朝是尚人，殷朝是尊鬼，周朝是敬人而忠，表面上就是，周朝是回归到了夏朝的价值形态，商朝是特别尊鬼的，所谓的尊鬼用我们今天的话说，它这个宗教气氛是很浓厚的，王国维先生的考察同样证明了这一点。

在商朝，所谓的鬼神文化，用今天某种宽泛的观点来看，实际上也就是宗教的文化。首先周公做了什么事？幽默一点说，他杀死了上帝。因为商朝还是信仰天帝、上帝。到了西周开始，这个东西用“得”的概念来取代了，那“得”是什么意思？获得的意思。问题是你从什么地方获得的？你获得了什么？我们每一个人都从谁那里获得？周公提出，从天那里获得我们自己的本质。《左传》记载“民受天地之中以生，若有诚信”，“信”就是得，受天地之中，也就是从天地之中获得。中国的“中”，《尚书》记载，天子对诸侯们说，“汝分猷念以相从，各设中于乃心”，“各设中于乃心”就是《尚书·周书·洪范》所说的“皇建其极”，所以中者极也、极者中也；我们每一个人都从天那里获得自我之本质，这个东西它原本是“中”的，中者正也，也就是我们的“极”。关于这个“极”字，大部分人都把它理解为极端，这个观点是不科学的；“极”的意思本来就根本没有极端的意思，极的本意是屋子的栋梁，房子的栋梁，栋梁中不中，栋梁正不正？它本身是中的，本身是正的，栋梁也是这个屋子的最高点，所以它有最高之意，它本身是中，本身是正，所以说“极者中也”，不是极端，如果你把它了解为极端的意思，那《大学》里有一句话“君子无所不用其极”，如果你把这了解为极端，那“君子无所不用其极”还怎么解释？“君子无所不用其极”就是“君子不用其庄正之道”，这就叫做中庸，这是个很困难的事情；《中庸》里面讲，“天下可均也，爵禄可辞也，白刃可蹈也，中庸不可能也。”所以“君子无所不用其极”就是行中正，行大中至正之道，无往而不行大中至正之道。那么这个皇极是什么呢？就是中正，所以说皇极是怎么样的？“无党无偏、无反无侧、无偏无破”，倘若无反无侧、无偏无破、无党无偏，那就是一个正大光明之道，那就是中正，正身之道。

这一个转换是重要的，所以当周公明白这个事情以后他开始提出西周革命具有合理性和合法性并进行论证，周之所以能够代商取得真正的统治天下的权柄，是从天那里所获得的“德”。天把“德”赋予周，是为了让周“代天牧民”。代天牧民，天是什么样的？如果我们承认天是有意志的，那么天他的意志是什么？孔夫子概括为："天无私覆，地无私载，日月无私照。"无私就是大公。无私照、无私覆、无私载，就是总政。所以天就是一个大中至正。既然武王从天那里获得的德，那么毫无疑问"德"是天所赋予给你的，所以武王就是天的儿子。所以天子叫做"天之元子"。"天之元子"可以认为是大儿子，也可以说是独一的儿子，简称"天子"。既然成为"天之元子"来"代天牧民"，那么毫无疑问的要把天的这种根本的无私、大中至正通过什么现实的手段和方式实现出来。实现到"牧民"方面，也就是实现到老百姓那里去，天下人民那里去。所以天子是天民之间的一个中介者、他是天意的传达者、天意的实现者、天意的体现者，那最终体现的结果在哪里获得呈现？在人民百姓的日常生活当中获得呈现。如果在百姓的日常生活当中能够体现出大中至正，按照古代的说法就是四海平民、风调雨顺、民风不腐、百姓生活安康。那么百姓的生活质量就成为评价天子是否合格的标准。若百姓生活安康，风调雨顺，就说明天子把天的那种公正无私实现出来了。反之成问题了，没有把天意传达到民间。如果没有把天意传达到民间，那么你作为天子，实际上也就切断了和天的根本联系，同样因为你没有把天意传达到民间你切断了天子和人民的联系。

既然天子是人民与天的中介者，那么商纣王还是不是天子？根据周公的这个观点可以认定，商纣王实质上已经不是天子了，因为他切断了与天的联系，同时也切断了与民的联系。《尚书·周书·召诰》讲"皇天上帝，改厥元子兹大国殷之命"。这个结论很清楚，现在天改注意了，重新选择了天之元子，革了殷朝的命。所以周代商不是周家革你的命，而是天革了你殷商的命。周朝或者说西周革命的合理性和合法性在这样的一个德的观念之下，获得了充分论证。因为天子真正的权柄就是德。

德才是真正的权柄，那么要不要敬畏它？要不要保持它？如果要想保持得政权，那应该怎么做？那就要保证这个德。所以周公教导周成王"敬德保民"。"敬德"就是"敬天"，"敬德"就是"敬民"，因为民和天之间的联合是永远都隔不断的。

"敬德"的观点建立之后，如何来确保"敬德保民"这个观点能够一代一代流传呢？那就必须建立完整的政治体制，《周礼》随之诞生。

（二）周礼的核心意义

西周的礼实际上是什么？用今天的话来讲，就是囊括了公共生活各个方面的制度，叫作制度综合。

1\. 政治秩序

从礼的制度来看，讲五礼，吉、凶、宾、军、嘉。用今天的观点来分析，实际上至少包含四大层面，我们从这个社会人群的公共生活来讲。

首先是政治制度。政治制度是通过什么来体现的？就是通过天子、诸侯、卿大夫、士的等级区划来体现。礼的实际的意图是什么？强调等级。今人常批判古礼中的等级制度，但倘若没有等级，那么政治将会变成什么样？举个例子讲，比如说天子，我们设身处地想一想，如果我是天子，那么我希望自己被约束吗？结果显而易见，天子理论上是有无限权力的，任何人是天子，都不希望自己被约束，都希望自己运用权力为所欲为。可是“礼”不允许这样的事发生，“礼”规范的第一对象就是天子。西周的礼的制度在政治意义上首先就是对君权进行限制，对天子的行为、礼仪、起居各方面进行规范。

天子具有特殊性，地位最高同时责任最大，当然天子的享受也可以好一点。例如出行方面，礼制规定天子出行乘六骏，也就是用六匹马拉车，六匹马是最高规格的；与之对应的天子出行的车有规定，有各种各样的纹式、图案，还有特殊的驿站接待，等等。天子如果要听音乐，按照古代的记载，就是钟磬齐鸣。如果天子要观赏舞蹈，观赏的是八佾之舞，64 人集体舞蹈。

礼的这一套东西究竟它的核心意义在哪里？所谓的等级区分是表象的，最根本的是什么？是由此来规范政治秩序。秩序是一个极其重要的概念，在古典思想当中，尤其在儒家，由此来规范政治秩序。

今天总结的礼的制度等级区分不平等。但恰好相反，古人本意是指只有区分了等级，才可能实现等级间的平等。《乐记》：“礼义立，则贵贱等矣，乐文同，则上下和矣”。也就是说礼仪建立起来了，那么贵、贱才能在责任权利义务上平等；尽管天子乘六骏，赏八佾，那是因为你管的是天下，你的责任更重大。之所以把天子的礼仪规范与诸侯、士大夫的礼仪规范区别对待，就是因为各等级之间的权利义务不同，充分考虑天子与其他等级之间的特殊性与普遍性，区别对待才能实现公平。

2. 伦理秩序

另外一方面，除了这个政治的秩序以外，第二大层面，礼要给予规范的秩序就是伦理。同等之间讲伦理，有伦有理才有秩序，那伦理的起点在哪里？

古人把这个事情想得很清楚，道德也好，伦理也好，伦理的起点就是夫妇。《中庸》说：“君子之道费而隐”，朱熹对此的注解是“费，用之广也，隐，体之微也”，君子之道是广大而且精微的。庄周开始论这个议题的时候就开始讲“君子之道，造端乎夫妇，及其至也，察乎天地”，就是说君子的道以夫妇为起点。伦理的起点是夫妇，有夫妇就代表成家了，那就是家庭。这是伦理发端之处，所以夫妇为伦理之本。有夫妇才有父子，有父子才有君臣，等等。这一个伦理秩序，因为这个家庭生活是谁都逃不脱的，是我们每个人无法逃避的第一个生活的共同体，既然无法逃避，就必须承担起这个家庭当中和你的个体身份相符合的伦理责任。

伦理责任是什么呢？五伦十义。五伦是指父子有亲，君臣有义，夫妇有别，长幼有序，朋友有信。十义指父慈，子孝，兄友，弟恭，夫义，妇听，长惠，幼顺，君仁，臣忠。这就是儒家讲的十义，朋友不在此列，因为朋友不属于家庭范畴，这个就是礼制要处理的第二大层面的问题，道德伦理，由此而达成伦理秩序。

3. 社交秩序

人的生活相关的除了家庭还有社交活动，也就是和人相交往。去和人交往，就会有人和人之间进行交往的社交秩序，也就是西方所说的行为规范（Behavioral-Norms）。

这种行为规范礼制早已有一套标准，比如在古代，读书人相互见面，遵循什么礼仪，晚辈拜见长辈，遵循什么礼仪，国家君主之间的相互交往，遵循什么礼仪，诸侯要拜见天子遵循什么礼仪，等等，这个是礼制规范的社会公共行为的交往法则。

4. 祭祀秩序

还有一类交往，是古人极其看重的。就是在我们的日常生活当中，有那么一类对象，他们曾经是我们当中的一员，但是现在他离开了，不在了，我们还要不要跟他交往，我们还要不要把他算作是我们当中的一员？也就是所谓的祖先崇拜。祖先崇拜的根源来源于家庭这个概念。笔者曾经粗略的考察过“Family”这个概念，在英文当中它的出现是极为晚的。在古代比如说在希腊时期只有 House 这个概念，Family 这个概念是 16 世纪之后才有，慢慢才出现。但中国不是，我们从一开始就关注家庭这个概念，家庭是我们生活的起点，是我们生活的第一个生活的共同体。

所谓的祖先，原本就是我们家庭当中的成员，并且是我们自己的血脉的来源。他们现在人不在了，但是就这个家庭共同体来说，能不能把他移除掉？答案是不能，移除掉之后我们便没有了根。所以祭祀从最开始的一个怀念礼仪演变成了所谓的祖先崇拜。祭祀实际上是对于祖先曾经存在性的一种肯定。孔夫子对此就指明：“祭如在”。“祭如在”实际上是对祖先本身的存在性的肯定，那用什么来肯定？仪式。所以礼制对祭祀作出了相应的规范，用来处理人神交往的秩序。所以，子孙祭祖，天子祭天；天子之所以祭天，那是因为前文提到，天子是天之元子，天子祭天实际上是在和自己的父亲交往、交流；所以，在古代祭天是一个极其重要的仪式。

综合来看，这个制度是一个制度的综合体。它囊括了政治、伦理、公共生活、人神关系等方面。所以礼的制度是一个展开的天、地、人、神共在的世界。同时也就是我们的生活世界。这一个生活世界同时也是我们的存在，我们的意义，我们的价值合一的世界。

三、“和”与“礼”的辩证关系

这个由周礼展开的世界，简单来说体现了两个基本点：

第一点，这一套“周公制礼作乐”制出来的礼的制度，是周公是根据什么制出来的？礼的这一套制度，实际上就是天道整体秩序的模本。礼的这一套制度，这一套秩序的规范，不同维度的、不同层面的关于制度的规范。实际上是对于天道的化才通辨结果。在天的谓之天道，转换了之后，适用于人的就叫作人道。因为人道是对于天道的一种转换的形势，本原是一，所以天人之道合一。

那么为什么要如此转换呢？这就涉及到我们的制度理想或者说中国古代人关于人生的理想、生活的理想有关系。中国人向来奉行的是和平共处的理想。打打杀杀是要死人的，死亡这件事情，本身不符合我们人生的根本目的。所以中国不论儒家、墨家、道家还是什么家，没有一个思想家是鼓吹战争的。这个观点是共同的，因为它不符合人生的本原的一种“和”的理想状态。

古人对于天道的运动，认为实现出来的是一切万物的“和”。如日月之错行，如阴阳之晦明。万物并育而不相害，道并行而不相悖。小德川流、大德敦化，此天地之所以为大也。

天地之间，一切万物之所以有这种共生的、共在的“和”，是秩序所实现的结果，天道自身的秩序所实现的结果。我们人依循天道转换出一套礼的制度，目的是什么？是人道的和谐，人间式的和谐。所以由此曰：“礼之用，和为贵”。

“和”之所以是价值，是因为它是以礼来作为它的载体。礼的秩序所呈现的结果称为和，如果丧失了礼的秩序，和的价值是不存在的。所以不能脱离礼的秩序规范，而把“和”单独作为一种价值去追求，所以孔子认为，“知和而和，不以礼节之，亦不可行也”。所以，和是有前提的，什么是和谐，和谐是共同体的秩序所实现的结果，它是秩序的结果。没有秩序的和谐，本身是不存在的。如果有存在的没有秩序的和谐，那只能是“乡愿”。所以孔夫子要批判这个“乡愿”，因为这个“乡愿”它是不讲礼、不讲秩序规范的。《论语·阳货》篇就提出，“乡愿，德之贼也”。

四、孔子的儒学对西周礼乐文明的继承与发展

西周的状况是试图通过这样的一套礼乐的制度的整体建设来使天下享有秩序的和谐。把天道转换到人间，通过人的生活的实践，呈现天道的永恒价值。遗憾的是公元前770年西周灭亡，东周建立，使得这一套制度开始解体。东周建立后，中国进入春秋战国时期，这个时期被孔子称为“礼崩乐坏”的时期。礼崩乐坏实际上崩掉的，坏掉的是人的生存价值，人的存在本原于天，人的价值。原本在礼的制度当中，这一套礼乐文明的体系当中，人的存在，因为礼原本是本原于天。所以按照礼的制度去生活，形态上是人间的，实质上的价值指向是天道的。所以是天道采取了人道的方式，礼的制度本身是具有神圣性的。因为它本身是蕴含着礼这个天道价值的。所以在礼的制度之下去生活，人本身是享有充分的人道价值的。同时也在实现着天道价值。

（一）礼制文明由整体转向个体

孔夫子的伟大贡献在于在礼的制度整体解构之后，他开始把注意力，把真正思考的重点，关注的核心转向人的个体。它开始转向人的个体，试图重新建构起在个体意义上面来的人和天的直接联系。

周公时期，礼制是整体性的；到了孔子时期整体的制度架构解体了，所以孔夫子开始试图直接建构起个体和天的直接联系。孔子原来所了解到的礼的制度的整体已经解构了，那么制度没有了人还要不要生存？这就是孔子所关注的问题。所以孔子告诉我们，“不愤不启，不悱不发”“反求诸己”。就是说人还应该活出个人样来，现在制度瓦解了，集体靠不住了，就只能靠你自己。所以孔子投身成为一个民间教育的启迪者，他投身成为教育家来启发人民，孔子以六艺教人，礼、乐、射、御、书、数；其实孔子教导来教导去，核心就是通过各方面的传授，让人们提升自己，然后“反求诸己”。

先秦时候讲六艺，还是讲礼、乐、射、御、书、数，礼、乐、射、御、书、数不是一般的技艺，而是反求诸己，达成个体人格修养的一种手段。例如“射”，行射之礼在《论语・八佾》中有记载：“君子无所争。必也射乎！揖让而升，下而饮。其争也君子”。《仪礼・乡射礼》载：“礼，射不主皮。”郑玄注：“礼射，谓以礼乐射也，大射、宾射、燕射是矣。不主皮者，贵其容体比於礼，其节比於乐，不待中为备也。”《论语・八佾》：“射不主皮，为力不同科，古之道也。”就是说，射箭的目的不是在于是否能射透靶心，因为人的力气各有不同，所以不必苛求，甚至不完全射中靶心也是人之常情，只要懂得射箭的原理与方式就行；同理，做人也一样，懂得礼的原则，秉着一颗恭敬心，就是真正的君子行为。至于礼的细节知道多少，各人不同，不必苛求。可见，孔子是一个极重视礼仪教化的人，但春秋末年礼坏乐崩，即使各种礼射，射者也不重礼，使射礼失去其教化功能。故孔子积极提倡“射不主皮”的“古之道”。主皮之射就是崇尚君子无所争，君子尚礼不尚力。所以，“射以观德”。

孔子认为，观一个人怎么观？“人心之不同，亦如其面，美恶都在其心”。也就是说从外观来观察，而所谓的外观无非就是言与行；所以孔子讲“听其言而观其行”“谨言慎行”，尤其是“谨言慎行”，为什么谨言慎行？一个人无论在哪种文化当中都应当内在的精神状态与外观一致，也就是儒家所称的“慎独”。所以为什么要讲究“修身养性”，缘故在此，因为人是内外一致的，一个人的外观一定是他内在的精神状态、情感状态、心理状态、意志、意识等方面的外在体现。

有的时候你很不经意地一个小动作在他人那里就对你形成本质判断，所以要讲究修身养性，谨言慎行。正是在这个意识上，我们要讲内在与外在，孔子从礼、乐、射、御、书、数来启迪人心。孔子相信，我们每一个人内心总是有点什么东西的，那么究竟那个是什么东西呢，从史料来看，没有具体记载。子贡讲“夫子之文章可得而闻也，夫子之言性与天道不可得而闻也。”

（二）“性”的意义及“性”与天道的联系

孔夫子说“性相近也，习相远也。”他告诉我们每一个人总是存在一个“点”，那这个“点”是什么？从哪儿来的？孔子说“天生德于予”，也就是说这个“点”

同样就是获得于天的那个“德”。正是从天获得的“德”才建立起个人和天之间的直接联系。周公的时候“德”是专门针对天子而言的，所以才有一套整体的社会公共生活的整体规范；到了孔子这里开始专门针对个人讲的“天生德于予”。“性相近也，习相远也”用今天的话来说，就是肯定每一个人从天那里所获得的“德、志、性”是相近的，也就是人的共同性；所以孔子已经肯定了人性的共性。这个共性从道德层面来讲，是一种德性，德的意义孔子又称为“仁”，“仁”就是“性”；所以孔子说“不言性与天道”，孔子之言仁，就在言性，所以孟子说“仁义礼智，非外铄我，我固有之”。

对于“‘仁’就是‘性’”这个观点，朱熹的《四书章句集注》有说明，子贡曰“夫子之文章，可得而闻也；夫子之言性与天道，不可得而闻也”，这段话的解释很美妙，说明朱熹也赞同孔子是要“言性与天道”的，因为怎么能不“言性与天道”呢？朱熹对这句话解释为，孔子平时很少谈“性与天道”这个问题，因为要谈是有对象的，子贡恰好听过老师孔子谈“性与天道”，所以他很得意，转过身去对他的师兄弟炫耀。所以言下之意就是，我端木赐刚刚听了夫子谈“性与天道”。朱熹这个解释很巧妙，即没有明确说明孔子谈的“性与天道”的具体内容，又巧妙的说明孔子确实讲究“性与天道”。既然谈了“性与天道”，实际上就实现了天道的内在化，天道转变为性；所以现在有学者现在谈论“新性儒学”，提出“新性儒学”是从孟子时开端的，实际上如果真的有这么个所谓的新性儒学，那么发端者应该是孔子。因为孔子的确开始把注意力向个体转变，通过他的教育来启发个体原本有的“德”“仁”。“仁”本身是忠贞的，是大中至正的，所以孔子讲这句话我们往往忽略了。大家都知道“樊迟问仁，子曰：爱人”，可是大家往往不了解或者忽略了，樊迟本身性格是有点自我的，自私的，不大关心他人的，所以孔子专门对樊迟讲“仁者爱人”，因为孔子教人的方法叫因材施教，是非常有对象性的。例如“仁者爱人”，因为这是针对樊迟讲的，樊迟这个人本性比较自我，所以他也来问仁，孔子就告诉他“爱人不能只爱你自己，要做到爱他人，你改掉你那个太自私的毛病，你就是仁，你就在向仁靠近了。”同样的子贡也问仁，孔子说“己所不欲，勿施于人”，因为子贡这个人，按照史料的记载是身形高大，能说会道，又极具经济头脑。这样的一个人在日常生活当中也免不了有点意气，免不了把自己的意志强加给他人；所以当子贡问仁，孔子就教导“己所不欲，勿施于人”。所以孔夫子教人确实是因材施教的。虽然孔子针对不同的人教导不同的“仁”，但孔子个人总结“仁”；“唯仁人能爱人，能恶人”，不只是爱人，还有恶人。所以这个“仁”就是大中至正，当爱则爱，当恨则恨，当喜则喜，当怒则怒，合乎中正的法则。

五、结　语

正因为通过“仁”这个概念和“性”相联系，建立起个体本身和天的联系之后，理论上就达到两个效果，第一个效果就是实现了天道在个体的内在化和我们个体的本质融为一体，为我们人的终极存在找到了终极本源和根据。第二个，从人的现实生活来讲，在这个意思上，不论是强调“修”还是强调“养”等概念，最终都指向一个结果，现实生活有本源的生活，必须是建立在个体自我的正视本性的前提之下，而自我真实本性的生活展开，毫无疑问是我们自身存在性的体现，同时也是终极存在价值的体现，存在和价值在这一点上是同一的。

所以在这个意思上面来讲，儒家实际上的“己”的概念或者说“性”的概念，或者到了后来王阳明讲的“本心”，它实际上是把最高的、终极的实在性，也就是天道的异己性把它转换了，只有转换了这种最高实在者本身的异己性，才能建立起自我的主体性，这个主体性才得以建立起来。而这个主体性恰好又是把我们人生存的现实性和终极的实在性两相连接的一个关节点，人的存在就在这个意识上展开我们自己全部的世界。如果我们能够充分地、完整地，把自己这个意义上面所讲的存在性呈现出来，我们实际上同样哪怕是单个的人，也是以人而行“仁”道，同时也是在以“仁”道行天道。现代新儒家所讨论的所谓内在超越的问题的本源就在此。

超越性是如何可能的？就因为这个概念意义上面讲的本质，原本是最高的实在者的一种内在；因为它原本是最高实在者，但是它采取了一种内在的方式，所以它是内在的；而因为这个内在，它原本是超越那个最高的实在者，所以它是具有超越性的，超越性也是神圣性。所以在这个意思里面来讲，所谓道德生活或者是本源于礼乐的生活而展开的我们全部的生活世界，同时也就获得了他存在的神圣性。

［作者简介］

董平，浙江大学哲学系教授、博士生导师。学术特长：印度哲学，宋明理学，中国佛教哲学。历任浙江省社会科学院哲学研究所副所长、所长，浙江省社会科学院宗教研究中心主任、国际阳明学研究中心常务副主任，院学术委员，浙江大学哲学系主任等。现任浙江大学中国思想文化研究所所长，浙江省文史研究馆馆员，国家一级学会中华孔子学会副会长、中华孔子学会阳明学会会长。兼任中国哲学史学会理事、中国实学研究会理事、中国孔子基金会学术委员，复旦大学儒学研究中心兼职研究员，北京大学《儒藏》编纂中心编委，浙江文献集成编纂中心副主任。2010 年 3 月 28 日起在百家讲坛主讲《名相管仲》，2010 年 12 月 10 日起在百家讲坛主讲《传奇王阳明》。

习近平总书记的科学指引是铸就贵州辉煌的动力源泉

——略论中共贵州省第十二次党代会报告的精神实质

陈朝伦　徐自龙

2017年4月16日，中共贵州省第十二次代表大会在贵阳隆重开幕，陈敏尔同志以《紧密团结在以习近平同志为核心的党中央周围，决胜脱贫攻坚，同步全面小康，奋力开创百姓富生态美的多彩贵州新未来》为题，向大会做了报告（以下简称《报告》）。《报告》通篇贯穿习近平总书记系列重要讲话精神和治国理政新理念新思想新战略，特别是习近平总书记对贵州工作的重要指示精神，这是《报告》的一条主线，是蕴含在《报告》之中的精神实质。陈敏尔同志在《报告》中深情回顾了过去五年的贵州工作，指出在以习近平同志为核心的党中央坚强领导下，全省经济建设、政治建设、文化建设、社会建设、生态文明建设和党的建设取得新的重大成就；从深学笃用系列重要讲话、经济发展、人民福祉改善、改革开放、生态环境优化、文化自信、党的建设等七个方面生动具体地展现了贵州这五年的辉煌；强调取得这样的成绩，最根本的是得益于以习近平同志为核心的党中央的正确领导，得益于习近平总书记系列重要讲话精神和治国理政新理念新思想新战略的科学指引，得益于习近平总书记对贵州的关怀厚爱。我们深切感到，习近平总书记的科学指引是铸就贵州辉煌的动力源泉，近五年的成就正是全省上下深学笃用、深入贯彻落实习近平总书记系列重要讲话精神特别是对贵州工作重要指示的实践成果；决胜脱贫攻坚、同步全面小康、开创多彩贵州新未来，必须更加坚定地以习近平总书记系列重要讲话精神为科学指引。

马克思在《〈黑格尔法哲学批判〉导言》中曾指出，理论一经群众掌握，也会变成物质力量。党的十八大以来，在伟大斗争、伟大事业、伟大工程的实践中，形成了习近平总书记新的思想和理论，这是党和国家事业取得胜利的“理论武器”。习近平总书记新的思想和理论，具体体现在他的系列重要讲话和治国理政新理念新思想新战略之中。习近平总书记心系贵州发展、情系贵州人民，多次对贵州工作作出重要指示，2015年6月亲临我省视察指导，进一步对贵州工作作出一系列具体明确的重要指示。他对贵州工作的重要指示，具有很强的思想性、指导性、针对性，特别是亲临贵州视察并发表重要讲话，体现了情系群众的为民情怀，体现了对贵州工作莫大的关心和支持，是对全省各族干部群众的巨大鼓励和鞭策，是贵州加快发展的重大历史机遇。2017 年 3 月，中共中央政治局委员、中央书记处书记、中央办公厅主任栗战书参加贵州代表团审议《政府工作报告》时指出，习近平总书记对贵州工作的重要指示要求，是贵州这些年发展成绩的动力源泉。近些年来，中共贵州省委不断深入学习贯彻系列重要讲话和对贵州工作重要的指示精神，推动全省党员干部用思想理论上的清醒保障了政治上的坚定和发展思路上的先进，习近平总书记的指引已成为做好贵州工作的“主心骨”和“定盘星”，成为全省干部群众砥砺前行的精神支撑，并将持续化为铸就贵州辉煌的“物质力量”。

一、习近平总书记为贵州工作指引了前进方向

方向对了，就不怕路途遥远。早在 2011 年 5 月，时任中央政治局常委、国家副主席的习近平同志来贵州视察指导工作，在贵州省党政领导干部座谈会上的讲话中就强调，贵州要充分发挥自身优势，努力做到又好又快，在转变经济发展方式中实现跨越发展。2013 年 7 月，习近平总书记专门为生态文明贵阳国际论坛年会发来贺信指出，走向生态文明新时代，建设美丽中国，是实现中华民族伟大复兴中国梦的重要内容。2014 年 3 月，他在参加十二届全国人大二次会议贵州代表团审议时发表重要讲话，着重指出要扎实推进扶贫开发工作，强调切实做到经济效益、社会效益、生态效益同步提升，使贵州青山常在、碧水长流，实现百姓富、生态美的有机统一。2015 年 6 月视察指导贵州时明确提出，要不断缩小同全国的差距，争取同全国一起全面建成小康社会，并再次强调，没有农村的小康，特别是没有贫困地区的小康，就没有全面建成小康社会。这些重要指示，体现了习近平总书记对贵州发展大计、人民群众生计的持续关注和科学指导，对贵州是管全局、管根本、管长远的，引领着贵州各族人民沿着正确方向不断前进。中共贵州省委深刻领会并切实贯彻总书记的重要指示精神，及时作出安排部署并强力推动，使这五年贵州工作方向正确、目标明确、决策科学、成就显著，经济发展实现了在西部地区赶超进位的历史性跨越，生态环境持续优化，减少贫困人口 776. 8 万人，城乡居民人均收入年均增长两位数以上，为开创百姓富、生态美的多彩贵州新未来打下了重要基础。

二、习近平总书记为全省干部群众提供了行动指南

习近平总书记系列重要讲话精神和指示要求，不仅为我们指引了方向和目标，还指明了重大原则、发展路径和科学方法。习近平总书记专门嘱托，贵州要守住发展和生态两条底线，此后多次强调要正确处理发展和生态环境保护的关系，并指出这是推进现代化建设的重大原则。在视察贵州时指示我们要奋力后发赶超，走出一条有别于东部、不同于西部其他省份的发展新路；要看清形势、适应趋势、发挥优

势，善于运用辩证思维来谋划经济发展工作；大力推进经济结构战略性调整，大力发展展现生态环境优势的产业；保障和改善民生，最主要的是打好扶贫开发攻坚战。中共贵州省委坚持学在深处、谋在新处、干在实处，及时确立了“守底线、走新路、奔小康”工作总纲；在谋划经济社会发展中既突出重点又统筹兼顾，部署守住经济增长、人民收入、贫困人口脱贫、社会安全四条发展底线，守好山青、天蓝、水清、地洁四条生态底线，层层推进、务求实效。全省上下坚持发展和生态“两线”一起守、绿水青山和金山银山“两山”一起建，城乡面貌日新月异、人民生活蒸蒸日上。习近平总书记对贵州的重要指示要求，成为这些年做好贵州各项工作的根本遵循和行动指南，已在全省干部群众中内化于心、外化于行。

三、习近平总书记的指引为贵州发展提供了强大动力

习近平总书记的科学指引，之所以为贵州发展提供了强大动力，就在于他的重要指示集中体现了党和国家对贵州工作的高度重视和极大支持，既符合人民的根本利益，又完全符合贵州实际。2012 年“国发 2 号”文件指出，贫困和落后是贵州的主要矛盾，加快发展是贵州的主要任务。贵州尽快实现富裕，是西部和欠发达地区与全国缩小差距的一个重要象征，是国家兴旺发达的一个重要标志。党的十八大以来，以习近平同志为核心的党中央继往开来，以空前的力度推进贫困地区精准脱贫、加快发展。习近平总书记 2014 年初指出，贵州蹄疾而步稳，推动各项改革迈出了坚实的步伐；贵州已经进入后发赶超、加快全面小康建设的重要阶段。2015 年 6 月，他亲临贵州农村、城镇、企业深入调研，称赞贵州历史悠久、文化多彩、资源丰富、生态良好、区位便利，希望贵州的同志再接再厉，培植后发优势，奋力后发赶超。习近平总书记既充分肯定贵州工作成绩，又寄予了殷切期望，道出了人民群众的心声，全省各族干部群众为此欢欣鼓舞、倍感振奋，坚定了决胜脱贫攻坚、同步全面小康的信心和决心。其间，党中央把部分省区市扶贫攻坚与“十三五”时期经济社会发展座谈会安排在贵州召开，习近平总书记对事关扶贫攻坚工作的重大问题做了全面深刻的阐述，充分体现了对贵州这样的贫困地区莫大的关怀，凝聚了决战脱贫攻坚的强大力量。同时，习近平总书记针对贵州经济发展、“三农”工作、生态文明建设、保障和改善民生、加强基层基础工作做了全面深刻的重要讲话，强调了解决创新驱动发展、深化改革开放、生态文明建设体制机制改革先行先试、积极营造良好政治生态等重大问题的着力点。正因为这些年中共贵州省委始终把深入学习贯彻习近平总书记一系列重要指示要求作为推动发展的强大动力，推动全省上下学以致用、知行合一，全省各族干部群众才充分释放了干事创业的热情，充满了自信、充满了激情、充满了干劲；贵州才成为一片充满改革创新、充满生机活力、充满后发优势的热土。

四、辉煌成就彰显了习近平总书记系列重要讲话的真理力量

《报告》指出，过去五年的奋斗历程和辉煌成就，已经载入了贵州史册，融入到贵州大地，铭刻在贵州人民心中。在辉煌成就背后的深层缘由，正是习近平总书记对贵州发展的关怀、对贵州人民的关爱，正是习近平总书记对贵州工作的科学指引。这五年的辉煌成就彰显了系列重要讲话精神的真理力量，特别是五年来贵州生态文明建设走在全国前列，经济增速也走在全国前列，从一个典型省份的区域实践印证了习近平总书记关于绿水青山和金山银山决不是对立的，关键在人，关键在思路；良好的生态环境是人民美好生活的重要组成部分，要实现发展和生态环境保护协同共进等重要论断是完全正确的。贵州正在撕下贫困落后的标签，贴上新的靓丽的名片，成为贫困地区实现后发赶超的一个典型。正如栗战书同志所言，贵州是十八大以来党和国家事业大踏步前进的一个缩影，从一个角度说明了以习近平同志为核心的党中央确定的新理念新思想新战略是完全正确的，彰显了习近平总书记系列重要讲话精神的理论力量。这一理论力量是科学指引的力量，是治国理政的真理力量。

五、再铸辉煌必须更加坚定地以习近平总书记系列重要讲话精神为科学指引

《报告》以习近平总书记系列重要讲话精神为科学指引，从贵州实际出发绘就开创多彩贵州新未来的宏伟蓝图，提出了今后五年我省发展的三大主要奋斗目标：决胜脱贫攻坚、同步全面小康，开创多彩贵州新未来；明确了实现三大目标必须把握的五项总体要求：更加坚定地同以习近平同志为核心的党中央保持高度一致，更加自觉地守住发展和生态两条底线，更加扎实地推进大扶贫、大数据、大生态三大战略行动，更加有效地实施改革推动、开放带动、创新驱动、产业拉动，更加全面地营造良好自然生态、经济生态、社会生态、文化生态和政治生态，简言之就是高度一致、两条底线、三大行动、四个动力、五好生态；部署了今后五年发展的七项主要任务：一是坚决如期打赢脱贫攻坚战，二是加快推动经济转型发展，三是全面深化改革开放创新，四是深入推进生态文明建设，五是千方百计增进民生福祉，六是全面提升文化自信，七是大力加强社会主义民主法治建设。同时，《报告》以独立篇章和较大篇幅对全面从严治党进行部署，突出在守正出新的实践中不断增强各级党组织的创造力凝聚力战斗力。

“三大目标”是习近平总书记对贵州的殷切期望，也是全省党员干部和各族人民的共同意愿。只有全力打赢脱贫攻坚战，才能确保同步全面小康；实现同步全面小康是实现中华民族伟大复兴中国梦的第一个百年奋斗目标，也更是我们光荣而神

圣的使命；习近平总书记关于使贵州青山常在、碧水长流，实现百姓富、生态美的有机统一的重要指示，已成为省第十二次党代会确定的长期奋斗目标。“五项总体要求”是深入贯彻习近平总书记系列重要讲话精神，尤其是直接针对贵州工作的重要指示的突出体现。“高度一致”是我们牢固树立政治意识、大局意识、核心意识、看齐意识，做好一切工作的根本遵循；“两条底线”是贯彻落实习近平总书记对贵州工作指示的基本要求，体现了习近平总书记历来倡导的“底线思维”；“三大行动”是牢记要在精准扶贫和精准脱贫上下更大功夫、大力发展数字经济、小康全面不全面生态环境质量很关键等殷切嘱托，从贵州实际出发作出的战略部署；“四个动力”是深入贯彻习近平总书记关于适应新常态、把握新常态、引领新常态，把握我国经济发展呈现速度变化、结构优化、动力转换三大特点等重要指示要求而作出的关键性安排，指明了今后贵州发展的强大引擎；“五好生态”体现了统筹推进关于社会主义现代化建设“五位一体”总体布局和“四个全面”战略布局的高度自觉与责任担当，是如期全面建成小康社会的重要保障。《报告》提出的七项主要任务和对全面从严治党的部署，是“三大目标”“五项总体要求”的深化拓展并相互衔接，一起构成未来贵州发展的一系列重大部署，承载着以习近平同志为核心的党中央的殷切期望，饱含着全省各族群众的深切期盼。

明代刘伯温曾说：江南千条水，云贵万重山，五百年后看，云贵胜江南。1960年，周恩来总理在贵阳对千余干部说过，贵州山川秀丽，气候宜人，资源丰富，人民勤劳，只要贵州各族人民在中国共产党的领导下，加强团结，努力工作，那么，贵州的社会主义建设必将后来居上，大有希望。而今，习近平总书记给我们指明了奋力后发赶超、开创多彩贵州新未来的前进方向和正确道路，只要我们始终坚持系列重要讲话精神的科学指引，一个“后来居上”的贵州、一个“百姓富、生态美”的多彩贵州，就一定会在不久的将来呈现在世人面前。

参考文献：

1.《在中国共产党贵州省第十二次代表大会上的报告》，载《贵州日报》，2017年4月25日。

2. 马克思：《〈黑格尔法哲学批判〉导言》，《马克思恩格斯选集》第1卷。

3. 习近平：《习近平谈治国理政》，外文出版社，2014年。

4.《习近平参加贵州代表团审议时强调：要真正使贫困地区群众不断得到实惠》，载《人民日报》，2014年3月8日。

5.《习近平在贵州调研时强调：看清形势适应趋势发挥优势　善于运用辩证思维谋划发展》，载《人民日报》，2015年6月19日。

6.《习近平总书记参加贵州代表团审议场景纪实》，载《贵州日报》，2014年3月17日。

7.《栗战书：深入贯彻习近平总书记重要指示要求以实干实绩迎接党的十九大胜利召开》，载《贵州日报》，2017年3月7日。

8. 沈伟宗、许邵庭：《绘就开创多彩贵州新未来的宏伟蓝图——贵州省第十二次党代会报告诞生记》，载《贵州日报》，2017 年 5 月 10 日。
9. 向阳生：《实现贵州发展三大目标的总体要求》，《贵州日报》，2017 年 6 月 14 日。

[作者简介]

第一作者陈朝伦，时任中共贵州省委政策研究室副主任，现任贵州省政府发展研究中心党组书记、副主任，省人大财经委预算审查特聘专家，曾挂任国务院发展研究中心发展战略与区域经济研究部副部长。长期从事政策研究工作，承担多次贵州省委重大课题的调查研究，多项研究成果进入贵州省委决策，多次参与省党代会报告、省委全会工作报告和省委五年规划建议的起草工作。负责协调实施了贵州省首次成功申请的国家社会科学基金重大项目《未来十年我国扶贫开发战略的完善及其重点突破》，多项成果获省部级奖励表彰。

后　记

为了更好地贯彻实施贵州省社会科学院“科研立院、人才强院、管理兴院”三大战略，适应新时代我院科研发展的新需求，深化学术交流，活跃学术气氛，营造良好的学术氛围，拓展科研发展的新思路，进一步提高科研人员素质，提升我院科研工作质量，2017 年我院共举办了以社科系列学术讲座为主要形式的“甲秀智库论坛”共计 13 次，邀请了一批中国社会科学院的专家、学者前来我院做讲座，其中有：中国社会科学院学部委员、法学研究所所长李林研究员，中国社会科学院学部委员金碚研究员，中国社会科学院科研局副局长、全国政协委员王子豪编审，研究生院院长黄晓勇教授，马克思主义研究院院长邓纯东研究员，农村发展研究所于法稳研究员等，还邀请了西南政法大学校长付子堂教授、浙江大学中国思想文化研究所所长董平教授、国务院扶贫办全国扶贫宣传教育中心主任黄承伟研究员、经济出版社社长韩文高高级编辑等。

为了反映我院 2017 年“甲秀智库论坛”的学术状况，现将我院 2017 年“甲秀智库论坛”学术讲座的演讲稿编辑成《甲秀智库论坛》（2017 卷）一书公开出版。需要说明的是，中国社会科学院研究生院院长黄晓勇教授作的“中国改革开放发展历程”学术讲座演讲稿，因故未编入其中。经济出版社社长韩文高高级编辑的文稿，根据讲座录音整理经专家本人审阅；中国社会科学院马克思主义研究院院长邓纯东研究员、西南政法大学校长付子堂教授、浙江大学中国思想文化研究所所长董平教授 3 位专家的文稿是根据讲座录音整理，经我院院长、二级研究员吴大华审阅的。同时将我院院长、二级研究员吴大华在省人大的一篇讲稿也编入其中。本书聘请中共贵州省委讲师团原团长谢一研究员、我院原副院长冯祖贻研究员进行了审读，科研处处长罗剑研究员，副处长杨雪梅，方翌承担编辑工作。有不妥之处，敬请读者批评指正。

编　者

2018 年 10 月